JN006552

なぜあなたは国際誌に論文を掲載できないのか

誰も教えてくれなかった本当に必要なこと

加藤 司

ナカニシヤ出版

> # 本書の助言に従えば
> # 必ず
> # 国際誌に論文を掲載できます

　論文を書くための書籍は，誰が書いたかが重要です。その書籍の著者は，あなたが投稿しようとしているレベルの国際誌に，多くの論文を掲載している研究者でなければなりません。国際誌に数篇程度の論文しか掲載していない者の助言は，あなたが論文を書くための参考にはならないでしょう。また，高すぎるレベルの国際誌に論文を掲載している研究者の助言もまた，あなたにとって参考にならないかもしれません。彼らは，あなたが困っていることや悩んでいることに気がつかないからです。

　次のページの私の研究業績を見て，本書があなたの助けになるかどうか判断してください。

　本書は国際誌に論文を掲載したいという意欲のある人のために書かれたものです。厳しいことが書かれていますが，それもあなたの論文が国際誌に掲載されるための助言です。それゆえ，本書に書かれている言葉は，あなたの論文を国際誌に掲載する目的以外の目的の前では無価値です。言うまでもありませんが，本書は研究機関の運営や学生指導を軽視し，研究業績絶対主義を主張しているわけでもありません。

ここ 10 年間の著者の業績（第一著者かつ国際誌のみ）

10 年間のh-index = 12（Scopus）

Kato T. Archives of Sexual Behavior. Published online October 20, 2021. **IF = 4.507, CI = 0**

Kato T et al. Behavioral Medicine. 2021,47:185-193. **IF = 3.104, CI = 6**

Kato, T. Journal of Clinical Medicine. 2021,10:3122. **IF = 4.241, CI = 0**

Kato T. Crisis: The Journal of Crisis Intervention and Suicide Prevention. Published online, June 15, 2021. doi: 10.1027/0227-5910/a000800. **IF = 3.287, CI = 1**

Kato T. International Journal of Environmental Research and Public Health. 2021,18:5298. **IF = 3.390, CI = 0**

Kato T. Anxiety, Stress, and Coping. 2021,34:51-65. **IF = 2.887, CI = 4**

Kato T. Frontiers in Psychology. 2020,11:561731. **IF = 2.990, CI = 2**

Kato T. International Journal of Environmental Research and Public Health. 2020,17:7426. **IF = 3.390, CI = 2**

Kato T. Sexual and Relationship Therapy. Published online July 11, 2019. **IF = 1.283, CI = 3**

Kato T. Journal of Psychosomatic Research. 2017,95:1-6. **IF = 3.006, CI = 6**

Kato T. Pain Practice. 2017,17:70-77. **IF = 3.183, CI = 11**

Kato T. Asian Journal of Psychiatry. 2016,24:130-134. **IF = 3.543, CI = 9**

Kato T. SpringerPlus. 2016,5:712. **IF = 1.841, CI = 16**

Kato T. Personality and Individual Differences. 2016,95:185-189. **IF = 3.004, CI = 21**

Kato T. Psychiatry Research. 2016,238:1-7. **IF = 3.222, CI = 5**

Kato T. Stress and Health. 2015,31:411-418. **IF = 3.519, CI = 5**

Kato T. International Journal of Behavioral Medicine. 2015,22:506-511. **IF = 2.229, CI = 15**

Kato T. Stress and Health. 2015,31:315-323. **IF = 3.519, CI = 95**

Kato T. Psychiatry Research. 2015,230:137-142. **IF = 3.222, CI = 18**

Kato T. SpringerPlus. 2015,4:319. **IF = 1.841, CI = 4**

Kato T. PLoS ONE. 2015,10:e0128307. **IF = 3.240, CI = 16**

Kato T. BMC Research Notes. 2015,7:860. **IF = 0, CI = 4**

Kato T. PLoS ONE. 2014,9:e109644. **IF = 3.240, CI = 8**

Kato T. International Journal of Behavioral Medicine. 2014,21:506-510. **IF = 2.229, CI = 21**

Kato T. Journal of Health Psychology. 2014,19:977-986. **IF = 3.231, CI = 14**

Kato T. Archives of Sexual Behavior. 2014,43:1281-1288. **IF = 4.507, CI = 7**

Kato T. Psychology Research and Behavior Management. 2014,7:31-36. **IF = 2.945, CI = 15**

Kato T. International Perspectives in Psychology: Research, Practice, and Consultation. 2013,2:100-115. **IF = 0, CI = 0**

Kato T. Journal of Counseling Psychology. 2012,59:262-273. **IF = 4.685, CI = 135**

IF は 2020 年のものですが，SpringerPlus は廃刊のためIF は 2018 年のものです。
CI は被引用回数（Scopus）です。

目　　次

iv

倫 理 篇

研 究 篇

コラム

・本書のルビは公式あるいは一般的な読みを振っていますが，国，研究分野，研究者によって読み方が違う場合があります。それゆえ，本書のルビが正しくないと考える研究者がいるかもしれません。なお，アルファベット読みをする用語，英単語として存在する用語，一般的な読み方を著者が知らない用語にはルビを振っていません。著者は基本的にアルファベット読みをします。

・本文中の緑文字は，重要だが見逃しやすい事項です。強調すべきすべての事項を緑文字にしているわけではありません。

・♯記号のついている内容の URL 情報およびコラム 25，26，44 の出典は，巻末（239 頁）の URL にアクセスすれば，情報が得られます。

・＊記号のついている用語は，巻末（237 頁）に用語説明があります。

努力篇

シャアザク（秀才）は、ザク（凡人）の三倍の速さだという

ザクは三倍努力して、ようやく、シャアザク並みに戦える

それでも、ザクがシャアザクに勝つことは、まれである

たとえ努力するシャアザクになっても

ガンダム（天才）には敗れてしまう

それでも、ザクは努力するしかない

第 1 部　努力の源泉を作る

　国際誌に論文を掲載するためには，努力を生み出すことのできる源泉が必要です。本書を読んでいるあなたは，少なくとも今は国際誌に論文を掲載させたいと思っているはずです。しかし，その熱意を継続することは困難です。さらに言えば，今現在の熱意の強さでは，国際誌に論文を掲載することはできません。より強い熱意が必要です。たとえば，国際誌に論文を投稿するまでに，私は第一著者として国内誌に 20 篇以上の論文を掲載していました。それでも，国際誌に論文を掲載することは容易ではありませんでした。そして，国際誌に論文を掲載するためには，試行錯誤を繰り返しながら，多くの時間を割かざるをえませんでした。国内誌に論文を掲載することと国際誌に論文を掲載することとは，別次元のことだからです。そこで，努力の源泉が必要になります。努力の源泉は国際誌に論文を掲載させたいという熱意を強め，その熱意を生み出し続けるためのものです。ここではおもに，努力の源泉となる「精神的頑強さ」「研究者としての誇り」「凡人であることの認識」「このままではダメだという危機感」について説明します。

1　努力し続ける精神的頑強さ

　国際誌に論文を掲載し続けるためには，ふたつの精神的頑強さが必要です。それは「努力し続ける精神的頑強さ」と「査読に耐える精神的頑強さ」です。「努力し続ける精神的頑強さ」とは，掲載されるかどうかわからない論文を完成させる能力のことです。国際誌に投稿した論文の多くは不採択になります。しかし，国内誌に投稿すれば高い確率で掲載され，書籍や商業誌はさらに高い確率で出版されます。このような高い確率で出版される論文や書き物を完成させることは容易です。むしろ楽しい作業でさえあります。しかし，掲載される確率の低い国際誌に投稿するために論文を書き上げることは，並大抵の精神力ではできません。「掲載されないのではないだろうか」「掲載されなければ，これまでの時間と労力が無駄になってしまう」「私の論文は掲載される価値がある

だろうか」などという思いが，あなたを繰り返し襲います。それでも書き続け
なければ，論文は完成しません。

　「努力し続ける精神的頑強さ」には，甘い誘惑に打ち勝つ精神力も含まれてい
ます。所属機関や学会の仕事は強制であり，熱意がなくとも続けることができ
ます。それゆえ，そのような作業をするために，精神力は必要ありません。し
かし，国際誌に論文を掲載するための努力は自発的行為です。とても強い精神
力が必要です。そして，「論文が掲載されなくても何のデメリットもない」「論
文執筆をあきらめれば，苦しい思いをしなくてもすむ」「論文を書かなければ，
自由に使うことができる時間が得られる」「論文が掲載されても状況は変わら
ない」，そのような考えが沸いてきます。論文を掲載するためには，そのような
誘惑に打ち勝つ必要があるのです。

　「査読に耐える精神的頑強さ」とは，厳しい査読者のコメントに耐え，論文を
修正し採択を勝ち取る能力のことです。この精神的頑強さについては査読篇の
「査読に耐える精神的頑強さ」（141 頁）で説明します。

2　研究者としての誇り

　「あなたの職業は」と問われ，「大学教員です」と私は答えません。私は科学
者であり研究者です。研究者であり続けるために，仕方なく大学の教員をやっ
ています。私にとって，大学教員になることは目的ではなく，研究をするため
の手段にすぎないのです。そのような研究者としての誇りは，研究活動をする
純粋な努力を生み出すゆるぎない基盤になります。

■ この素晴らしい研究者に祝福を

　あなたの論文が国際誌に掲載されても，その科学的発見はあなたが生きてい
る間に見向きもされない小さな発見かもしれません。しかし，そのような小さ
な発見の積み重ねがあるからこそ，ノーベル賞のような発見が生まれるので
す。何もないところからは，発見は生まれません。ノーベル賞受賞者の
Yamanaka 博士は NHK のインタビューに対して次のように答えています。「研究
とは鎖のひとつである。……その鎖のひとつを完成させることが研究者の誇り

コラム 1　本書のターゲット雑誌

　本書のターゲット雑誌は，インパクト・ファクター（IF）がおおむね
2.0 から 10.0 程度の国際誌です（IF についてはコラム 20（122 頁）を参
照してください）。つまり，本書にはそのような水準の国際誌に論文を掲
載するための助言を書いています。本書の助言に従えば，本書のターゲ
ット雑誌にあなたの論文が掲載されるでしょう。

　それゆえ，本書に書かれてある助言は，Nature 誌や Science 誌などの
総合雑誌や，ビッグファイブと呼ばれている医学雑誌（BMJ 誌や Lancet
誌）などのそれぞれの研究分野でトップレベルの専門誌に掲載するため
のものではありません。Nature 誌や Science 誌よりも少し劣る PNAS 誌
や Nature Communications 誌などの総合雑誌も本書のターゲット雑誌で
はありません。IF が 2 桁の雑誌に掲載するためには，本書には書かれて
いない特殊なスキルや研究環境が必要になります。それゆえ，あなたが
本書の助言に従ったとしても，IF が 10.0 を超えるレベルの雑誌に掲載さ
れるかどうかはわかりません。

　また，国際誌としてはかなり評価の低い（IF が 2.0 を超えないような）
雑誌もまた，本書のターゲットではありません。このようなレベルの雑
誌であれば，語学のスキルさえあれば，比較的容易に論文を掲載させる
ことができるからです。国内誌もまた，本書のターゲットではありませ
ん。多くの人文社会科学系や一部の自然科学系の国内誌の場合，論文の
執筆のみならず，査読や倫理に関しても国際誌とは異なる力学が働いて
いるからです（査読に関する国際誌と国内誌の違いについてはコラム 40
（175 頁）を参考にしてください）。このことは，多くの論文を国内誌に掲
載した者であっても，国際誌に論文を掲載することは容易ではないとい
う事実によって裏づけることができるでしょう。

　なお，IF の値は目安にすぎません。2.0 そして 10.0 という IF の値に明
確な境界があるわけではありません。2.0 以下の雑誌でも優れた論文が
掲載されていることもあれば，2.0 を超える雑誌であっても残念な論文が
掲載されていることもあります。また，理論論文や展望論文のみを掲載
する雑誌の IF の値は通常の国際誌の IF の値よりとても高くなるため，そ
のような雑誌の場合には，本書の IF の基準は役に立ちません。

である」と。Yamanaka 博士だけではありません。多くの優れた研究者が，大きな発見は小さな鎖の積み重なりによって生まれることを繰り返し強調してきました。そして，研究者はその小さな鎖に最大限の敬意を払っています。あなたの発見はやがてノーベル賞を受賞するような研究の基盤になるかもしれません。たとえそうではなくとも，国際誌に掲載された論文は未来永劫に残り，引用され続けます。引用されている限り，少なくとも引用している研究者から，あなたは敬われ続けます。なんと誇らしいことではありませんか。研究は子々孫々に誇ることができる仕事です。そのような仕事が研究以外にあると思いますか。

2　研究者とは

　それでは，どのような人物が研究者なのでしょうか。研究者であるかどうかは，○○大学の教授などという肩書とは関係ありません。研究をしていなくても大学教授になることはできます。所属している学会やそこでの地位もまた，研究者であることを裏づける根拠にはなりません。ましてや，有名であるかどうかは無関係です。ノーベル賞受賞者のような研究者でない限り，優れた研究者（研究成果が世界的に認められている研究者）の名前ですら，一般的には知られていません（その理由は研究篇「この研究者に研究動機を」（213 頁）を参考にしてください）。さらに言えば，わが国の人文社会科学系の研究者の場合，国際的に活躍していても国内で活動をしていなければ，国内の研究者にもその研究者のことはほとんど知られていません。

　また，研究者とは物知りのことでもありません。ある専門分野について精通している者を研究者とはいいません。優れた研究室ならば，その研究室の主任研究者＊よりも物知りの研究員が所属しています。たとえば，年配の主任研究者よりも，若い研究員は統計，プログラミング，最新の科学情報，実験機材の操作などに精通している傾向があります。しかし，若い研究員のほうが主任研究者よりも研究者として優れているとはいいません。

　それでは，研究者とはどのような人物を指すのでしょうか。研究者というくらいですから，研究をしている人が研究者なのでしょうか。子どもの世界では，そのような理屈が通るかもしれません。しかし大人の世界では，何かをし

ているから認められるのではなく，結果を出してはじめて評価を得るに値します。つまり，結果を出さない限り，研究者とはいえないのです。研究者にとっての結果は論文です。それゆえ，研究者とは論文を発表している人物ということになります。しかし，これだけでは不十分です。論文に関する条件が必要です。そこで，本書では論文に関する以下の5つの条件を満たす人物を研究者とします。本書の基準は緩いものですが，本書のターゲット雑誌（コラム1（5頁）参照）を考えると，当たらずといえども遠からずだと思います。

条件1　第一著者であること

　自然科学の多くの分野では分業制が進んでおり，ひとりでは研究ができないことは事実です。それでも，研究の中心になった人物はひとりです。その人物が第一著者です（あるいはコレスポンディング・オーサー）。それ以外の人物はその研究者の指示に従って研究を行ったにすぎません。それゆえ，論文の第一著者にならない限り，研究者とはいえません。このことは研究篇で説明する「この研究者に評価を」（215頁）とも関係しており，そちらも参考にしてください。コレスポンディング・オーサー（コレスポ）に関しては倫理篇の「オーサーシップ」（193頁）を参考にしてください。

条件2　原著を出版していること

　研究者であるためには，原著を出版していなければなりません。論文にはいくつかの種別があり，論文とは原著のことを指しているからです。詳しいことはコラム11（73頁）を読んでください。

条件3　国際誌に論文を発表していること

　論文に書かれている発見は，あらゆる人によって検証できなければなりません。このことは科学の発展のために重要なことです。ある研究者がある発見を発表すれば，別の研究者がその発見を検証することで，その発見が誤っていればそれを正すことができます。そのような仕組みが科学の基本だからです。そのためには，英語で書かれた国際誌に発表する必要があります。多くの研究者にとって，英語以外の言語で書かれた論文を読むことは困難です。しかし英語

で書かれた論文であれば，母国語が英語でない者であっても読むことができます。つまり，英語で書かれた国際誌に発表すれば誰でも読むことができ，誰もがその成果を検証できます。条件2と条件3から，とくに断りのない場合，本書では，論文とは国際誌に発表された原著を指すことにします。

　上記で説明した理由から，あらゆる論文は英語で書かなければなりません。「よいデータが取れたから」「よい論文が書けたから」「論文が国際誌に掲載される可能性がありそうだから」，そのような場合に，国際誌に投稿するのではありません。どのような論文であれ，英語で執筆するのです。残念なデータや残念な論文は投稿する雑誌の質を下げて投稿すればいいだけです。どうしても採択されない論文は英文の書籍などで出版します。

条件4　一定水準以上の国際誌であること

　国際誌は星の数ほどあり，その質も千差万別です。また，無数のハゲタカ雑誌がスクラップアンドビルドを繰り返しています（ハゲタカ雑誌についてはコラム23と24（131頁と133頁）を参考にしてください）。それゆえ，研究者は一定水準を超える雑誌に掲載された論文にしか興味がありません。発表した論文が誰の目にもとまらないなら，発表した意味がありません。そこで，掲載された雑誌の水準が一定以上である必要があります。本書ではインパクト・ファクター（IF）の値（2.0以上）を基準にします。IFは被引用回数に関するそれぞれの雑誌の指標です。値が高いほど，より多く引用されていることを意味しています。IFの詳細はコラム20（122頁）を参照してください。

　IFは論文の価値を決める値ではありませんし，絶対的評価指標でもありません。IFの値が2.0を超えている雑誌でも，残念な雑誌はあります。IFの値が2.0という基準は主観であり，目安にすぎません。しかし，IFの値が2.0を超えていない雑誌は概して残念な雑誌です。それゆえ，本書ではIFの値（2.0）を基準とします。なお，IFの値は年々上昇傾向にあります。それゆえ，2.0という基準は2020 IFの値とそれ以前の値に基づいています。

条件5　今現在，研究をしていること

　研究者であるためには，ここ最近5年以内に論文を発表している必要があり

ます。未来形でも過去形でもなく，現在形であることが重要です。たとえ過去
に優れた研究を発表したとしても，その後に論文を発表していなければ過去の
人です。そのような人物は元研究者ですが，現役の研究者ではありません。5
年という期間は私の主観であり，研究分野によって異なりますが，本書のター
ゲット雑誌を考えると，長くても 5 年以内が妥当でしょう。

　上記の条件をまとめると，研究者とは，第一著者（あるいはコレスポ）とし
て，IF が 2.0 以上の国際誌に，5 年以内に原著を掲載している人物のことで
す。本書では，研究者のなかでも論文が数篇掲載された者を「初学者」としま
す。研究し始めた者のことではありません。初学者かどうかは年齢や経験年数
と関係ありません。研究者を目指している者を「研究者の卵」と呼ぶことにし
ます。それ以外の者は「自称研究者」です。この定義は本書の内容を理解しや
すくするために作成した本書内での便宜上のものです。

❸ 研究者としての義務

　研究者には義務があります。それは論文を発表することです。このことは研
究者の定義の裏返しです。研究費を得た場合には，その研究費に見合っただけ
の論文を発表しなければなりません。より多くの研究費を得たならば，より多
くの論文（より意義のある論文）を出版しなければなりません。恵まれた環境
を与えられた研究者は，そうでない研究者よりも多くの論文（意義のある論文）
を発表しなければなりません。恵まれた環境とは，たとえば，主宰する研究室
があること，実験室があること，研究に対するさまざまな支援制度を受けるこ
とができることなどです。

　忘れてはならないことは，大学を含め研究機関の研究費は国民の血税である
ことです。私立であろうが国・公立であろうが，国からの助成金を受けている
研究機関の研究費は，国民の税金が原資です。あなたが大学院生ならば，あな
たのために莫大な税金が投入されています。国民が支払っている金額は，あな
たが支払った学費を超えています。その税金は就職したあなたの友人が支払っ
ているのです。それだけではありません。大学を含めた研究機関は，税制上の
優遇をはじめ多くの優遇を受けています。そのような研究機関に勤めている者

コラム 2　初学者の助言には注意

　努力篇に記載した研究者の定義では，第一著者として数篇の論文を国際誌に掲載した者を初学者として位置づけました。初学者のなかには，国際誌の掲載経験がわずかであるにもかかわらず，英語論文の書き方について助言をしたり，書籍を出版したりする者がいます。本書では，投稿や査読者とのやりとりを含めた論文の書き方について，そうした初学者が書いた書籍などを参考にすることを勧めていません。また，初学者に論文の書き方などの助言を求めることも勧めていません。初学者は助言をしたがるかもしれませんが，そのような助言は実際には役に立ちません。その理由について説明します。

　まず，投稿や査読者とのやりとりを含めた論文の書き方などの助言をするためには，実際のやりとりの経験が重要ですが，初学者にはそのような経験がほとんどありません。そのような人物の助言と，数十篇の論文を掲載し査読者とのやりとりの経験が三桁に及ぶ研究者の助言との間には，大きな違いがあることは明確です。

　経験の未熟さに加え，「数篇の論文を国際誌に掲載することは困難なことではない」という事実があります。言い換えれば，初学者になることは困難なことではないということです。本書でも説明したように国際誌に論文を掲載することは容易ではありませんが，いくつかの理由から，数篇の論文を掲載するだけならば比較的容易なのです。第一に，採択だけを望んでいる投稿者にとって，都合のいい査読者（採択を出しやすい査読者）が論文の査読を担当したかもしれないからです。本書のターゲット雑誌であっても，そのような者を査読者として割り当てる雑誌があります。第二に，本書のターゲット雑誌であっても，実際には査読の厳格さは天地ほどの違いがあり，厳格さの低い雑誌ならば，比較的容易に論文が掲載されるからです。雑誌の厳格さはインパクト・ファクター（IF）の値によってわかるものではありません。たとえば，私の場合，IFが 10 を超える雑誌から査読依頼があることもあります。しかし，厳格な査読で有名な専門誌からは一度も査読の依頼はありません。厳格な審査をしている雑誌は，査読者を厳しい基準で選別しているからです。そのような専門誌に論文を掲載することは容易ではありません。

　査読篇の「研究者に相談する」（164 頁）も参考にしてください。

は誰であれ，研究成果を出し，国民に還元する義務があります。国際誌に論文を掲載することは，そのような研究機関に勤める者としての義務なのです。

　大学などで講義や指導をする者には，別の義務もあります。大学で講義をするために資格は必要ありません。誰でも教授になることができます。だからこそ，講義や指導をする者は自分自身を律し，講義や指導ができるだけの論文を出版しなければなりません。研究について語ることができる者は研究者だけであり，自称研究者が研究について学生にうんちくを垂れ流すことなどあってはならないことです。少し話が違いますが，Springer Nature 社から出版されている Scientific Reports 誌に，「ダーツのエキスパートがダーツをする素人の様子を繰り返し見ると，ダーツが下手になる」という論文（2014 年）が発表されました。自称研究者に講義や指導をされたのでは，学生がかわいそうです。

　さらに付け加えると，研究職と無縁の人の多くは，大学の教員に対して「好きなことをやって，それでお金がもらえて，うらやましいよ。われわれ庶民は，好きでもない仕事をやらされて，毎日ノルマに追われた生活をしている。民間企業なんか，いつ首になるか，いつ潰れるかわからない」と思っています（この文章はネットの書き込みの内容を修正したものです）。それでも論文を掲載しなくてもかまわないと思いますか。研究職に就くことができた者は，民間企業で働いている人の気持ちを理解すべきです。

４　研究者から評価される

　国際誌に研究を掲載し続けると，研究の本当の楽しさがわかるようになります。正確に言えば，あなたを研究者と認めた研究者が，研究の真の楽しさをあなたに教えてくれます。

　あなたが研究者になれば，あなたの住む世界が大きく変わります。国際誌に論文が掲載されると，研究者からの問い合わせや依頼などが届くようになります。研究者コミュニティに招待されたりもします。掲載された雑誌の質が高いほど，論文のオリジナリティが高いほど，そのようなメールの量が増えます。このようなメールのやりとりを通じて，研究者との交友が広がります。私の場合，週に 1 通程度の割合で，これまでにやりとりのなかった研究者からメールが届きます。そのほぼすべてが国外からのメールです。私が所属している 3 つ

コラム3　殺してもいい国

　キノは世界中の不思議な国々を旅して巡っています。キノは人を殺してもいい国に入国します。正確に言えば，法律で殺人が禁止されていない国です。その国での出来事です。あるとき，気にいらない人間を殺したいと考えている旅人が，その国に入国しました。その国のすべての住人は武器を持っていました。しかし，犯罪はいっさい起こっていません。とても治安のよい国です。そして，その旅人が，その国で人を殺そうとしたときのことです。その国の住人がいっせいにその旅人に武器をかまえました。住人の行動に驚いた旅人に対して，老人は言います。

老人『ダメなんだ。いけないことなんだよ。だから，とめたんだよ。……ここでは，この国ではね。人を殺すという行為は，許されてはいないんだよ』
旅人『嘘つきやがれ。ここは殺人が禁止されていない国だからって，わざわざ来たんだぞ』
老人『そのとおりだ。だから，私たちがここにこうしているんだ。……この国ではね。人を殺した者，人を殺そうとした者，人を殺そうとする者は，みんなに殺されてしまうことになっている。……つまり，禁止されていないということは，許されているということではないんだよ。……すまないね。君は危険だから……』
アニメ『キノの旅－ the Beautiful World －』
2007 年版第 1 話「人を殺すことができる国」

　研究をしないことが禁止されていないからといって，研究をしないことが許されているわけではありません。わが国では，論文を出版しないことを禁止してはいません。しかし，論文を出版しない者は国民の税金を浪費している危険人物です。論文を出版していない自称研究者は，国民に殺されてしまうでしょう。

の研究者コミュニティには，日本在住の日本人はひとりもいません（研究者だけに閉ざされたコミュニティです）。これらのコミュニティでは，研究に関する情報交換をしたり，研究成果を発表し合ったり，論文の投稿と査読に関する相談をし合ったり，研究環境に関する愚痴を言い合ったりしています（所属コミュニティによってその内容は違います）。そのなかでも，研究に関する哲学を語り合うことは，私にとってかけがえのない機会です。

　また，そのような研究者仲間は，研究分野が同じとは限りません。研究者は科学という決められたルールを順守しています。そのため，たとえ研究分野が違っても，コミュニケーションを取ることができます。私の研究者仲間の20％程度は，私と異なる分野を研究しています。

　さらに，年に一度程度の頻度で，国外から研究者が私の研究室を訪ねて来ます。私に会うためだけにです。多くの場合，彼らは実験手続きを直接見たり，研究手法に関して議論したりするために来日します。とても光栄な気持ちになり，鼻高々です。また，公的研究費を得た海外の博士課程の学生やポスドクの研究者から，私の研究室で学びたいとの申し出が数年に一度にあります（私の研究環境が貧しく，彼らを受け入れることはできませんが）。学位審査（博士審査）や政府が出資する研究費の審査は，国内での経験より何年も前に国外で経験しました。いずれも有名な審査機関や一流大学からの依頼です。また，何名かの研究者からは，米国の永住権を得るための推薦書や，共同研究や研究室に所属するための推薦書の執筆依頼も受けました。このような経験によって，世界中から自分の研究が認められていることを実感できます。これらの依頼は，一度も会ったこともない研究者からのものです。この事実は純粋に研究者として認められていることの証になります。そして，このような研究者からの評価に基づいた自信が，地味な努力を継続させる大きな力となります。

　私が国際誌に論文を投稿し始めた時期は，大学教員になって数年が経過したころです。それまで，私は国内誌に論文を掲載していました。私が所属していた大学院では国際誌に投稿する気風があったにもかかわらず，国内誌に投稿していたことを深く後悔しています。もっと早く国際誌に論文を投稿していたら，より早く上記のような利益を得ることができ，研究者の世界で暮らすことができたのに。そう思っています。

3　凡人であることの認識

　多くの研究者との出会いから，私は研究者として自分が凡人だと知っています。むしろ凡人以下だとさえ思っています。だから，努力するのです。幸運なことに，私が大学院に在籍していたころには，そのような思いを痛感できました。大学院の先輩が私の専門分野で一流といわれている国際誌に論文を掲載していたからです。Nature誌やScience誌に論文を掲載している研究室の先輩もいました。さらに，同じ研究室には，毎年何篇もの論文を国際誌に掲載し続けている教員も在籍していました。彼らと私との間には圧倒的な能力差があったのです。その事実を受容できたとき，彼らよりもはるかに努力しなければ研究者になることができないことに，私は気づきました。

　研究者として，あなたが秀でた能力をもっていると自負するならば，努力をしなくても，論文を掲載し続けることができるかもしれません。しかし，秀でた能力をもった人はそうはいません。おそらく，あなたは私と同様の凡人でしょう。あなたが私と同じ凡人ならば，本書で説明するような努力をしなければ，論文を掲載し続けることはできません。言い換えれば，凡人のあなたでも，私と同じような努力さえすれば，国際誌に論文を掲載し続けることができます。努力さえすれば，あなたも研究者になれるのです。

4　このままではダメだという危機感

　使い古された言葉ですが，"Publish or Perish"という言葉があります。「論文を掲載できないなら，研究の世界から去りなさい」という意味です。"Publish or Perish"という言葉には，論文を出版しなければならない（出版し続けなければならない）という危機感の表れが反映されています。この危機感が努力の源泉になります。言い換えれば，「今のままではダメだ」という危機感が，「論文を出版するために努力しなければならない」という強い気持ちを生むのです。「今のままではダメだ」という言葉が指している具体的な意味は，「国内誌（あるいは大学紀要など）に投稿していてはダメだ」ということの自覚です。言い換えれば，自分自身が研究者ではないことを自覚するのです。

コラム 4　私の努力

　努力する機会だけは平等にやってきます。ただし，その機会は永遠に
与えられているわけではありません。

　私が研究をしない日は 1 日もありません。何があろうとも，毎日必ず
研究をします。長時間に及ぶ PC の使用によって，たびたび頭痛がしま
す。頭痛がひどくなる前にイブクイックを飲みます。それでもひどい頭
痛に襲われることがしばしばあります。吐き気がある場合には，目に負
担のかかりにくい作業に切り替えます。それでも症状が酷くなれば，目
に負担のかからない家事などの仕事に切り替えて，症状が治まるのを待
ちます。

　時間の許す限り研究は中断しません。たとえ尿意をもよおしても我慢
します。トイレは必要なら必ず行くため，あと回しにしてもよいからで
す。研究のために気分転換が必要になれば手洗いをします。それ以上の
時間を気分転換のために浪費する必要はありません。

　突然時間が空き，その時間にできる作業を準備していなかったときに
は，とても後悔します。論文が不採択になったときよりも後悔します。
不採択は許容できても，やるべき作業の準備をしていなかった自分を許
すことはできません。無駄な時間を過ごすことほど，研究者にとって愚
かな行為はありません。

　PC が使える環境下では，2 台以上の PC を同時に使います。データ分
析の最中，ソフトの起動中，OS の更新中など，PC が使用できなくなって
も，別の PC を使って研究を継続するためです。普段は大学で食事をしま
せん。大学で食事ができる場合には，作業と同時に摂取できる食物を用
意します。たとえば，パン，プチトマト，駄菓子などです。研究に集中し
すぎて，夕食に数時間かけることすらあります。食べる時間があるなら
ば研究をします。普段から食べなければ，お腹が空くこともありませ
ん。また，食後に眠くなることもなくなります。

　あなたはこのような私を愚かな人間だと思うかもしれません。私は愚
かな人間かもしれません。しかし，私の知り合いの研究者は「私も同じ
だ」と言います。あなたが私と同程度の凡人ならば，論文を書くために
私と同程度かそれ以上に努力すべきです。

　くわえて，国際誌に論文を出版していても，現状に満足してはいけません。
現状に満足すると，危機感が低下するからです。そのよい例が自称研究者で
す。たとえば，わが国の大部分の人文社会科学系では，競争原理がほとんど働
いていません。一定の年月勤めれば誰でも教授になれ，研究業績は給与に反映
されません。それゆえ，彼らは論文を投稿しようと考えることさえしないので
す。

　しかし，近い将来には人文社会科学系でも競争原理が働き，国際誌に論文が
掲載されていない者は，研究職のポストを得ることはできなくなるでしょう
（自然科学系では当たり前のことですが）。実際に，国際誌に論文を掲載してい
る若手の研究者が増加しつつあります。国際誌に論文を掲載することがスタ
ンダードになりつつある研究分野もあります。しかし，そのような彼らの活
躍に気づかないため，競争が激しくなっている傾向を感じられない者がいま
す。国際誌に論文を掲載している若手研究者は，国内誌に論文を投稿しないば
かりか，国内の学会や研究会に出席しない傾向が強く，彼らの国際的活躍は国
内では目にしにくいからです。気がつくと，周りの同僚が国際誌に論文を掲載
し，あなただけが国内誌に論文を投稿していることになっているかもしれませ
ん。

5　目標の設定

　目標が努力の源泉になるためには，その目標が実現可能なものでなければな
りません。つまり，達成可能な目標を設定する必要があります。目標はあなた
の研究分野やキャリアによっても違いますが，自分の研究室をもっている主任
研究者ならば，年に3篇程度は論文を出版すべきでしょう（IF が 2.0 以上の国
際誌に第一著者あるいはコレスポとして掲載という基準です）。助教のポスト
を目指しているならば累積3篇，准教授のポストなら累積5篇，教授だと累積
10篇，主任教授あるいは主任研究者だと累積20篇，少なくともこの程度の論
文を出版している必要があるでしょう。私は主任研究者ではないため，年に2
篇以上の論文を掲載することを目標にしています。目標を設定したら，現実と
の乖離をグラフ化し，研究室に貼りましょう。そして，そのグラフを毎日見て，

自分の努力の足りなさを反省しましょう。

　あなたが国際誌に論文を掲載した経験がない場合には，あなたの研究分野で高い評価を受けている雑誌に，あなたの論文が掲載されることを目標としてもよいかもしれません。その目標はあなたにとって高すぎる目標かもしれませんが，あなたのやる気を高めるならば，それでよいでしょう。

6　それでも研究者になりますか

　研究者になりたいあなたへ。「大いに歓迎します。ともにがんばりましょう。ただし，本書を読み終えた後も，そのように思っているならね」。研究者になるためには覚悟が必要です。たとえ研究者になることができたとしても，高い確率で路頭に迷います。また，研究機関でポストを得ることができたとしても，そこは研究をする環境ではなかったりします。この節の「それでも研究者になりますか」を読んでも，研究者になりたいと思う気持ちがなければ，論文を掲載することはできません。

■ 路頭に迷う

　「博士が 100 人いる村」[#] という動画があります。この動画は学位を取得しても報われない現実をよく表しています。この動画によれば，100 名の学位取得者のうち大学教員になれる人は 14 人，ポスドクが 20 人，無職が 16 人，行方不明者あるいは死者が 8 人です。この動画の真偽は別として，学位を取り優れた研究業績を上げている多くの研究者が，不遇な人生を歩んでいることは事実です。Nature 誌の記事（2011 年）では，自然科学系の学位取得者の進路状況の最悪国のひとつとして日本を紹介しています。文部科学省が実施した調査（2012年実績）では，わが国のポスドクの約 10％が無給で働いています。さらに，ポスドクから研究職のポストを勝ち取ることができた者は 10％程度にすぎません。2020 年現在，ポスドクの平均年齢は 35 歳を超えており，わが国では 35 歳前後がキャリアの分かれ目といわれています。つまり，35 歳前後までにポストが得られなければ，研究者をあきらめる必要があるということです。最近では，医学部をはじめ自然科学系の多くの学部では任期制（おおむね 5 年）が導

入されており，たとえポストを得ることができたとしても，論文を出版し続け
なければそのポストを失ってしまいます。

　ポストを得ている者にとって，このような厳しい状況は，あなたの代わりに
研究をするあなたより優秀な研究者がいくらでもいるということを意味してい
ます。多くの論文を掲載していても研究職のポストを得ることができなかった研
究者は大勢います。ポストを得た者が論文を掲載することは当たり前なのです。

② 研究者は儲かりません

　京都大学法学部の教授が自身のブログで自分の給与明細（45歳時の年収が
940万円）を公開し，安月給だと不満をぶつけ，物議をかもしました。ネット
では「1,000万の給与をもらっておきながら不満を言うとは，さすが大学の教授
様。世間知らずも甚だしい」「この程度の研究業績で給与に不満を言うなんて，
民間企業ではありえない」など，多くの批判が書き込まれました。ネットの書
き込みにもありましたが，人文社会科学系の自称研究者にとって，大学は天国
です。勤務時間内でありながら拘束されず自由に使える時間があり，成果を問
われることもなく，誰でも教授に昇進でき，十分な給与を得ることができるか
らです。ちなみに，2020年度現在，国立大学の場合，40歳の准教授で600万円
程度，もっとも給与の高い年代である50代の教授で1,000万円程度（通常900
万円前後）もらえればよいほうです。経営状態のよい私立大学の場合は，40歳
の准教授で700万円程度，50代の教授で1,300万円程度（通常1,000万円程度）
くらいでしょうか。

　しかし，研究者は儲かりません。大学で専任のポストを得てからでさえ，ひ
と月の収入より研究のために自腹で支払った金額のほうが多い月がたびたびあ
ります。多額の研究費のために，自腹を切ることになるからです。たとえば，
研究機関にもよりますが，研究で使用する物品を研究費で購入できず，自腹で
支払うことはよくあることです。私の場合，大学に実験室がないため，マンシ
ョンを実験室として借りています。その部屋を維持するだけで，年間100万を
超える支払いをしています。また，1月ころから3月末までの3か月間は，自
腹で研究費を支出します。1年間の4分の1の期間です。年明けに予算執行が
締め切られ，研究費が使えなくなるからです。しかし，その期間，研究をとめ

ることはできません。たとえば，論文がいつ採択されるか予定を立てることができないため，この期間に論文が採択されれば30万円程度の掲載手数料を支払わなければならないこともあります。さらに，多くの研究者は学生が卒論で使用する機材なども自腹で支払っています。

　くわえて，日曜日も休日も昼休みの時間もなく毎日研究をし，論文を発表し続けても，民間企業に就職したかつての学友の給与には及びません。生涯年収となると，とてもではありませんが，多くの会社員にはかないません。研究者が給与をもらい始める年齢は30代に入ってからだからです。しかも，大学院を卒業するまでの間に，授業料を含め多額の投資をしなければなりません。私はおよそ1千万円の奨学金の借金を抱えて大学院を終えました。1日の食費が数十円の学生が1千万円の借金を抱えて路頭に迷うわけです。研究者になる道は，決して勧められる進路とはいえません。

　研究者は贅沢な暮らしをしているわけではありません。多くの研究者はお金を使う時間を惜しんで研究をしているからです。幸運にも，私は大学でポストを得ることができました。しかし，破けたりほころんだりしていないスーツやカッターシャツを1着も持っていません。大学で着ている一張羅は白衣です。研究で使用している私物の機材より，高額の買い物をした記憶がありません。日に1食しか取りませんし，外食をすることも年に数度です。趣味もなく余暇活動はしません。家賃だけは上がりましたが，研究者への道を歩み始めた大学院生のころから，暮らし向きはあまり変わっていません。このような研究者の労働・経済状況はわが国で顕著です。Nature Publishing Group の調査（2010年）では，給与などの待遇に対する日本人研究者の満足感は米国，中国，インド，英国，ドイツ，フランスなどより低く，16ヶ国中最下位でした。また，1週間当たりの労働時間に対する満足感も16ヶ国中最下位でした。

　冒頭で紹介した京都大学教授の主張は間違っていませんが，それはあくまで研究者に限った場合です。自称研究者は研究のために自腹を切ることがないばかりか，非常勤講師，企業が主催する講演，大衆本や資格本の出版，商業誌の書き物などの副業をすることで，多くの副収入も得ています。テレビに出演している自称研究者のなかには，副業によって研究機関の給与以上の収入を得ている者も少なくありません。学内や学会の政治活動に力を入れることで，より

多くの副次的収入を得たり，研究機関を定年退職したあとも，天下り先が用意
されたりすることもあります。

　研究費の原資は国民の税金のため，どれくらいの研究業績を上げれば，京都
大学教授のような発言を許すことができるのかは国民が決めることです。しか
し，金儲けのために研究者を目指すことは望ましい選択肢ではありません。金
儲けが目的ならば，研究職よりも望ましい職種はいくらでもあります。

③ 業績は評価されない

　国際社会の舞台では「優れた業績を数多く残した者がポストを得ることがで
き，そうではなかった者は研究職をあきらめる」と考えられています。しかし，
そうではない事例が報告されています。たとえば Higher Education Policy 誌で
報告された研究（2012年）では，キャリアの早期段階で優秀であった若手の研
究者の追跡調査をしています。その調査では，ある研究者は研究を継続できて
いましたが，別の研究者は研究を断念していました。両者の違いを調べたとこ
ろ，どちらの研究者も同程度の論文を出版しており，その論文の被引用回数も
同程度でした。しかし，彼らが所属していた研究室に違いがありました。研究
を継続できた研究者は，研究室の推薦によって研究機関でポストを得るための
機会がより多く与えられていたのです。

　研究業績が研究機関でポストを得ることに結びつかない傾向は，欧米よりも
わが国で，自然科学系よりも人文社会科学系で顕著です。少なくともわが国の
人文社会科学系では，公募，内部人事査定，科学研究費の採否などにおいて，
研究業績は正当に評価されていません。そればかりか，優れた研究業績が否定
的に評価されることがしばしばあります。その主要な原因は審査する側にあり
ます。審査者が研究者ではなく自称研究者だからです。自称研究者には研究を
正当に評価する能力がありません。そればかりか，自称研究者は研究者に対す
る明らかな偏見をもっており，その偏見に基づいて業績を評価しています。

　研究を正当に評価できない事例に次のようなものがあります。（a）論文が短
いという理由で，簡潔な原著や短報（letter）を論文として認めない。（b）ノン
ブル（ページ番号）の代わりに論文番号を振っている論文に対して，「ページ数
が振られていないので，学会の抄録に違いない。これは論文ではない」と発言

する。（c）掲載ページ数の代わりに first published online と記載している論文
（DOI が附帯）に対して，「掲載証明書が提出されていないので，研究業績とし
てカウントできない」と主張する。（d）明らかにハゲタカ雑誌に掲載された論
文に対して，「素晴らしい論文だ。英語で書いている」と称賛する。これらのこ
とは私が直接経験した事実です。

　研究者に対する偏見の例として，多くの論文を出版している研究者に対し
て，「この人は仕事（大学の運営など）をしないね」「学生に厳しそうだ」とい
う評価をします。逆に，何年かに一度，大学紀要のみに論文を掲載している自
称研究者に対しては，「この人は仕事をしてくれそうだ」と評価します。このよ
うな発言は公の会議の場であっても自称研究者から聞こえてきます。詳細な事
例を書くことはできませんが，公の会議の場での研究者に対する自称研究者の
偏見に基づく発言は，人文社会科学系では頻繁に耳にする事実です。

　さらに深刻な問題は，自称研究者が研究職のポストを得ることによって，研
究者が本来得ることができるはずだったポストを不当に奪われていることで
す。それだけにとどまらず，自称研究者は自分の学閥や仲のよい仲間に新たな
ポストを用意し，自分と同じ自称研究者を増殖させることによって，研究者が
ポストを得る機会を不当に奪っています。このような自称研究者の活動を揶揄
して，自称研究者は「がん細胞」と呼ばれています。「がん細胞」が「がん細
胞」を増殖させるわけです。そのため，あなたが努力し論文を執筆している最
中に，飲みニケーションに明け暮れてゴマをすっている自称研究者が研究者の
ポストを得るのです。

　また，自称研究者との人間関係を重視している者のほうが出世も早く，より
望ましい研究環境を手に入れやすいのです。そして，自称研究者は研究機関内
での発言権を強めます。そして，自称研究者は研究機関内で自称研究者の都合
のよい政策を推進し，研究業績による競争が起こらないようにするのです。

4　大学は研究機関ではない

　運よくあなたが大学でポストを得たとします。しかし，そこはあなたが考え
ているような最高学府ではありません。少し言いすぎかもしれませんが，一部
の大学を除いて，大学で研究ができるという考えは幻想です。大学では研究は

できません。私の場合，実験は学外で行っているし，論文を書く資料は自宅に
あり，自宅で論文を書いています。大学は研究をする場であると考えていた私
にとって，大学が研究機関ではないことはショックな事実でした。ただし，研
究環境は大学によって異なるため，一概に言えないことを付け加えておきます。

　また，大学の同僚は自称研究者であり，学ぶ意欲もない学生に指導をしなけ
ればなりません。このような環境はあなたの研究意欲を削ぎます。付け加えて
おきますが，学生の学業意欲の低さの原因は自称研究者にあります。本書の目
的は大学の現状について説明することではないため割愛しますが，より詳しい
ことを知りたければ，ネットに多くの書き込みがあるので，そこから容易に推
測できると思います。

第 2 部　継続する努力

　努力の源泉を獲得したあなたが次にすべきことは，努力の仕方を学ぶことで
す。努力はただ実行すればよいものではありません。論文を掲載させるために
は，ふたつの努力が必要です。「継続する努力」と「すべきことをする努力」で
す。どちらの努力も実行してはじめて，「努力」をしていることになります。

　ここでは「継続する努力」について説明します。継続する努力とは，大学受
験などのように，数年間ひたすら勉強をするというたやすいことではありませ
ん。本書でいう継続する努力とは，最低でも 10 年間以上継続することであり，
努力をしなければ罪悪感が生まれるようなものです。

1　努力を習慣化する

　「10 年間以上も，努力し続けなければならない」と言われれば，自分にはで
きないと思うかもしれません。しかし，努力をすることを習慣化するだけでよ
いのです。朝起きたら歯を磨くように，意識しなくとも習慣的に努力するよう
になればいいだけです。努力の習慣化とは，努力をすることが日々の生活で当
たり前になることです。

　努力を習慣化することができれば，研究活動をしなければ自然と罪悪感が沸き上がってきます。たとえば，余暇活動などで時間を浪費したりすれば，強い罪悪感があなたを襲うようになります。そのような強い罪悪感を抱くようになれば，努力の習慣化に成功したことになります。

① 努力の習慣化の意味

　しかし，努力を習慣化することは，特定の時間帯に必ず研究活動をすることではありません。たとえば，朝の 6 時から 9 時までの時間帯は，どのようなことがあっても，論文執筆にあてるというようなことではありません。また，毎日一定の時間を研究活動に費やすことでもありません。たとえば，毎日 3 時間は論文執筆をするようなことでもありません。これらの考えは，「集中して作業ができる時間は限られているため，ダラダラと作業をすることは効率的ではない」という論拠に基づくものです。このような方法は優れた時間の使い方のように思われています。実際に，このような方法は受験勉強などで推奨されています。このような作業方法を「集中作業」と呼ぶことにします。

　しかし，集中作業は研究活動には向いていません。第一に，論文を掲載し続けるためには，集中作業による時間だけでは足らないからです。論文を掲載し続けるためには多くの時間と労力が必要であり，与えられたすべての時間を研究活動に費やさなければ，論文を掲載し続けることはできません。また，研究活動は研究者としての生涯をかけた長期戦です。多くの時間を必要としない短期勝負である受験勉強とは異なるのです。第二に，受験勉強のような受動的作業とは異なり，研究活動は新たなことを生み出さなければならない能動的作業だからです。能動的作業にはその作業を積極的に行うやる気が必要です。研究活動を行うためには，そのやる気を常に ON にした状態を維持しなければなりません。長期間にわたって，やる気を ON にしたり OFF にしたり，やる気を都合よく調節することは困難だからです。集中作業はやる気を ON にしたり OFF にしたりを繰り返す方法であり，長期的な能動的作業には不向きです。集中作業は研究活動に不向きなことに加えて，以下に説明する努力と矛盾したり，妨げになったりします。

2 無駄な時間をなくす

　もし数分間の時間ができたら，あなたはどうしていますか。同僚とおしゃべりをしたり，スマホを触ったりしていませんか。そのような時間を1日に何度も経験しているはずです。そのような時間（5分）が，1日数度（5回）あったとします。1年間で5分×5回×365日で9,125分になります。つまり，毎年152時間と5分（およそ6日間）を無駄に過ごしていることになります。その時間があれば，数篇の論文を完成させることができます。一分一秒でも無駄に過ごしてよい時間はありません。「そのような時間は短く，その時間を利用しても論文は書けない」と思うかもしれません。しかし，その発想が間違っています。以下のような時間の使い方をすれば，短い時間の蓄積によって論文を完成させることができるからです。

　そのためにはまず，自由度によってできる作業に違いがあることを理解します。自由度とは作業ができる程度であり，その数値が高いほど可能な作業内容が増えることを意味しています。まずは表1を見てください。それぞれの自由度の意味，可能な作業内容，該当する時間帯について紹介しています。ここで紹介したものは私の自由度とその作業内容であり，あなたの場合とは違うかもしれません。あなた自身の自由度の表を作成してみてください。

　表が完成したら，自由度に応じた作業をします。その際，いくつかのポイントがあります。第一に，それぞれの自由度に応じてできる作業を事前に準備しておくことです。予定になく時間が空いた場合でも，作業の用意をしていなければその時間を活用できないからです。第二に，自由度が上位である時間帯に，自由度が下位で行うことができる作業をしないことです。たとえば，論文の推敲は自由度2でできる作業であり，その作業を自由度3，4，5の時間帯で行わないようにします。自由度に応じた作業を日々実践すれば，まとまった時間が取れたときに，細切れの時間でもできる作業をする必要がなくなり，時間を有効に利用できます。

　さらに無駄な時間をなくすために，あなたの生活習慣を変えます。たとえば，車で通勤しているならば，通勤中に自由度1の作業しかできません。しかし，車通勤から電車通勤に変えれば，通勤中に自由度2の作業ができるように

努力篇

表1　私の自由度とその詳細

	自由度　1
概要	考えることだけ可能。状況によってはメモを取ることができるかもしれないが，文章を書くことは不可能。
時間帯	徒歩による移動中，運転中，入浴中，講義や講演の最中など。慣れてくると睡眠以外のあらゆる時間が刻当。
作業内容	研究計画，論文の構成，書籍などの出版計画，すべきことの整理，研究全体の見直しなど。
備考	講義や会議の移動時間などは，次に何をすべきかを整理する時間として使えます。そうすることで，次の作業を素早く始めることができます。

	自由度　2
概要	PC は使えないが，紙に簡単な書き物ができる。
時間帯	電車移動中，食事中，はみがき中など。
作業内容	論文を読む，文献チェック，推敲など。

	自由度　3
概要	PC は使用できる。作業に没頭はできない。
時間帯	会議中，大学での食事中など。
作業内容	図表の作成，推敲内容を反映，文献入手，論文執筆，メールチェック，ネットを利用した情報収集，助成金などの書類作成，大学や学会の仕事など。
備考	この時間を利用して，研究に関係のないあらゆる仕事（大学や学会などの仕事）を終わらせます。

	自由度　4
概要	作業に集中できる。作業を中断される可能性あり。
時間帯	研究室に在室中など。
作業内容	実験や調査の準備，論文執筆，データ分析など。
備考	研究と直接関係のないことをしてはいけません。ネットを利用する時間ではありません。メールもしてはいけません。

	自由度　5
概要	作業に集中できる。研究のためだけの時間。
時間帯	休日の研究室，実験室，自宅などにいる時間。
作業内容	実験や調査などのデータの収集，論文執筆，詳細な研究計画の作成など。
備考	研究者にとって，もっとも重要な時間帯です。この時間帯にしかできないこと以外はやってはいけません。研究室には鍵をかけ，外出中の札を出しておきます。

なります。すべき作業に生活習慣を合わせるのであって，生活習慣に作業を合わせるのではありません。

3 ノルマを設定する

　その日のノルマを達成しない限り就寝しない習慣を身につけます。ノルマを設定し始めたころは，頻繁に徹夜をすることになるかもしれません。しかし3年も経てば，ノルマを増やしても，ほとんど徹夜をしなくてもすむようになります。「今日だけは……」と，ノルマを満たしていないにもかかわらずベッドに入ると，「今日だけは……」の言い訳が月に一度になり，週に一度になります。そうなればノルマを設定する意味がなくなります。

　そして，その日のノルマと短期的ノルマを設けます。それ以上に長い期間のノルマは設定しません。ノルマの期間が長くなると，ノルマを課す意味が薄れるからです。長い期間にわたる計画は研究進行表（35頁参照）を用いて研究活動を管理します。

　「ノルマを達成してから次の日を迎える方法」には「集中作業」にはないメリットがあります。たとえば，ノルマを設定することによって，あらゆる作業に締め切りを設けることができます。その結果，その締め切りを厳守しさえすれば，論文が完成する日が明確になります。しかし，集中作業では論文がいつ完成するか不明確です。

■ その日のノルマ

　その日にやるべき作業は小型のメモ用紙にひとつひとつ別々に書きます。すべき作業はいつ思いつくかわかりません。移動中かもしれませんし，大学の勤務中かもしれません。思いつくたびにメモ用紙に書きます。帰宅すると，それらのメモ用紙を机の上に置きます。作業が終われば，その作業を書いたメモ用紙を捨てます。すべてのメモ用紙がなくなれば，その日のノルマが完了したことになります。大学ですべき作業もまた，メモ用紙に記載して大学に持って行き，すべてのメモ用紙がなくなるまでは帰宅しません。私はその日にやるべき作業をすべて机の上に並べてから仕事をし始めるため，帰宅するころには机の上が整理されます。つまり，机の上を見れば，帰宅できるかどうかがわかる状態になっています。この方法の利点は，その日の計画を立てなくとも，何をすべきか視覚的にわかることです。また，作業を終わらせるたびにメモ用紙を捨

コラム 5　研究者のよくある日常

　午前 4 時に起床。すぐに PC の電源を入れる。電動歯磨きを使いながら，論文に目を通す。シャワーを浴びながら，新しい研究の計画を練る。自宅を出る直前まで論文を執筆する。電車のなかで論文の推敲をする。6 時に大学に到着。移動中に考えた研究計画の詳細を記録する。メールチェックをしながら大学と学会の仕事をこなす。9 時の講義が始まるまで講義の準備をする。9 時から 12 時まで講義。講義と講義の移動中に，これから指導するゼミ生の研究の進行状況を頭に入れる。午前中の講義が終わり研究室に戻り，研究室の前で待っているゼミ生の指導をすぐに始める。いつものように昼食も休憩も取ることができない。18 時にようやくゼミ生の指導が終わる。ゼミ生の指導の進行状況を記録したあと，大学の仕事を再開する。今日は休憩時間なしの 13 時間労働（大学内のみ）ですむ。19 時に大学を出て，学外にある私の実験室へ。翌日に行う実験の準備をする。22 時に帰宅。手を洗い着替えをし，PC の電源を入れ，あらゆる立ち仕事を終えてからようやく腰をおろす。論文を読みながら夕食を取る。深夜 1 時にノルマが完了。翌日の大学の準備をして就寝。

　　　　　　　　　　　　　　私のよくある日常のなかの 1 日です。

　大学は休日。午前 3 時 30 分に起床。PC の電源を入れ，歯磨きをし，お茶を飲んだら論文執筆開始。今日は調子がよい。論文の執筆がはかどる。最初の休息のためにトイレに行くと 6 時になっていることに気づく。まだ 4 時間も経っていないにもかかわらず，今日のノルマを終えたことを喜ぶ。しかし，何かがおかしい。カーテンを開けて外を見ると，やはり周囲の様子がおかしい。PC の時計を確認すると，6 時ではなく 18 時だった。その事実に落ち込み，再び執筆開始。明日のノルマに取りかかる。22 時になり疲れたので，食事を取らず就寝。執筆作業がはかどり興奮したのか，深夜 1 時に目が覚める。1 日遅れの食事をし，シャワーを浴びたら，大学に出勤するまで再び論文を執筆する。

　　　　　　　　　　　　　　私のよくある日常のなかの 1 日です。

てるため，作業を終わらせるたびに達成感を得ることができます。ポイント
は，1枚のメモ用紙にすべきことをひとつ書くことです。

2 短期的ノルマ

　短期的ノルマとは数日から2，3週間以内に行う作業のことです。たとえば，
査読コメントに対する返信などが該当します。やるべき作業はできるだけ細か
く分けて付箋に書き，作業を完成すべき日のカレンダーに貼りつけます。査読
コメントに対する返信であるならば，査読コメントのひとつひとつを付箋に記
載します。査読コメントが10個あったとするならば，カレンダーに付箋を10
枚貼ります。やるべき作業が完了したら，付箋をはがします。メモ用紙と同様
に，付箋をはがすたびに達成感が得られます。また，できる限り作業完成日よ
りも早く，付箋をはがすように努力します。そして，1日でも締切日を繰り上
げるように努力します。その理由は「時間を常に確保しておく」（40頁）で説
明します。付箋を使用する理由は，締切日を繰り上げたときに貼り替えること
ができるからです。付箋の色を変えることで，ノルマの種類をひと目でわかる
ようにできます。たとえば，研究に関するノルマは赤の付箋，大学の仕事は黄
色の付箋に記載します。

3 起床時間を一定にする

　ノルマを達成するためには，決めた時間より早く起きてもかまいませんが，
毎日決まった時間に起床する必要があります。前日に何時に就寝しようが，前
日の出来事とは関係なく同じ時間に起きます。同じ時間に起きるためには，徹
夜になることもあります。その日のノルマをこなすまで就寝しないからです。
起床時間を一定にする理由は，効率の問題ではありません。遅い時間に起きて
しまうと，その日のノルマをこなすことができなくなるからです。そうなれば
ノルマの積み残しが少しずつ増えてゆき，あらゆる計画が崩れてしまいます。
　私の場合，ノルマをこなしてから起床するまでの時間が2時間程度あれば睡
眠を取ることにしていますが，40歳代半ばまでは3時間以下の場合は徹夜をし
ていました。その結果，その3時間を研究に割くことができました。

4　大いに自慢する

　学生や同僚に，あなたが努力していることを自慢してください。同僚や学生にはあなたのその言動の意味が理解できないでしょう。しかし，努力していることを自慢すれば，少なくとも同僚や学生が見ている前では，手を抜くことができなくなります。つまり，自慢することによって，自分で自分の行動をしばるのです。自慢することは努力だけではありません。論文の出版や被引用回数なども自慢しましょう。「その自慢に値するように，より多くの論文を出版しなければならない」というプレッシャーが生まれるからです。そのプレッシャーがさらなる努力を促します。

　こうした自慢は同僚や学生には否定的に映るかもしれません。たとえば，私のゼミ生のなかには，「そんなこと言わなきゃ，先生はすごいのに」と言う学生がいます。わが国では謙虚な人間が好かれることは，愚かな私でも知っています。しかし，同僚のなかに研究者がいれば，その研究者はあなたが自慢する意図を理解できるでしょう。同じ言動をしても，人によってその評価は違います。私は思慮の浅い人に人格的に優れた人間であると思われるよりも，研究者が認める研究者になりたいのです。私は同僚や学生から評価されるのではなく，研究者から評価されたいのです。

5　ライバル

　ライバルの存在があなたの努力を促し，論文が掲載される道を切り開いてくれることがあります。しかし，ライバルの効果には個人差があります。たとえば，競争心の強い人にはライバルは効果的ですが，そうでない人にとって，その効果は限定的かもしれません。それゆえ，努力の源泉として必ずしも効果があるとはいえないかもしれません。

　ライバルを設定するならば，ライバルはあなたよりも優れた研究者でなければなりません。あなたよりも一歩前を走っている研究者です。できれば，あなたと研究分野が近く，同世代で，身近な研究者が望ましいでしょう。しかし，そのように都合のよいライバルはいません。それゆえ，ライバルを仕立て上げ

ます。見ず知らずの研究者を一方的にライバルにします。そして，その研究者の業績を研究室の壁に貼り，その研究者の業績とあなたの業績とを定期的に比較しましょう。そして，あなたの努力が足りないことを実感します。

　しかし，論文が掲載され続けるようになれば，そのようなライバルは不必要になります。研究業績を比較することが論文を掲載し続けることの動機づけにはならなくなるからです。

第3部　すべきことをする努力

　論文を掲載させるための努力とは，「継続する努力」と「すべきことをする努力」です。第2部では「継続する努力」について説明しました。第3部では「すべきことをする努力」の実践方法を説明します。「すべきことをする努力」とは論文を掲載させることを意識した行為であり，論文掲載に直接つながる努力のことです。たとえば，研究の構想，データの収集と分析，論文の執筆，査読者とのやりとりなどです。論文を掲載することに直接つながらない作業は「すべきことをする努力」には含めません。たとえば，学会や研究会への参加などです。学会や研究会への参加に関してはコラム6（31頁）を参考にしてください。

1　研究と仕事を分ける

　時間は有限です。時間を管理できなければ，無駄な時間を過ごしてしまいます。時間を管理するためには，時間を研究と仕事に分けることが効果的です。時間を分けるということは，研究する時間を確保すること，研究をする時間に仕事をしないことです。サラリーマンに例えるならば，私生活にあらゆる仕事を持ち込まないという意味です。

　私は時間を「研究」「研究に付随する仕事」「仕事」の3つに分けています。もし時間が余れば，その時間を「私生活」に配分しています。「研究」は論文を掲載させるために必要な作業です。具体的には，研究の構想，データの収集と分析，論文の執筆，査読者とのやりとりなどが「研究」に該当します。「研究に

コラム 6　学会や研究会は必要か

　研究者と情報交換をしたり研究者から助言を得たりするために，かつては学会や研究会に参加することには意義がありました。しかし，それはインターネットが普及する以前の話です。現在では，研究者間のやりとりは学会や研究会に参加しなくとも十分に行うことができます。また，かつて学会や研究会は，研究の根本的な問題を厳しく指摘してくれる場を提供していました。しかし，パワハラという言葉が流布し始めたころから，わが国の学会や研究会でも，研究の欠陥を厳しく指摘するような言動はほとんどなくなってしまいました。つまり，学会や研究会に参加するメリットはなくなったのです。

　しかも，学会や研究会に費やす時間や労力を考えると，少なくとも国内の学会や研究会に参加することにはデメリットしかありません。実際，国内学会から若手を中心に研究者がいなくなっています。その結果，少なくともわが国の人文社会科学系では，学会や研究会は自称研究者の集まりになっています（「学会や研究会の自称研究者」（53 頁）も参照）。そして，発表内容だけでなく参加者のコメントには，学術的・倫理的誤りが多く含まれるようになりました。

　それでも学会や研究会に参加する意味があると思うならば，あなたが学会や研究会に参加する本当の目的を自問してください。研究者仲間を作ることですか。研究に対する助言を得ることですか。もしそうならば，学会や研究会に参加しなくても，論文が掲載されれば，おのずと研究者仲間が集まってきます。国際誌に投稿すれば，あなたの研究の致命的な問題を査読者が教えてくれます。

　もしかして，傷のなめ合いをするためではありませんか。たとえば，研究職のポストが得られない愚痴の言い合いをしているのではありませんか。もしかして，飲みニケーションが目的ではありませんか。そのような場で，縁故によって仕事やポストを得ようとしていませんか。学会に行って「先生」と言われ，もてはやされたいからですか。しかし，それらはいずれも，あなたの研究を進展させるための理由ではありません。

　学会や研究会に参加すると，あなたの貴重な時間を浪費します。また，学会や研究会に参加していることで，研究をしている気になってしまうかもしれません。それでも，学会や研究会に参加したり発表したりする意義があると思いますか。

付随する仕事」は研究費の申請，書籍の執筆，依頼論文（商業誌などの書き物を含む），査読，国際的審査，地域・社会貢献（講演など）などです。「仕事」は大学の教育・運営，省庁や県市がらみの仕事，学会の仕事です。学会や研究会への参加は論文の掲載と関係がないため，「私生活」に分類しています。

1　時間の配分とその方法

　時間を配分することの意味は，どの作業に何時間かけるかを決めることではありません。たとえば，10 時間のうち「仕事」に 5 時間，「研究に付随する仕事」に 1 時間，「研究」に 4 時間というように時間を分配することではありません。時間配分とは最低限の「仕事」と最低限の「研究に付随する仕事」を決め，それ以外を「研究」の時間として確保することです。その「最低限」の基準は人によって違うため，「最低限」を決めるという時間配分が必要になります。

　私はまず「仕事」の時間を決めます。大学の教育と運営に必要な時間を取ります。しかし，大学の教育と運営に関係のない自称研究者との付き合いは拒否しています。役所（国内の省庁，都道府県，市町村）がらみの仕事や学会の仕事は，どうしても断ることができない場合のみ引き受けます。そして，あらゆる「仕事」は所属機関ですませるようにしています。

　次に「研究に付随する仕事」を決めます。私は「研究に付随する仕事」に分配する時間には上限を設けています。その範囲内で「研究に付随する仕事」を引き受けるかどうかを検討しますが，基本的には引き受けません。

　残ったすべての時間が「研究」の時間になります。しかし例外として，私にしか書けない専門書（和文単著あるいは英文）の執筆に限って，その執筆活動にかかる時間を「研究」に含めています。第一の理由は，私独自の理論を詳細に展開できるからです。科学の分野に近づくほど，理論論文を掲載できる雑誌は少なくなり，そのような論文は掲載されにくくなります。しかし，専門書は自分自身のオリジナルの理論や考えを発表できる場を与えてくれます。第二に，専門書を書く作業には多くの時間と労力がかかり，「研究」に分類しなければ，専門書が書けなくなるからです。それ以外にも，専門書を執筆するためにはいくつかの条件を課しています。たとえば，新たな論文執筆のためのデータがないときに限ってのみ執筆するなどです。

2　時間を配分する理由

　時間を配分することにはふたつの理由があります。第一に，研究時間を確保するためです。研究者は研究をするために研究機関に勤務しているわけであり，研究機関に勤務しているから研究をしているわけではありません。それゆえ，研究時間を確保することは当然の行為です。研究者同士ならば，互いに研究時間を確保する重要性を理解しているため，問題は起こりません。しかし，同僚が自称研究者である場合には，多くの問題が発生します。自称研究者は研究者とは違う人種だからです（「自称研究者に研究意欲を削がれる」（52頁）参照）。自称研究者は時間が有限であることのみならず，研究活動の時間を確保することの重要性すら理解できていないため，研究者の研究活動の時間を不用意に奪います。たとえば，自称研究者は，大学院生や教員の歓迎会・送別会，教員間の交流などの名目で，飲み会をしたがります。彼らは自ら不要な仕事を増やし，それを押しつけようとします。しかし，本当に必要な「仕事」以外は，研究時間を確保するためにそれらの誘いを断らなければなりません。そのことによって，自称研究者との人間関係が悪化しようとも断るべきです。自称研究者とお友だちになるために研究機関に勤めているわけではありません。研究活動の時間を確保するためには，何をすべきであり，何をすべきではないかを明確に決めておく必要があるのです。

　第二に，「研究に付随する仕事」を引き受けるかどうかを判断しやすくするためです。自称研究者のなかには，彼らにはすぎた仕事を引き受けた結果，他者に迷惑をかける者がいます。たとえば，査読期限を守らず投稿者に不利益をもたらしたり，締め切り日までに原稿を提出できず書籍の出版が中止になり，原稿を提出している研究者の時間と労力を無駄にしたり，例をあげればきりがありません。そのような自称研究者と同じ過ちを犯さないためにも，「研究に付随する仕事」に配分した時間内で，締め切り日までに完成できる仕事のみを引き受けるようにします。

3　メールアドレスを使い分ける

　研究と仕事を分けるためにメールアドレスをふたつ用意し，研究と仕事で使い分けることを勧めます。研究用と仕事用ではやりとりをする相手とその対応

が違うからです。仕事用には所属機関のアドレスを利用します。ポストを得ていないあなたも，仕事用のアドレスを作ります。仕事用のアドレスは上記で分類した「仕事」と一部の「研究に付随する仕事」のために利用します。たとえば，所属機関の HP などでメールアドレスを公開しなければならない場合に，仕事用のアドレスを記載します。そのため，この仕事用のアドレスに日本語以外の文章が送られてきた場合は，すべて迷惑メールとして処理できます。また，仕事用のアドレスは仕事のために利用しているため，所属機関に出勤したとき以外にメールチェックをしなくても支障はないはずです。言い換えれば，出勤時以外はチェックをしなくてすみます。

　研究用のアドレスは「研究」，一部の「研究に付随する仕事」と「私生活」のために利用します。このアドレスを利用して論文を投稿します。それゆえ，このアドレスに届くメールには重要なものが含まれており，時間帯を決めて，毎日チェックをする必要があります。このアドレスにはハゲタカ雑誌や学会への招待などの迷惑メールが多数送られてくるため，迷惑メール対策に長けているドメインを利用するとよいと思います。

2　複数の研究を同時に進行する

　投稿論文の採否が決定してから，次の論文を書き始める者がいるかもしれません。しかし，その行為は時間を無駄に使っている典型です。論文の採否にかかわらず，複数の研究を同時に行うことを当たり前だと考えなければなりません。以下に，複数の研究を同時に走らせるための方法について説明します。

■ 研究進行表を作る

　複数の研究を同時に実施するためには，それらの研究を管理しなければなりません。そのためには研究進行表を作成する必要があります。研究活動は「研究の構想」→「データの収集と分析」→「論文の執筆」→「査読者とのやりとり」から構成されています。研究の構想は，研究の全体像から具体的な仮説や研究デザイン，研究手続きまでを決定する過程です。研究の構想には予備研究も含まれます。データの収集と分析は，実験や調査などによってデータを収集

図1 私の研究進行表

	A	B	C	D	E	
1	優先順位	タイトル	投稿日	現在の状態	次のアクション	備考・投稿先など
2	1	CES-D国際比較	4月26日	初回審査中	審査待ち	＊＊＊
3	1	Sexual and Romantic Stimuli	6月4日	初回審査中	審査待ち	＊＊＊
4	1	Psychological Inflexibility	8月29日	初回審査中	審査待ち	＊＊＊
5	1	Suicidal Ideation	9月4日	初回審査中	審査待ち	＊＊＊
6	1	CFS-R	9月9日	再審査中	審査待ち	＊＊＊
7	1	Rumination, Inflexibility, and Depression	9月9日	初回審査中	審査待ち	＊＊＊
9	2	Stroop and WCST		論文完成・投稿のみ	CFS-Rが採択後、すぐに投稿	＊＊＊
10		信頼・理解・コミュニケーション		論文完成	依頼論文が来たら投稿する	＊＊＊
11	1	浮気尺度研究		執筆中		＊＊＊
12		PHQ-9		執筆のみ		＊＊＊
13		対人ストレスコーピングの縦断的研究		執筆のみ	依頼論文が来たら投稿する	＊＊＊
14		Personality と Burnout		執筆のみ	依頼論文が来たら投稿する	＊＊＊
16		恋愛と2D:4D		データ収集中		＊＊＊
17		HRVの研究		データ収集中		＊＊＊
18	1	慢性ストレスと急性ストレス：HRV研究		データ収集中		＊＊＊
19	1	性科学研究		データ収集中		＊＊＊
20		コーピングの固執研究		データ収集中		＊＊＊
21		コーピング脆弱性研究		データ収集中		＊＊＊
22		コーピングの柔軟性とHRV		計画中		＊＊＊
23		Mate-Choice Coying		計画中		＊＊＊
25	書籍	論文の書き方		執筆中		
26						

し，仮説に基づいてそのデータを分析する過程です。論文の執筆と査読者とのやりとりは文字どおりの研究活動です。

　図1は本書を執筆しているある時点での私の研究進行表です。ここに書いている研究は，私が研究代表者のものだけです。研究進行表の作成方法について説明します。まず，研究名を記載する欄（タイトル）と，それぞれの研究の進展状況を書く欄（現在の状態）を作ります。たとえば，「審査中」「計画中」「論文完成」「執筆中」「執筆のみ」「データ収集中」「投稿中」などを記録する欄です。「執筆のみ」はすぐにでも執筆を始めることができる状態のことです。「執筆のみ」や「データ収集中」などの状態にある研究には優先順位を付け，優先順位の高い研究から手を付けます。また，「次のアクション」という欄を設け，次にすべきことを書きます。思いのほか投稿日を忘れてしまうことがあるため，投稿日を記載しておくことも必要だと思います。最後に，備考欄に必要事項を書きます。たとえば，投稿雑誌（あるいは投稿を予定している雑誌）の名称などです。「＊＊＊」はみなさんに見せることができない情報なので，マスキングしています。

　研究進行表を作成するに当たって，いくつかのポイントがあります。まず，

コラム7　妖精が論文を書く

　国際誌に限らず多くの論文を出版している者は,「論文をいつ書いているのか」という質問を受けた経験があるでしょう。その際に「寝ている間に妖精が論文を書いている」と答えることは,そのような者にとっての常套句かもしれません。しかし,彼らは研究活動のための時間を大切にしているだけです。努力篇の「無駄な時間をなくす」(24頁)を参考にしてください。

　私の場合は,複数の作業を同時にすることで,論文を書く時間を得ています。作業の組み合わせは状況に応じて変化しますが,基本的な組み合わせは下記のとおりです。(a)認知負荷の軽い研究活動は別の負荷の軽い研究活動と同時にします。たとえば,メールチェックをしながら文献収集やデータ分析をしたり,論文を読みながら図表を作成したりします。(b)認知負荷の重い研究活動は大学の仕事と同時に行います。たとえば,論文執筆の最中に,講義の資料映像を作成するために録画したテレビを見ます(聞きます)。本書で紹介したアニメネタも,論文を執筆しながら得たものです。慣れると,音楽を聴きながらランニングをするように,誰でも複数の作業を同時にできるようになります。

　私の方法に対して「ながら勉強は身につかない」と思うかもしれません。しかし,それが正しくない場合もあります。同時に作業を行っても,(a)の場合にはいずれの研究活動の作業効率も低下しません。(b)の場合は大学の仕事がおろそかになることがありますが,研究活動の効率には影響しません。たとえば,論文執筆と同時に行うテレビやラジオの視聴はおろそかになりますが,テレビやラジオ視聴が論文執筆の妨げになることはありません。しかし,このことは私個人の経験なので,この方法はあなたにとって有害かもしれません。

　時間を有効活用しようと努力した結果,ほぼすべての研究活動と同時に別の作業ができるようになりました。しかし,複数のキーボードを同時に操作することは不可能です。それゆえ,あと2本ほど腕が生えることを切に願ったものです。しかし,慢性的な肩こりに悩まされ始めたころから,その願いはあきらめることにしました。これ以上の肩こりには耐えることができないからです。

研究進行表はできる限り簡潔にし，ひと目で進行状態がわかるようにします。そうすることで，研究進行表の作成や維持のために，時間をかけなくてすみます。また，あなたが代表者ではない研究は研究進行表に書かないほうがよいと思います。その研究の進行は研究代表者に任せればよいことであり，あなたはあなたが代表者である研究に集中する必要があるからです。

② 長期的視点で研究全体を

　複数の研究を同時に実行するためには，研究計画を立てる何年も前から，研究の構想を練る必要があります。そのためには，ときおり何年も先を見据えて，自分の研究全体を見直す必要があります。あなたのおかれている状況にもよりますが，少なくとも３年先を考える視点が必要です。私の場合は，具体的な研究計画を立て，その研究が論文として出版されるまでおおむね５年かかります。それゆえ，研究の構想を考え始める時期は論文掲載の８年前になります。本書の場合は構想段階から起算すると10年程度かけて完成に漕ぎつけました。

　目先の研究にしか目を向けることのできない人は，目先の締め切りに追われた研究活動をするようになります。そのような研究活動をする者は次で説明する一気呵成（かせい）型かもしれません。

③ 一気呵成ではなく，コツコツと

　ある特定の作業だけをすればよいならば，物事を一気に完成させる一気呵成型でもよいかもしれません。しかし，複数の研究を同時に進行させるためには，コツコツ型を用いることになります。ここで推奨しているコツコツ型は，あれもこれも手をつけ，すべて中途半端で終わらせることではありません。たとえば，コツコツ型は，一気呵成型が１年間かけて行う作業を３年間かけて行います。一気呵成型が作業のためにかける時間の３倍の時間をかけると考えてください（３年や３倍は任意です）。そして，コツコツ型は，その３年間の間に，特定の作業だけではなく複数の作業を同時にします。

　コツコツ型にはいくつもの利点があります。第一の利点は，作業方針や作業内容の修正や方向転換が可能だということです。研究をしていると，想定して

いなかった問題が起こります。たとえば，研究デザインに問題が見つかった
り，予備研究に失敗したり，研究参加者が予定どおりに集まらなかったり，研
究費が底をついたりします。そのような問題が起こった場合でも，コツコツ型
は十分な研究期間を取っているために，柔軟に研究計画を修正したり，研究の
方向性を転換したりすることができます。しかし，一気呵成型は研究の方向性
を変えることが困難です。一気呵成型は，研究期間そのものを延長するか，不
完全な研究を完成させるか，いずれかを選択するしかありません。

　第二の利点は，何度でも研究計画を検討し直すことができることです。コツ
コツ型は，ひとつの研究にかける時間が長いため，それぞれの研究の進展状況
に応じて，何度も検討し直すことができます。その結果，研究が完結する時期
は遅くなりますが，その完成度は高くなり論文の質が上がります。

　第三の利点は，研究活動を含めあらゆる作業の締め切り日を厳守できること
です。たとえ研究計画を変更したり，検討し直したりした場合でも，締め切り
日までに十分な時間を取っているため，コツコツ型はゆとりをもって締め切り
を守ることができます。しかし，一気呵成型は，予期しなかったことが起こっ
た場合，締め切り日を守ることができなくなる可能性があります。締め切りを
守ろうとすると，不完全なものを提出しなければならなくなります。

　第四の利点は，研究代表者として共同研究をする場合や，主任研究者として
研究室を率いて研究をする場合などに適していることです。コツコツ型の研究
者は，予定を変更しなければならないことがあったとしても，共同研究者や研
究協力者，そして研究室の研究員に，作業を突然依頼することはありません。
しかし，一気呵成型の研究者は一気に仕上げようとするため，共同研究者や研
究員に対して作業の修正や依頼を突然しなければならなくなります。もちろ
ん，突然というのは主観的期間であり，どれくらい前から作業の依頼をすべき
どうかは，作業内容，人間関係，状況によって違うでしょう。それでも，一気
呵成型の研究者よりコツコツ型の研究者のほうが，余裕をもって事前に作業を
依頼することができます。コツコツ型のこの利点は，研究の規模が大きくなれ
ばなるほど大きくなります。

　第四の利点について，共同研究者，研究協力者，研究員側の立場になって説
明します。彼ら（研究者）は多忙です。これまでの記述を読めば理解できると

思いますが，研究者が嫌がることは突然に降りかかってくる作業に時間を奪わ
れることです。研究者は計画的に時間を管理し，毎日のノルマを決めているか
らです。同じ作業量でも，事前に知らされている場合と，突然に知らされる場
合では，まったく違う作業をしなければなりません。事前に知らされている場
合には，その作業をするために必要な時間をあらかじめ用意することができま
す。しかし，突然に知らされた場合，その作業をするために予定していた作業
を中止しなければなりません。また，中止した作業を別の時間帯に配置しなけ
ればならないため，玉突き式に予定を変更しなければならなくなります。

４　すべきことを見える化する

　現在すべきことを可視化しましょう。研究の大きな流れは研究進行表を用い
て把握します。それぞれの作業はさらに細かく分類し，現在何を行っていて何
をやっていないかを Excel などを用いてモニタリングします。さらに細かい作
業はノルマとして付箋に書き，カレンダーに貼りつけます。

５　常に執筆中の論文がある

　執筆中の論文が常にひとつ以上あるようにします。執筆中の論文を作ってお
くと，時間ができたときに，すぐに論文の執筆に取りかかることができます。
「論文を書く作業をとめることは，研究者から転落することである」という危機
感をもたなければなりません。ただし，複数の論文執筆を同時に走らせると，
どちらつかずになるため，執筆中の論文はひとつだけのほうがよいかもしれま
せん。その判断は研究者によって違うと思います。

3　優先順位を付ける

　国際誌に論文を掲載するためにはやるべき作業が複数あり，それぞれ同時に
進行しなければなりません。それゆえ，優先順位は研究者によって違うかもし
れませんが，すべき作業に直面してからではなく，事前にその優先順位を決め
ておく必要があります。

1 何よりも優先させる研究活動

　論文の投稿に関する作業は何よりも優先させるべきです。その作業には（a）英文校閲が完了した論文の修正，（b）査読コメントへの対応，（c）校正稿（proof）の提出，（d）不採択論文の再投稿などがあります（この順序に意味はありません）。これらの作業を完遂させるためには，他に行っているすべての作業をとめて，徹夜をすることを覚悟しなければなりません。

　（a）英文校閲が完了した論文の修正：英文校閲が完了した論文が届いた場合，校閲が返ってきたその日に論文を修正し投稿します。少しでも早く投稿するためです。（b）査読コメントへの対応：査読コメントに対して長期間対応していると，他にすべき作業に影響を及ぼします。査読コメントに対応している期間はそれ以外のすべての作業をとめているからです。そこで，私は査読コメントへの対応は原則2週間以内と決めています。論文を修正したら，すぐに英文校閲に出します。研究者の卵や初学者の場合は，査読コメントへの対応期間を決めず，論文を修正することだけに集中しましょう。（c）校正稿の提出：採択されたあと，校正稿提出の依頼メールが出版社から送られてきます。通常48時間以内に作業を完了するよう求められます。それゆえ，そのメールを受け取ったらすぐに作業を完了します。（d）不採択論文の再投稿：不採択通知が届いた論文を別の雑誌に投稿します。不採択になった論文には触れたくもない気持ちになります。そして，その論文を放置してしまいがちになります。それゆえ，不採択通知を受け取ったら，すぐに別の雑誌に投稿します。

2 優先すべき研究活動

　日々の生活で優先すべき作業は，「論文の執筆」「データの収集と分析」「研究の構想」です。優先順位はこの順です。大変な作業ほど優先順位を高く設定すべきだからです。

4　時間を常に確保しておく

　対応すべき作業はいつ何時やってくるかわかりません。とくに優先度の高い作業にはすぐに対応しなければなりません。そのためには，あらかじめ時間を

確保しておく必要があります。つまり，やるべき作業を常に完了させておくのです。今日できることは今日のノルマとして片づけます。締め切り日に間に合えばかまわないという考えは，研究者としてふさわしい考えではありません。「今できる作業はすぐにする。締め切り日に合わせて作業をしない（締め切り日よりも早く提出する）」という習慣を身につけることが必要です。

　先延ばしにしやすい作業のひとつに，数分から10分程度で片づく作業があります。すぐに対応できるため，先延ばしにしても問題がないと考えるからです。たとえば，査読を引き受けるかどうか，実験プロトコルなどの使用許可，研究に対する助言依頼などに対する返信があります。このような作業が積もり積もると，まとまった時間を割かなければならなくなります。また，所属機関の仕事はすぐに片づけることを意識する必要があります。研究と関係のない作業は後回しにしがちです。

　締め切りのある作業は締め切り日よりもできる限り早く仕上げる必要があります。そうすることで，時間を確保しておくことができます。また，締め切り日を設定している先方のことも考えて，締め切り日よりも早く提出することを勧めます。どの程度早めに提出するかは提出物によって違いますが，書籍のひとつの章ならば，私は遅くても締め切り日の1か月前に提出します。最近提出した書籍の章は締め切り日の半年前に提出しました。提出相手が研究者の場合，早く提出することによってあなたの信用度が上がります。

　時間はお金の使い方に似ています。経済観念のある人は必要になったときのために貯蓄をしています。しかし，そうでない人は手元にあるお金をすぐに使い切ってしまいます。同様に，時間を有効に使える人は必要になるときのためにすべき作業をすませておき，常に時間を貯めておくことができます。しかし，そうでない人は無駄に時間を使ってしまい，締め切り日ぎりぎりになるまで作業をしません。その結果，時間が必要になったときに（優先すべき作業が突然できたときに），その作業を中途半端に終わらせたり，その作業に対応できなかったりします。時間はあればあるだけ使うのではなく，時間はいざというときのために貯蓄しておくのです。

5　どうしてもやる気が出ないとき

　やる気が出なくとも，研究をするしかありません。逃げてはダメです。一度でも逃げると，似たような状況に直面したときに再び逃げるようになります。そして，逃げるためのハードル（言い訳をするレベル）は加速度的に下がります。同様に，気分転換などの気晴らしをすることも勧められません。気晴らしはすべき作業から逃げることと同じだからです。また，あなたが努力の習慣化を獲得していれば，気晴らしを繰り返すことによって，無駄な時間を過ごしたときに生じていた罪悪感が少しずつ消えてしまいます。

　やる気を出すことも，努力によって可能です。以下のことを試してみてください。それでもやる気が出ない場合には，研究者になることをあきらめることを勧めます。そのような人はこの後で説明する「研究者になることをあきらめる」（45頁）を読んでください。

1　やる気を出すのも努力

　どうしてもやる気が出ないとき，最初にすべきことは努力の源泉を読み返すことです。研究者になりたいならばそれで十分でしょう。本書で取りあげた「継続する努力」と「すべきことをする努力」を獲得していれば，たとえやる気がなくなっても，努力によってやる気を取り戻すことができます。あるいは，やる気が出なくても論文を執筆することができます。たとえば，あなたが努力の習慣化を獲得していれば，やる気がなくなり無駄な時間を過ごすと，強い罪悪感があなたを襲い，気づけば研究活動をしているでしょう。

2　研究は講義と同じ

　講義をすることと同様に，研究活動を義務だと考えます。やる気が出ないからといって，講義を休む教員はいません。研究活動を講義と同じように考えれば，たとえやる気が出なくとも，研究活動の手をとめることはないはずです。

3　税金で生活をしている

　研究者の卵も研究機関に所属している人も，税金を使って生活をしていま

努力篇

コラム8 株式療法

　どうしてもやる気が出ない場合でも，工夫次第でやる気を出すことができます。やる気を出すことも努力のひとつだからです。たとえば，私は株式療法を実践しています。私がそう呼んでいるだけで，そのような呼称は存在しません。私が呼ぶ株式療法とは，購入した株価の変動を横目に，論文執筆などの作業をする方法です。株式の取引は1秒に満たない間に何度も行われ，株価は売り手と買い手との関係で常に変動します。株価の変動は板と呼ばれている売買状況がわかる表によってリアルタイムで知ることができます。実際に売買をしなくとも，板を見て購入した株価が変動するとハラハラ，ドキドキします。目の前で自分のお金が増減するからです。つまり，自律神経系の活動を高めることで，強制的にやる気を高めるという方法です。

　株式療法で購入する株式は，値動きが激しく流動性の高い株が望ましいと思います。株価の値動きと流動性はドキドキと関係しているからです。値動きの激しさとは株価の変動の大きさのことです。値動きの激しさはチャートを見ればわかります。流動性とは頻繁に売買が行われているかどうかです。株式によって売買頻度が異なります。流動性は出来高を調べればわかります。

　株式は通常100株単位で購入するため，株価×100円の予算が必要です。100株当たりに必要な金額は数万円から数百万円と幅があります。ケチることなく，目的に合った株式を購入しましょう。株式療法は儲けることが目的ではないため，売買は株式を購入するときの一度だけで十分です。

　私の場合，株式療法のための評価損の金額は最高で120万円です。やる気を120万円で購入したわけです。私にとって120万円は大金です。家賃を除くと，私のひと月の生活費は4万円にもなりません。しかし，やる気を120万円で買うことができるなら安いものです。

　もちろん，株式療法がやる気を出すためにもっともよい方法だとは思っていません。しかし，そのくらいの努力をしたうえで，「やる気が出ない。どうしたらよいのか」と悩むべきです。何の努力もすることなく，やる気が出ないという発言は幼い子どもの言い訳と同じです。

す。それは努力篇の「研究者としての義務」（9頁）で説明したとおりです。税金を使っているにもかかわらず，「やる気が出ないから論文が書けない」などと言えるはずがありません。それは，給与をもらっているにもかかわらず働かないことと同義です。

４　すべきことを机の上に置く

すべき作業をすぐに目に入る場所に置くようにします。たとえば，未完成の論文や査読コメントなどを机の上などに置きます。そうすることで，「すべき作業を終わらせていない」という現実（罪悪感）を意識することができます。その結果，やる気が出なくても，否応なくやらざるをえなくなります。

５　恵まれない子どものことを考える

恵まれない環境で生活している子どもが世界中にたくさんいます。彼らは家族のために毎日奴隷のように働いています。彼らは自分がやりたい仕事をすることはできません。彼らが研究者として高い資質をもっていたとしても，研究活動をする機会すら与えられません。彼らのことを考えると，自分が恵まれた環境で生活していることを実感するはずです。やる気が出ないから研究活動をしないという言い訳は，世界中で飢えに苦しんでいる人がいるにもかかわらず，食べ物を捨てる行為と同じです。それでもやる気が出ませんか。

６　母親のことを考える

私の実家はとりわけ貧しかったわけではありませんが，裕福な家庭ではありませんでした。私の母は，母が食べるべき食事を私に分けてくれました。皿に盛りつけをする時点で，母のおかずは誰よりも少なかったにもかかわらずです。「母は自分の命を縮めて，僕を育ててくれたんだ」と私は思っています。そのような母のことを思うと，私には，やる気が出ないなどという言い訳をすることはできません。

6　研究者になることをあきらめる

　研究者になることをあきらめるという選択肢もあります。あなたがどんなに努力しても、論文が掲載されないかもしれません。その場合、助教・ポスドクあるいは無職のままで、生涯を終えるかもしれません。以前ならば、そうなる前に、指導教授があなたに研究者ではない別の道を与えたり、研究者への道をあきらめるように導いたりしてくれました。つまり、決断できないあなたの代わりに、あなたの指導教授が引導をわたしてくれていたのです。

　しかし、現在ではパワハラや逆恨みを恐れ、あなたに引導をわたしてくれる優しい指導教授は少なくなりました。それどころか、自称研究者の指導教授は、あなたを利用しようとさえ考えています。たとえば、仕事や研究、学会の手伝いをさせるかもしれません。学会に入会させ、理事会・理事長選挙でその自称研究者に投票させようとするかもしれません。その代償として、自称研究者が書く本のひとつの章を任されたり、非常勤先を紹介してもらえたりするかもしれません。運がよければ、研究職のポストを紹介してもらえるかもしれません。そうなれば、あなたも立派な自称研究者の一員です。

　あなたが凡人であり、これまで説明したような努力すらできないならば、自らの意思で研究者になることをあきらめてください。たとえば、博士課程後期課程在籍中に論文が掲載される見込みのない学生は、研究者になることをあきらめたほうがよいと思います。大学院在籍中はもっとも研究活動に集中できる時期です。もっとも研究環境がよい時期でもあります。その時期に論文が掲載される見込みがないなら、あなたは研究者に向いていません（成果が出るまでに時間のかかる研究分野もあり、一概には言えません）。あなたが自称研究者になることは、優秀な研究者がポストを得る機会をあなたが奪うことになります。そのような行為は社会にとって損害を与えることになります。

　研究者のポストが得られないから、研究者への道をあきらめるのではありません。あなたが凡人であるにもかかわらず努力をしないから、研究者になることをあきらめなければならないのです。原因はあなたにあるのです。

第4部　やってはならないこと

　努力篇の最後は「やってはいけない行為」について説明します。「やってはいけない」ということは，そのような行為をやらなければよいだけです。しかし，やってはいけない行為をやらないことは，想像以上に難しいのです。これまで説明してきた努力よりも困難なことです。とくに最初に紹介する自称研究者の言動を真似しないことはとても難しいことです。

1　自称研究者を真似る

　もっともやってはいけない行為は自称研究者と同じことをすることです。そのことを説明する前に，自称研究者とは真逆の存在である成功者の言動を真似することについて考えてみましょう。どの世界でも同じかもしれませんが，それぞれの世界で成功を収めた人物を真似しようとする人がいます。しかし，このような方法を用いた多くの人は失敗に終わります。成功を収めた人が用いた方法は，その人物が優れた人だからうまくいった方法です。凡人のわれわれが同じことをしても，成功するとは限りません。たとえば，ノーベル賞受賞者が若者に向けて「人が考えないことをしろ」「教科書に出てくることを疑え」などと主張することがよくあります。しかし，凡人が彼らの主張を鵜呑みにし，基本から外れたことをやっても，成功するどころか失敗を繰り返し，研究者としての道が閉ざされるだけです。

　そこで私は，研究者として失敗した人，すなわち自称研究者の行動を真似しない方法を勧めます。優れた研究者はあなたの身近にいないかもしれませんが，失敗者である自称研究者は，あなたの身近にたくさんいるはずです。モデルが身近にいることは，優れた研究者を真似るのではなく，自称研究者を真似しないことを勧める理由のひとつです。しかし，それは主たる理由ではありません。主たる理由を以下に説明します。

　自称研究者の多くは学位を取得し，かつては研究者を目指していたかもしれません。それでも論文を書くことができなかった失敗者の象徴です。その原因

は自称研究者の行為にあるはずです。それゆえ，あなたが研究者として成功したいならば，彼らと同じ行為をやってはならないのです。たとえば，彼らが学会や学内の政治活動に熱心ならば，あなたはそのような活動に手を出さなければよいのです。彼らが「大学の運営や教育などで研究をする暇がない」と言い訳をするならば，あなたはそのような言い訳をしないようにすればよいのです。彼らが精力的に学会に参加しているならば，あなたは学会に参加しなければよいのです。彼らが「たまには気晴らしをしなくちゃね」と言って，余暇活動に従事しているならば，あなたは気晴らしをすることなく研究に専念すればよいのです。彼らが「研究には人間関係が重要だ」と言い，飲みニケーションを重視しているならば，あなたはそのような飲みニケーションを拒否すればよいのです。彼らがテレビに出演したり，講演活動や大衆本や商業誌の執筆活動に精力的になったりしているならば，あなたはそのような活動を断ればよいのです。

　あなたの「研究者としての強い誇り」は自称研究者の行為を真似しないことを促してくれるはずです。自称研究者の言動は人間の欲望をそのまま反映したものであり，そのような行為には研究者としての誇りを微塵も感じません。あなたに研究者としての誇りがあるならば，そのような言動を軽蔑こそしても，真似しようとは思わないはずです。

2　言い訳をする

　言い訳には2種類あります。他者に対する言い訳と，自分に対する言い訳です。他者に対する言い訳はかっこ悪いものですが，自分に対する言い訳よりはマシです。自分に対する言い訳は研究者のする行為ではありません。なぜなら，自分に対する言い訳は，あなたの言い訳をあなた自身に納得させる行為であり，やがて，そのような言い訳はあなたのなかで正当化され，真実になってしまうからです。そのような行為を受け入れることは，研究者への道を断念したことと同義です。「でも」と「だって」は禁止です。

　言い訳は少しでも油断すると山のように湧き出てきます。どのような言い訳であれ，許してはいけません。ここではよく見かける言い訳を取りあげ，どの

コラム9　大学やめたらいいんじゃない

　サクラちゃんは音大に通う学生です。父親の会社経営がうまくいかず、バイト生活に明け暮れて、楽器の演奏の練習ができません。そんなサクラちゃんに、千秋先輩は涼しい顔をして言い放ちます。

千秋先輩　　『そんなの、もっと練習すればいいだけだろ』
サクラちゃん『だから、バイトで時間がなくて』
千秋先輩　　『やめろよ、バイト』
サクラちゃん『働かないと、学費が払えません』
千秋先輩　　『じゃあ、やめたら。大学』
のだめ　　　『なんで、そうなるんですか？』
千秋先輩　　『学費のために練習する暇もないんだったら、大学行く意味ないだろ』『俺だったら、大学行かないで練習するぞ。まぁ、別にうまくなりたくないなら、今のままでもいいけどな』
サクラちゃん『うまくなりたいです』
千秋先輩　　『そおかぁ。でも、ダメなんじゃないの？　今、ここで泣いている暇あったら、練習しようと思わない奴は……』

　サクラちゃんは千秋先輩のマンションから飛び出して、こう言います。『貧乏が悪いんじゃない。私が、私が悪かったんだ』
　　　　　　　　　　　　　　　　アニメ『のだめカンタービレ』
　　　　　　　　　　　　　　　　第1期 Lesson 6「脱退」

　自称研究者は論文が書けない言い訳をします。大学院生なら「レポートや学会発表が大変だ」とか、大学教員ならば「学生指導をしなければならない」「大学の仕事がある」とか。そのような自称研究者、私はこう言いたい。『やめたらいい。レポートや学会発表、学生指導や大学の仕事を。私なら大学なんてやめて研究をする。言い訳をする暇があるなら、研究しようと思わない人間はダメなんじゃないの』。何のために大学院で学んでいるのか。何のために大学教員になったのか。そのような言い訳をするなら、大学をやめればよいだけです。

ように解決すればよいのか（あるいは，その言い訳がいかに陳腐なものか），私の経験を含めて説明します。ここで紹介する言い訳をする人は，『……上手くいかなくてもそれはあなたのせいじゃない。上手くいかないのは世間が悪い……迷った末に出した答えはどちらを選んでも後悔するもの。どうせ後悔するのなら今が楽ちんな方を選びなさい……』（Axis doctrine の一部）というような言葉に感銘を受けている人と同じであることに気づきましょう。

1　時間がない

　頻繁に耳にする言い訳に「仕事が忙しい」「時間がない」というものがあります。つまり，他にすべきことがあるので，研究活動をする時間が取れないという言い訳です。研究者には自由にできる時間はほとんどありませんが，言い訳をする自称研究者には時間は有りあまるほどあるはずです。また，「すべきことをする努力」（30頁）を実践すれば，研究活動をするために十分な時間を作ることができるはずです。

　論文を執筆するためには，まとまった時間が必要だと考えている者がいます。しかし，それは誤りです。繰り返しになりますが，論文を執筆するためにまとまった時間は必要ありません。論文執筆のほとんどの作業が短い時間の寄せ集めによってできるからです。努力篇の「無駄な時間をなくす」（24頁）を参考にしてください。時間がないのではなく，時間は作るものです。

2　効率が悪い：体調が悪い，眠い，休息が必要

　体調を理由に研究をしない者がいます。しかし，私はどんなに体調が悪くても，研究をしなかった日は1日たりともありません。風邪を引こうが，熱が出ようが，交通事故に遭おうが，救急車で搬送されようが研究をします。このような人を世間ではバカと呼んでいるかもしれません。風邪を治してから研究に集中したほうが，より長い時間研究ができるからです。つまり，「体調が悪いときに研究をするのは効率が悪い」という主張です。

　しかし，より長い目で見ればそうではありません。努力篇の「努力を習慣化する」（22頁）で説明したとおり，努力は習慣化する必要があります。そのためには，いかなる理由があろうとも，毎日必ず研究をしなければなりません。

体調がすぐれないことを理由に研究をしない日を作ってしまうと，自分にとって都合が悪くなるたびに，体調を理由に研究をしなくなってしまいます。

　それ以上に，研究者（あるいは研究者の卵）ならば，風邪を引いて死にそうでも，「研究をしたいという欲求」をとめることはできないはずです。薬で体調が少しでも回復すれば，体が自然と動き出し，研究を再開してしまうはずです。それが研究者（あるいは研究を志す者）です。そのような行為をとめることこそ，私は愚かだと思います。

　同じような言い訳に，「眠いから研究ができない」「十分な睡眠をとらないと作業効率が悪い」などというものなどがあります。また，「効率が上がらないから」という理由で，研究の手をとめ休息を取ったり，余暇活動に時間を割いたりする者もいます。そのような行為もまた，上記と同じ理由で，私には研究から逃げるための愚かな言い訳にしか映りません。

③ やる気が出るまで待つ

　「やる気が出ないので，研究が進まない」という言い訳があります。やる気が出るまで待つのではなく，やる気を出すのです。やる気の出し方については，努力篇の「どうしてもやる気が出ないとき」（42頁）を参考にしてください。

④ 競争が不正を招く

　「学問は誰かと競争するものではない。学問に競争原理を求めるから，不正が起こる」という言い訳をする者もいます。競争が不正を招くことは事実かもしれません。しかし，そのことが研究活動をしない理由にはなりません。

⑤ 研究分野が違う

　わが国の人文社会科学系の自称研究者のなかには，「人文社会科学では，英語で書く必要がない」「人文社会科学は競争原理に馴染まない」「人文社会科学は自然科学とは学問の成り立ちが違う」「人文社会科学の論文を掲載する雑誌は自然科学より少ない」などという言い訳をする者がいます。言い換えれば，「人文社会科学では，国際誌に論文を書かなくてもよいし，業績に基づく競争原理が働かなくてもよい」との主張です。このような暴言は競争から逃げるための

言い訳であり，論文を掲載できないことに対する言い訳です。

　欧米諸国では，社会科学系でも業績に基づく競争原理が働いています（人文科学系に関しては私の情報不足で不明です）。また，人文社会科学系の国際誌は数多く出版されています。たとえば，Scopus[スコーパス]＊や Web of Science Core Collection＊に収録されている雑誌の 35％以上が人文社会科学系の雑誌です。国内で行った研究でも，日本特有の現象を扱った研究でも，優れた研究であればこうした国際誌に掲載されます。

　それにもかかわらず，わが国の人文学系，社会科学系の国際的研究力（国際誌への論文掲載数や被引用回数）はともに長年にわたり先進国のなかで最下位を争っています。一方，わが国の自然科学系では，国際的研究力の低下が問題になっていますが，それでも，工学，生命科学，農学，理学，医学のそれぞれの分野で，わが国の国際ランキングはそれぞれ最低でも 10 位以内を常に維持しています。また，自然科学系の研究者は厳しい競争にさらされ続けています。研究職のポストを得ても，そのポストを維持することは容易ではありません。ネットなどの書き込みには，人文社会科学系の自称研究者に対する厳しい批判があちこちに見られます。研究業績に焦点をあてると，人文社会科学系のほとんどすべての大学教授は，自然科学系の助教のポストすら得られないでしょう。それでも，研究分野が違うことを言い訳にできますか。

⑥　開き直る

　言い訳を超えて，開き直る自称研究者もいます。彼らは「努力が報われるとは限らない」「研究ばかりやって，それで幸せなのか」「努力をする人間はバカだ」と言い放ちます。

　努力しても成功するとは限りませんし，夢が叶うわけでもありません。私の夢はノーベル生理学・医学賞を取ることですが，私がいくら頑張っても，ノーベル賞はおろか，私の書いた論文が Nature 誌や Science 誌に掲載されることすらないかもしれません。しかし，努力しなければノーベル賞は取れませんし，Nature 誌や Science 誌に掲載されることもありません。努力し続けていれば，私の論文も Nature 誌や Science 誌に掲載されるかもしれませんし，私がノーベル賞を受賞する可能性もゼロではありません。努力しているからこそ，そのよ

うなバカげた夢を堂々と恥ずかしげもなく言えるのです。

　「努力することが幸せにつながるとは限らない」ということも事実です。しかし，楽をして何かを得てそれが幸せというなら，「何と哀れな人だろう」と私は思います。そのような人は「僕は生まれつき，働くのに向いていないのだ」と言うピノキオと同じです。

3　自称研究者に研究意欲を削がれる

　自称研究者の言動は，研究者の研究意欲を大いに削いでしまいます。しかし，彼らは研究者の日常生活に存在するため，彼らを避けることはできません。それゆえ，彼らに振り回され，彼らの言動に影響を受けないように生活するしかありません。しかし，論文を掲載することとは異なり，そのために有効な方略は個人によって異なります。また，私はそのために有効な方略をもっていないため，ここでは有効な方略について紹介することはできません。もしかすれば，処世術に関する啓蒙書やネットの書き込みなどに有効な方略が書かれているかもしれません。しかし，ここで紹介している内容は研究者ならば同感できることであり，研究者を目指すあなたの支えになるかもしれません。

◼1　あなたとは人種が違う

　自称研究者は研究者とは違う人種です。しかし，自称研究者は自分自身が研究者であると信じて疑っていません。それゆえ，多くのことであなたをいらだたせます。たとえば，研究者は一分一秒たりとも時間を無駄にせず，身を削って時間を作っています。その貴重な時間を研究活動に回しています。しかし，自称研究者にはその感覚がありません。研究者と自称研究者との間では，流れている時間とその価値観が違うのです。その結果，自称研究者は研究者の貴重な時間を不用意に奪います。そのことさえ，自称研究者は理解していません。

◼2　職場の自称研究者

　専門分野によっては，研究者であるあなたはあなたの所属機関内で少数派かもしれません。とくに人文社会科学系では研究者は明らかに少数派です。その

ような環境下におかれると，あなたは多数派である自称研究者に苦しめられることになります。少数派であるあなたの言動がいくら正しくとも，あなたの主張は届きません。そればかりか，多数派である自称研究者の影響を受けて，自称研究者の誤った行動を身につけてしまう可能性があります（査読篇の「自分の誤りに気づく」(153 頁) 参照）。そのような状況下で，あなたが研究者として適切な行動を取り続けることは困難です。それゆえ，あなたが研究者としてあり続けたいならば，自称研究者と決別するしかありません。

　さらに言えば，自称研究者の存在自体が研究者の研究活動を阻害します。この問題の深刻さは，あなたがポストを得るようになれば理解できます。たとえば，自称研究者は思いつきで仕事を作ったり，自身の尻ぬぐいをさせるために仕事を増やしたり，人事採用で別の自称研究者を呼んできたり，あなたの研究環境を悪化させたり，例をあげればキリがありません。より深刻な問題は本書で語ることはできません。それほど，研究者にとって深刻な問題を自称研究者は作り出します。だからといって，自称研究者の考えを変えさせようとしてはいけません。彼らはあなたの考えを理解できず，あなたの時間と労力の無駄になります。また，自称研究者は彼らの専門分野でさえ致命的な誤りのある発言をしばしばしますが，その誤りを正すこともまた時間と労力の無駄なのでやめましょう。

　もっとも許せない自称研究者の行為は，研究を理由にして自称研究者にとって都合のよい主張をすることです。たとえば，「われわれは研究者なので，学会に参加するために，講義を休講にしてもよい」「研究をする時間を確保するために，そのようなことはできない」などです。研究者でもない者が「研究者であること」を言い訳に使う言動は，あなたの研究者としての誇りを激しく傷つけます。

③　学会や研究会の自称研究者

　学会や研究会にも自称研究者がいます。しかし職場とは違い，必ずしも彼らと付き合う必然性はありません。それゆえ，あなたが害を受けることはないでしょう。しかし，いくつか注意すべきことがあります。まず，多くの学会や研究会では，研究者が望んでいるような議論ができなくなっています。そして，

学会や研究会では，ほめ合いやなれ合いが常態化しています。そのような状況は自称研究者によって生み出されています。研究者ならば，発表した研究デザインの問題点，研究の発見と結論との間の矛盾などの重大な問題点を指摘されることを望んでいます。研究をほめる時間があれば，問題点を指摘してほしいはずです。しかし，自称研究者は違います。彼らは批判されることを望んでいません。それどころか，自称研究者は自分の研究が批判されることが許せないのです。国際誌に投稿すれば研究の根幹を覆すような厳しいコメントが返ってきますが，自称研究者は国際誌への投稿経験もなく，自分の研究を批判されることに慣れていないからです。くわえて，自称研究者のなかには，指導下にある学生の研究や論文（卒業論文や修士論文を含む）を批判されることを不愉快に思う者もいます。激高する者さえいます。そのような者は指導下の学生の研究が批判されることを通じて，自分が批判されていると感じるのでしょう。他者の研究を批判するということは，自分の研究が批判されることでもあります。それゆえ，自称研究者は研究会などで議論し合う（批判し合う）ことを望んでいません。その結果，自称研究者が多数を占める学会や研究会では，ほめ合いやなれ合いが常態化したのです。そして，学会や研究会では，本来あるべき姿の議論ができなくなってしまったのです。さらに，学会や研究会は自称研究者が虚栄心を満たす場となり，学術的・倫理的に誤ったコメントが飛び交うようになりました。

　さらに悪いことには，自称研究者は学会や研究会で傷のなめ合いをします。つまり，愚痴を言い合うのです。その愚痴は業績を出していない（論文を書いていない）にもかかわらず「就職先がない」「学会でのポストがほしい」「研究費がない」「給与が低い」「科研に当たらない」などです。愚痴を言うことが問題なのではありません。結果を出していないにもかかわらず，何かを要求するその非生産的な考え方が問題なのです。もし，あなたがポストを得ていないならば，その愚痴に付き合わされる確率は高くなり，無為な時間を過ごすことになります。自称研究者は「あなたも，自分と同じように考えている」と思い込んでいるからです。

④ 無駄なコミュニケーション

　自称研究者であるほど，無駄なコミュニケーションをしたがります。その代表が飲みニケーションです。飲みニケーションの重要性を強調している人のなかで，私は研究者をひとりも知りません。飲みニケーションの重要性を強調する人は，そこでコネクションができると主張します。その考えの裏には，そのコネクションを利用し，研究職のポストを得ることができたり，非常勤や書籍の執筆などの仕事がもらえたりすることを暗示しています。実際に，飲みニケーションにはそのような効果があります。とりわけ研究業績を軽視している人文社会科学系では，そのような効果が高いのは事実です。また，自称研究者はそのようなコネクションを利用してポストを得てきた人です。しかし，そのような効果があるのは自称研究者に対してだけです。研究者は人事や仕事の依頼と飲みニケーションとを分けて考えており，その人物の能力を客観的に判断する傾向があります。

　また，飲みニケーションの場で聞く自称研究者の話や愚痴は，あなたにとって有害でしかありません。なぜなら，研究者として失敗の道を歩んでいるから自称研究者なのであり，彼らが話す失敗談（本人はそうは思っていない）があなたの役に立つとは思えないからです。そのような時間を過ごすならば，他にやるべきことがあるはずです。

　もし相手が研究者ならば，飲みニケーションの場でしか聞けない有益な話があるかもしれません。しかし，研究者と飲みに行くことは難しいでしょう。研究者は飲みニケーションの時間を惜しんで研究をしているからです。

⑤ SNS などによる交流

　自称研究者の集まりである SNS などから情報を得る行為は，あなたにとって有害です。SNS の情報はまとめサイトの情報と同じで，バイアスや誤りを含んでいます。とくに Twitter などの短い文章から情報を得る行為は危険です。多くの場合，そこに貼りつけられた情報源は論文ではなく，別の誰かのツイートだったりします。また，自称研究者は有名な外国の研究者の発言をリツイートしたがりますが，それも同様です。その研究者がどのような文脈や意図でその発言をしたかわからないからです。研究に関する情報は，どのような情報で

あれ，原典である論文を読み自分自身の目で確認すべきです。

　SNS のなかにはあなたにとって有益な情報があるかもしれません。しかし，SNS から情報を得る行為はゴミ箱から小銭をあさるような行為と同じです。そのような行為は時間と労力の無駄です。

6 やる気のない学生

　やる気のない学生の言動もまた，あなたのやる気を削ぎます。彼らは卒業する（単位を得る）ために，信じがたい嘘をつき，研究者にとって許しがたい不正行為を悲しくなるほど平気でします（もっともあなたを苦しめる彼らの行為は，ここでは書くことができません）。そして，そのような学生に対応するために，やる気のある学生への指導時間が奪われます。何とも言いようのない喪失感があなたを襲います。しかし，忘れてはならないことは，そのような学生を生み出している原因は，学生の主張を聞き入れ，履修登録さえしていない単位を出すようなことをする大学教員にあるということです。

4　手遊びをする

　スマホの利用は電話機能など必要最低限にとどめるべきです。スマホは小学生のころに散々注意された「手遊びをするな」の手遊びの道具だからです。とくに Twitter や LINE などの SNS，メール，動画閲覧，ゲームなどの利用は習慣化しやすく，短い時間でも無駄にしないあなたの努力を阻害し，あなたの研究を確実に遅らせます。

　スマホを利用する場合は，その利用が習慣化しないかどうか，手遊びにならないかを事前に慎重に検討すべきです。メールチェックはスマホではなく PC を利用します。そうすることで，「スマホを利用しなければならない」という言い訳をあらかじめ消すことができます。たとえ PC を用いたとしても，メールチェックは手遊びにつながる可能性があります。あらかじめ決めた時間帯以外はメールチェックをしないように心がけるべきです。私はスマホを最近購入しましたが，ほとんど利用していません。日に一度，操作するかしないか程度です。もちろん，スマホを利用しなくても日常生活に支障はありません。

　PC によるネット利用もスマホと同様に，有害な手遊びにつながる可能性が
あります。PC のネット利用の制限を積極的に検討しましょう。たとえば，私
のメイン PC はネットにつながらないように設定しています。また，あらゆる
ゲームアプリをすべての PC からアンインストールしています。

5　中断したまま放置する

　「研究の構想」「データの収集と分析」「論文の執筆」「査読者とのやりとり」
のいずれの過程においても，研究活動を中断したままあるいは，放置したまま
にしてはいけません。研究進行表（35 頁参照）を確認して，研究が進行してい
ないことがわかれば，その原因を取り除くように努力します。そのために，研
究進行表は週に一度は確認しましょう。「○○曜日の○○を行ったあとに確認
する」と決めておくとよいでしょう。

　研究を中断している原因があなた自身にはない場合もあります（正確には，
そのようにあなたが思い込んでいるだけですが）。たとえば，書き上げた論文
を指導教授に提出し，指導教授の手元で論文がとまっている場合があります。
私も同じような経験をしたことがあります。そのときに研究室の OB の研究者
に相談すると，「○○先生は忙しいのだから，○○先生に代わって君が○○先生
の仕事をして，○○先生の空いた時間に君の論文をみてもらえばよい」と助言
を受けました。私の指導教授は私に仕事を任せるような研究者ではなかったた
め，私はこの方法を用いませんでしたが，この方法であなたの論文を読んでも
らえるかもしれません。指導教授が私の論文を持っている間に，私はさらに別
の論文を 2, 3 篇書き上げ，それを指導教授に提出することにしました。さらに
別の論文を完成させ提出すると，最初に提出した論文に目を通してくれ，その
後は指導教授から投稿の許可を得なくとも，事後報告でかまわなくなりまし
た。指導教授とのやりとりに適切な対応の仕方があるわけではありません。指
導教授と話し合い，望ましい解決策を探しましょう。指導教授とのやりとりに
関してはコラム 10（59 頁）も参考にしてください。

　理解してほしいことは，どのような場合であっても，研究が中断している原
因はあなたにあるということです。自分にはその原因はないと考え，研究を中

断したまま放置してはいけません。あなたの研究なのだから，研究が進まない原因はあなたにあるのです。あなたが積極的にその問題を解決すべきです。ボールは常にあなたが持っており，指導教授を含めた他者がボールを持っているわけではないのです。

努力篇 ポイント

　研究者とは，ある一定水準以上の国際誌に，第一著者として論文を掲載し続けている人物のことです。国際誌に論文が掲載されるようになると，あなたの住む世界が大きく変わり，研究者として認められていることを実感します。研究費の源泉は国民の血税であり，国際誌に論文を掲載し続けることは研究機関に勤める者の義務です。

　国際誌に論文を掲載するためには，国内誌に論文を掲載する能力とは異なる能力が要求されます。そのひとつが精神的頑強さです。頑強な精神力を手に入れ，必要な努力をすれば，誰でも国際誌に論文を掲載できます。しかし，やみくもに努力すればいいわけではありません。たとえば，研究時間を確保するために，「仕事」と「研究に付随する仕事」の時間を決め，それ以外の時間を「研究」に割りあてます。また，それぞれの研究活動に優先順位を付け，複数の研究を同時に進行します。論文を書き上げるためには，まとまった時間は必要ありません。短い時間を有効活用することで，論文を書き上げることができます。そして，ノルマを達成しない限り就寝しないことで，努力することを習慣化します。

　国際誌に論文を掲載し続けるためには，禁止事項があります。まず，自称研究者の行為を真似しないことです（研究者と自称研究者とでは，時間に対する価値観が違います。同じ人種だと考えてはいけません）。次に，論文を出版できないことに対して，あらゆる言い訳をしてはいけません。すべて，あなたに原因があります。また，飲みニケーションやスマホなどに無駄な時間を割いてはいけません。そして，研究に関する助言は，自称研究者や国際誌に数篇しか論文を掲載していない初学者ではなく，研究者から得るようにします。

コラム10　論文指導をしてくれない理由

　あなたが指導教授に論文指導を受けるために論文を提出したとします。しかし，指導教授があなたの論文を持ち続けているために，その論文を投稿できないことがあるかもしれません。この問題を解決するためには，指導教授の側に立って考える必要があります。あなたの指導教授が研究者ならば，その指導教授はあなたの想像を超えるほど多忙であり，一分一秒を大切にしています。そのような状況下で，あなたの質の低い論文を読まされるのです。そして，指導教授は「どうすれば，あなたに投稿を断念させることができるか」「どのように説明すれば，論文の問題点を理解させることができるか」などと悩みます。つまり，指導教授はどのような指導をすべきか悩んでいるのです。厳しい指導をするとパワハラと言われるため，指導教授はうかつな発言はできません。それゆえ，あなたが最初にすべきことは論文の水準を上げることです。

　あなたの論文が投稿できる水準に到達したら，あなたが次にすべきことは，指導教授に負担をかけることなく論文を読んでもらえる方法を考えることです。論文を理解してもらうための手助けとなる簡潔なレジメを添えることくらいはすべきです。投稿時には提出しない資料なども指導教授に提出すべきでしょう。私が研究仲間に論文を読んでもらうときには，論文の大枠を理解できるよう5分程度のプレゼン動画を添えます。指導教授に論文を読んでもらうために，その程度の努力はすべきです。

　指導教授から論文の指導を受けたら，お礼を言うよりも重要なことがあります。それはできる限り早くその論文を修正して，再び指導を仰ぐことです。そうしなければ，あなたの論文のために割いた指導教授の時間と労力が無駄になるからです。それだけではありません。あなたが論文を修正しなければ，指導教授は「あなたに言いすぎた」と考え，今後の指導方針を大きく変えるかもしれません。そして，あなたの論文に大きな問題点があったとしても，そのことを指摘することなく，論文をほめるようになるかもしれません。私自身，どうしようもないと判断した学生には，その学生の言動をほめるようにしています。

　最後に，指導教授があなたの論文を読むことを当たり前だと思わないことです。指導教授とのやりとりは査読者とのやりとりの訓練につながるからです。

執筆篇

論文執筆の三つの誤解

一 論文を書くには、まとまった時間が必要

二 論文を書くには、語学力が必要

三 語学力があれば、論文が書ける

第1部　テクニカル・ライティング

　論文を書くために必要な能力は，「テクニカル・ライティング」と「論文の書き方のルールの順守」，そして「わずかばかりの語学力」です。執筆篇では「テクニカル・ライティング」「論文の書き方」「投稿の仕方」について説明します。

　国際誌に論文が掲載されない原因は決して英語の語学力の欠如ではありません。その主たる原因はテクニカル・ライティングの欠如にあります。テクニカル・ライティングとは科学技術などの情報を文章によって正確・簡潔に説明する技法です。テクニカル・ライティングによって説明する情報は科学技術にとどまらず，ビジネスなどでのやりとりや報告書など幅広く使用されています。国際的な文章も，テクニカル・ライティングに準じています。論文もまた，テクニカル・ライティングに従って書かなければなりません。

　テクニカル・ライティングは，小説や文学作品の展開や，評論や小論文によくみられる起承転結とは異なる書き方をします。それゆえ，テクニカル・ライティングを知らぬ者が論文を書くと，読み手はその文章を理解するために必要以上の時間と労力を必要とします。また，テクニカル・ライティングを学んだ経験のない者が国際誌に論文を投稿すると，その論文の内容は査読者に理解されません。そのような者は，その原因が自分のライティング能力を含めた論文の書き方にあることすら気づきません。また，国内誌に掲載されている論文の多くがテクニカル・ライティングに反した書き方をしています。そのため，それらの論文を正確に英訳しても，国際誌に掲載されないでしょう。

　ここでは，英語論文の書き方に合わせたアカデミック・ライティングというより，テクニカル・ライティングの書き方そのものについて説明します。英語論文の書き方に焦点をあてた書籍は多数出版されていますが，テクニカル・ライティングを十分に理解していれば，そのような書籍を読む必要がないからです。しかし，本書の特徴を生かしながら，できる限り論文執筆に役立つ情報を提供します。

　すでにテクニカル・ライティングを学んだ者であっても，読み飛ばさずに読むことを勧めます。あなたの知らないことが書いてあるかもしれません。な

お，本書は必ずしもテクニカル・ライティングに従って書かれているわけでは
ありません。本書に興味をもって読んでもらうため，本書を読みやすくするた
めに，あえてテクニカル・ライティングに逆らって書いている箇所があるから
です。

1　誰のために，何のために書くのか

　文章を書く前に，あらかじめその文章の読み手と目的を明確にします。たと
えば，大学のレポートならば，講義の担当者である教授が読み手であり，その
講義の単位を得ることが目的になるかもしれません。もしそうならば，あなた
はレポート課題を出題した教授の真意を理解し，その教授が求めている解答を
書けばよいでしょう。あなたがレポートを書くために努力したことを見せつけ
るようなレポートを書いても，高い評価は得られないでしょう。その教授はそ
のような解答を求めていないからです。あなたがその教授に気に入られたいな
らば，その教授が求めている解答に加え，あなたがその教授の講義を熱心に聴
講し，教授の考えを十分に理解していることがわかるようなレポートを提出す
ることが望ましいでしょう。レポートを提出することだけがあなたの目的なら
ば，あなたが書きたいことを書けばよいでしょう。その教授が運動部員に不当
に単位を認定している者ならば，どのような大会でどのような成績を修めたか
を書けばよいでしょう。つまり，同じ課題が与えられたとしても，誰が読むの
か，どのような目的で書くのかによって，その内容がまったく違うのです。

2　読み手のために

　論文は読み手のために書くのであり，あなたのために書くものではありませ
ん。そのため，読み手を常に意識して，執筆しなければなりません。読み手の
負担になる記載を避け，読み手が必要最低限の労力で文章の内容を理解できる
ように書く必要があります。読み返さなければ理解できない文章は，どのよう
な優れた内容であっても悪文です。

　読み手の負担を最小限にするために，書き手は読み手が次に必要とする情報

を提示しなければなりません。読み手の要求に応じながら，文章が進むように書くのです。読み手は次にどのような情報（文章）が書かれているか，その情報を予測しながら読み進めているからです。読み手の予測を裏切る情報が出現すると，読み手にとって大きな負担になります。たとえば，「本研究はヒキニートに関する研究である」という文章を読んだ読み手は，「ヒキニートっていったい何のこと」と思うと同時に，「次の文章はヒキニートに関する説明が書かれているに違いない」と予測しながら，次の文章に目を向けます。そのため，ヒキニートの説明以外の文章が続くと，読み手は困惑します。このように読み手の予測には一定の法則があり，その法則を裏切らない書き方がテクニカル・ライティングです。読み手の予測に従って書けば，読み手を道に迷わせず，あなたの書いた文章を読み手に最小限の時間と労力で理解させることができます。

　しかし，ただ読み手の予測を裏切らなければよいというわけではありません。読み手が次の文章を予測しやすくするための手助けをする必要があります。たとえば，接続詞を適切に使用する方法があります。「しかし」という接続詞は，読み手に次の文章が「逆説」あるいは「話題転換」であることを予測させます。言い換えれば，接続詞の使い方を誤ると，読者に負担をかけることになります。

3　結論・全体像から細部へ

　情報は読み手が知りたいこと（重要なこと）から先に提示します。そのあと，それを補うための情報（細部・説明）を提示します。読み手が最初に知りたいことは，結論（あなたが伝えたい主張や意見）あるいは全体像（伝えようとしている情報の概要）です。つまり，文章は結論あるいは全体像から書き始めます。たとえば，「この研究によって，○○ということが明らかになった。具体的に言えば，……」「私は○○に賛成です。なぜなら……」（結論から細部），「この研究は○○について検証したものである。○○とは，……」「このレポートは，○○について，○○主義の立場から考察したものです。○○主義とは，……」（全体像から細部）というように説明します。

　文章全体で言えば，最初の段落にその文章全体の結論あるいは全体像を書き

ます。最初の段落はその段落を読めば文章全体が見えてくるような段落にします。最初の段落以外の段落は第一段落の細部や説明になります。

　「結論・全体像から細部へ」という構造は，文章全体だけでなく，それぞれの段落内でも同じです。最初のセンテンスに，その段落の結論あるいは全体像を書きます。センテンスとは句点（ピリオド）を付けるまでのひとつの文章です。最初のセンテンスはその段落の見出しのような役割をもちます。その後に続く文章は最初のセンテンスの補足や説明になります。また，段落の最後のセンテンスを次の段落につながるような文章にすると，読み手は次の段落を受け入れやすくなります。まとめると，読み手が最初の段落とそれぞれの段落の最初のセンテンスを読めば，著者の主張や意見が何であるのか，何が書かれているのかを理解できるように書きます。

　映画や文学などの視聴者や読者は，紆余曲折する物語の流れを最後まで把握しようと努力し，作品を見終わったあとにはその作品の意図を理解しようとしてくれます。作品の意図にたどり着くまでの過程を楽しむことが，映画や文学作品を味わうことだからです。しかし，多くの人が書く文章は映画や文学ではありません。読み手は伝えようとする情報を理解するまでの過程を楽しんだりはしません。むしろ，そのような過程は読み手によって苦痛であり，読み手はその過程を飛ばして，すぐに情報を得たいと思っています。

4　ワン・パラグラフ，ワン・トピック

　「段落の最初のセンテンスは，その段落の見出しのようなものだ」と説明しました。それはひとつの段落にひとつのトピック（話題）だけ書くことを意味しています。ふたつ以上のトピックスを書きたい場合は，段落を分ける必要があります。「ワン・パラグラフ，ワン・トピック」です。

　改行は文章が長くなったからするのではなく，新たなトピックを提示するために行います。しかし，極端に長い段落は読み手に負担をかけます。ひとつの段落が長すぎる場合，ひとつのトピックをふたつ以上のトピックスにすることで，段落を変えることができます。論文の場合，１頁のなかに改行がひとつもない文章は読みにくいと感じます。200 words を超えれば，段落を分けること

を勧めている参考書が多いようです。

5　ワン・センテンス，ワン・ポイント

「ワン・パラグラフ，ワン・トピック」と同様に，ひとつのセンテンスにふたつ以上の意味をもたせてはいけません。ふたつ以上のポイントがある場合は，句点（ピリオド）によって文章を切ります。学部学生のなかには，長いセンテンスの文章が高尚だと誤解している者がいます。しかし，そのような文章は高尚ではなく，ただ稚拙なだけです。英語の文章は主文のあとに補足を付け加えるため，英語の文章に書き慣れてくると，センテンスが長くなりがちです。日本語であっても英語であっても，センテンスの長い文章は読者に負担をかける悪文です。「ワン・センテンス，ワン・ポイント」です。

どうしてもセンテンスが長くなる場合は，「ワン・パラグラフ，ワン・トピック」と同様に，ふたつ以上のポイントを作り，複数のセンテンスに分ける必要があります。しかし，ポイントのないセンテンスを作ってはいけません。ポイントのないセンテンスは不要な文章であり，削除しなければなりません。私が論文を書く場合，3 行を超えるセンテンスはふたつ以上のセンテンスに分けることができないか検討しています。

6　正確で明瞭な文章

テクニカル・ライティングでは，すべての表現が正確かつ明瞭でなければなりません。正確な文章とは複数の受け取り方ができない文章のことです。その究極の文章が契約書かもしれません。複数の意味に取れる可能性のある文章は修正する必要があります。

正確に書くことは伝える情報を限定し，読み手にとって不明瞭な箇所をなくすことでもあります。たとえば，「○○と○○との間には負の相関が確認され，その結果は，○○が増加するほど，○○が減少することを示している」という文章には不明瞭な部分があります。しかし，この文章に「われわれのサンプルでは」「○○という実験条件下では」「○○を対象とした研究では」などを書き

加えることによって情報を限定できます。その結果，不明瞭な箇所がなくなり，読み手に正確な情報を伝えることができます。また，曖昧な表現を用いず数値で表現することも，正確に書く方法のひとつです。たとえば，some studies や several studies ではなく，three studies という表現を用いるようにします。また，大げさな表現や誇張した表現を避けることも，正確に書く方法の重要なことです。

　不明瞭さは読み手に負担をかける行為です。たとえば，不明瞭な箇所があると，読み手はその箇所が気になり，次の文章へと読み続けることの妨げとなります。とりわけ研究者や英語圏・欧州圏の人は不明瞭な文章を嫌います。しかし，日本はいわゆるハイコンテクスト文化であり，英語圏・欧州圏と比較して特殊です。日本人のコミュニケーションは，文脈から文意を理解しなければならないことがたびたびあり，書き手も読み手もそれを当たり前のこととしてやりとりをします（そのような傾向は会話によるコミュニケーションでより顕著です）。そのため，日本人は不明確な文章を好んで書き，自分の文章の不明瞭さに気づきにくい傾向があります。たとえば，私は英文校閲者や査読者に不明瞭な文章を指摘されることがありますが，指摘された箇所を読み返しても，なぜ不明瞭なのか十分に理解できないことがあります。しかし，そのような文章の書き方はふさわしくありません。意識して改善するようにしましょう。

7　無用な文章を削除する

　テクニカル・ライティングでは，必要な情報，求められている情報のみを書きます。同じ情報価をもつならば，1文字でも短い文章のほうが優れています。1文字でも文字が減れば，読み手の負担が減るからです。

　削減すべきいくつかの文章を紹介します。第一に，情報をもたない文章は無条件で削除します。たとえば，「ロリっ娘について説明せよ」というレポート課題に対して，冒頭に「このレポートはロリっ娘について説明したものです」という文章を書いたとするならば，この文章を削除します。

　反復を含む冗長な文章も，読み手にとって情報をもちません。しかし，冗長な文章は長くなればなるほど冗長であることに気づきにくくなる傾向がありま

す。ひとつの段落すべてが冗長であることもあります。著者は必要だと思い込んでいるために，冗長な文章に気づきにくいのです。とくに英語で文章を書き上げてしまうと，冗長な箇所に気づきにくいものです。私は，英文校閲者や査読者に指摘されてはじめて，冗長であることに気づくことがしばしばあります。推敲するときに意識して修正する必要があります。

　第二に，その情報が読み手に求められているかどうかです。ライティングの初学者は，自分が知っていることを書きたがります。あるいは書きたいことを書きます。それらの文章は何らかの情報をもっているため，書き手はその文章が必要だと勘違いします。しかし，それらの文章は読み手が必要としている情報とは限りません。このような文章は電化製品の性能を熱心に紹介している店員の説明と同じです。客は安くなるかどうかを知りたいだけなのに，ひたすら製品の説明をされると，その客はその店員の説明にうんざりします。読み手もまた，必要のないあなたの文章にうんざりします。

　一度書いた文章を削除するには勇気がいります。しかし，それが数頁にわたる記述であったとしても，必要がなければ思い切って削除しなければなりません。「せっかく書いたのに」という気持ちはわかりますが，思いきりが肝要です。削るかどうか迷ったら，その文章は必要のない文章です。削除しましょう。私は削除した文章を別のファイルにコピペして残しておきます。そうすることによって，思い切って削除できるようになります。余談ですが，本書を書き上げるために 500 頁を超える文章を削除しました。ある参考書にはこう書いてありました。「必要なことはすべて書く。不要なことは何も書かない」。名言です。

　不要な文章を削減できるようになれば，次に獲得すべきスキルはより短く簡潔な表現で伝えるスキルです。多くの研究者は，論文が完成したのち，1 文字でも多く削る努力をします。たとえば，「最初の一文として，○○から書き始める」という文章よりは「冒頭で○○と書く」という文章のほうが少ない語数で同じ情報を伝えることができます。しかし，このような文章を書くことは想像以上に難しく，圧倒的なライティング能力が必要になります。私にはそのような能力が欠如していますが，よりよい論文を書くためには必要なスキルです。それゆえ，その能力は論文の出版を重ねるにつれ獲得すればよいと思います。

執筆篇

8 文章の組み立て

　60分の論述問題が出題されたら，どのような方法を用いてこの試験に挑みますか。私は学生がその論述問題に解答する様子を記録し，学生の試験の成績と試験の解答の仕方との関係を分析したことがあります。試験の成績が芳しくなかった学生の多くは，試験開始から5分も経たないうちに解答を書き始めていました。また，解答文字数を増やして設定すると，さらに書き始める時間が早くなりました。一方，成績が上位の学生の多くは，残り時間が10分程度になってから，解答を書き始めていました。その行動は解答文字数の量にかかわらずほとんど変化しませんでした。この実験の結果は，文章の良悪を決定するのは文章構成だということを示唆しています。試験の成績が上位の学生は，試験開始からの50分間，どのような文章構成にするか考えていたのです。彼らの下書き用紙には，文章構成を練ったと思われる痕跡で埋めつくされていました。

　文章構成を組み立てるための単純な方法を紹介します。文章は複数の段落から構成されています。それぞれの段落はひとつのトピックをもちます。それゆえ，まず，必要なトピックスをすべて書き出します。それぞれのトピックは見出しのようなものでかまいません。あなたさえ理解できればよいのです。次に，それらのトピックスを並び替えて，文章全体の構成を練ります。トピックスを配列した構成のメモ書きは保存して取っておきます。最後に，そのトピックスの配列に従って文章の全体像をイメージします。そのイメージで書けそうだと思えば，文章を書き始めます。書くべき内容が長文になる場合は，それぞれのトピックに少し肉づけをしたあとに，トピックスの配列を再吟味します。英語の文章を書く場合でも，ここまでの作業は日本語で行うことを勧めます。

　文章は第一段落から書き始めます。第一段落以外，書く順序は自由でかまいません。執筆中に文章構成に疑問を感じたら，保存したトピックスの配列メモを見返し，その配列を再検討します。英文で文章を書き始めると，文章構成を理解し直すために時間と労力がかかってしまいます。そのようなときに，保存しておいた日本語の配列メモが役に立ちます。

　最後に，文章は語数制限（文字数制限）に合わせて書くのではなく，語数制限を超える文章を書いてから，不要な箇所を削除します。ライティング能力の

低い者は，より長い文章を書いてから文章を削るべきです。たとえば，本書の下書きは350頁を超えていましたが，最終的には200頁程度の分量になりました。構想段階では600頁程度の文章を書きました。

9 推敲とトレーニング

　文章が完成したら，何度も読み返します。推敲を行う際のポイントは読み手を具体的にイメージすることです。たとえば，大学のレポートならば採点する教授をイメージします。そして，「その読み手にとって読みやすい文章かどうか」「その読み手に負担をかけていないか」を意識して文書を読み返します。

　次のポイントは推敲の視点（焦点）を意識することです。たとえば，スペルミス（誤字脱字）の修正に焦点を合わせると，文章構成の問題に気づきにくくなります。つまり，どのような視点で修正するかによって（何に焦点を合わせるかによって），推敲できる内容が違うのです。まずは，大幅に修正を加える必要性の有無の視点から推敲をします。つまり，文章構成がおかしくないか（大幅に修正しなければならない事柄）という視点から推敲します。文章全体を大幅に書き換える必要がなくなれば，「それぞれの段落内で矛盾がないか」に焦点をあてます。その作業が終われば，別の視点から文章を推敲します。たとえば，「論理的飛躍はないか」「冗長な箇所はないか」「不明瞭な記述はないか」「簡潔に表現できないか」「表現が正確かどうか」「数値に問題はないか」などです。そして最後にスペルミスを修正します。ライティングに不慣れな者はまず誤字脱字を修正しようとします。しかし，誤字脱字はいつでも修正できるだけでなく，どのような読み方をしても容易に発見できるため，最後に回せばよい作業です。実際には，誤字脱字を修正する段階になれば，ほぼすべての誤字脱字はなくなっています。

　徹底した推敲をしたのち，しばらく経ってから再び推敲をします。いわゆる，文章を寝かせる作業です。必ずと言ってよいほど，修正すべき箇所が見つかります。完成した文章はすぐに提出したいと思うものですが，ライティングの経験を積んでいる者ほど寝かせる作業の効果を実感しているため，この作業に時間を惜しみません。本書もまた，何度か寝かせる作業を行っています。

執筆篇

　推敲を終えた文章は他者に読んでもらうことを勧めます。英語で書いた論文となると，読んでもらえる相手は限られます。しかし，日本語の書き物なら，誰もがその対象になるでしょう。私は学生に読んでもらうことにしています。学生には，「誤字脱字はどうでもよいから，読んでいて少しでもわかりにくいと感じたり読み返したりしたら，その箇所にチェックを入れてほしい」と頼みます。そして，学生がわかりにくいと感じた原因を突きとめます。なぜわかりにくかったのか，その理由は学生に聞きません。自分で考えます。ポイントは，「学生が理解しにくかった原因は学生にあるのではなく，自分が書いた文章にある」という認識をもつことと，その箇所を必ず修正することです。学生は適当に読んだかもしれません。それでも，学生がわかりにくいと指摘するならば，その原因は私の文章にあるのです。

　このような推敲を繰り返すことで，テクニカル・ライティングのスキルは向上します。テクニカル・ライティングを身につける近道はその専門書を読みあさることではありません。その方法はとにかく文章を書いて，その文章を自分で何度も修正し，これ以上直すべき箇所がないと確信したら，他者に読んでもらうことです。そして，その人物の指摘に従って文章を修正することです。

第2部　論文の書き方

　テクニカル・ライティングを習得すれば，あとは科学論文のルールに従って書くだけです。科学論文のルールは厳格であるため，科学論文を書くことはそれほど困難な作業ではありません。逆に言えば，科学論文のルールを理解しているほど，論文はわずかな時間と労力で読むことができます。

1　論文執筆のルール

　ここでは，原著論文の基本的な書き方である IMRAD ^イムラッド* 形式に沿って説明します。IMRAD 形式に慣れている者であっても，研究者でない者は，少なくとも序論と考察に関する本書の説明を熟読することを勧めます。特に，科学論文

コラム 11　論文の種別

　広義の意味での論文は，原著（article），総説（review），プロシーディング（proceeding），学位論文のことです。しかし，論文といえば原著を指します。原著とは厳格な査読制度を有する雑誌に掲載された論文のことで，明確な目的と結論があり，独自性のある成果を発表したものです。ここで言う独自性とは未発表であることと新しい発見が含まれていることです。

　通常，原著は IMRAD 形式（イムラッド）*で書かれています。しかし，IMRAD 形式によって書かれていない症例研究，テクニカルノートなどを原著に含める場合もあります。原著のなかでも短報（letter or short）は独自性や新規性の高い論文であり，速報性を重視するため短い期間で査読が終了するという特徴をもっています（その代わり採択率が低い）。ただし，原著より情報量が少ないだけの短報もあります。

　総説はある特定の話題に関する先行研究をまとめ，その話題に関する研究の動向や展望を示した論文です。言い換えれば，総説は原著の発見を利用した論文のことです。つまり，総説には原著とは異なり新しい発見が含まれておらず，独自性はありません。理論論文やメタ分析による研究も総説に含まれます。

　論文として認められているプロシーディングは，厳格な審査によって発表の独自性が保証されたものだけです。具体的に言えば，多くの学会発表のなかから優れた発表として選ばれた発表を論文として完成させたのち，審査を経て掲載された論文のことです。そのようなプロシーディングは，自由に投稿できないことを除けば，原著とほぼ同じ手続きを経て掲載されるため，原著として広く認知されています。そのようなプロシーディングを除けば，プロシーディングの位置づけは研究分野によって違います。ただし，共通している点は，アブストラクトのみを審査するような学会抄録（conference paper）は論文ではないということです。査読制度が不十分であるだけではなく，その文章の独自性を保証できないからです。

　以上のことから，ある程度厳格な業績審査を行う研究機関では，業績審査の対象となる論文は国際誌に掲載された原著であり，論文と言えば原著を意味します。

執筆篇

の書き方を知っているつもりになっているあなたには，ぜひ読んでほしいと思います。科学論文の書き方を十分に理解していないことが，国際誌に論文が掲載されない原因のひとつだからです。

1 タイトル（title）

　タイトルは研究結果を正確に反映したものである必要があります。まず，研究内容や発見が理解できる文言をタイトルの中心に据えます。次に，二重盲検法，プラセボ・コントロール，無作為化比較試験，縦断的研究などの研究デザインに関わる情報を加えます。がん患者，大学生，日本人，子どもなど，特定の人を対象にした研究の場合には，その情報もタイトルに含めます。

　しかし，情報を含まない言葉をタイトルに含めてはいけません。たとえば，「第1報」「新しい」「○○の研究」などです。疑問形も情報をもたないので使用しません。また，それだけでは意味が理解できない言葉も避ける必要があります。たとえば省略形などです。結果を解釈した文言や「とても」「非常に」などの主観的表現も使用できません。

　奇抜なタイトルや興味を引くタイトルはインパクト・ファクター（IF）を重視した商業誌などには向いているかもしれません。しかし，少なくとも本書がターゲットとしている雑誌には不適切です。専門性が高ければ高い雑誌ほど，そのようなタイトルは嫌われます。場合によっては，その論文の信憑性を低下させます。なお，多くの雑誌がタイトルに語数制限を設けています。

2 アブストラクト（abstract）

　アブストラクトは気楽に書くことができるセクションかもしれません。しかし，読者には意識して書くことを勧めます。なぜなら，編集委員長（EiC: Editor-in-Chief）はこのセクションからさまざまな情報を得ているからです。つまり，編集委員長はアブストの情報を査読に回すかどうかの判断や査読者の選定などに利用します。また，査読候補者は，アブストラクトとタイトルの情報だけで，査読を引き受けるかどうかを決めます。それゆえ，以下の基準を満たす魅力的なアブストラクトを書くとよいでしょう。

　（a）必要な情報を網羅していること。必要な情報は雑誌によって違います。

投稿規程を確認してください。(b) 投稿した雑誌が重視している研究デザインなどを記載していること。たとえば，縦断的研究しか受けつけない雑誌の場合，その方法を記載します。(c) 研究結果から飛躍した考察や結論を書いていないこと。(d) 語数制限内でまとめること。その語数は雑誌によって違いますが，おおむね 200 語程度です。

　アブストラクトには，構造化したアブストラクト（structured abstract）でなければならない雑誌と，そうではない雑誌があります。構造化したアブストラクトは Background, Methods, Results, Discussion, Conclusion などの見出しを付けたものです。

3　序論（introduction）

　序論の中核は仮説です。このセクションは仮説を書くために存在します。しかし，仮説だけでは序論として成立しません。その仮説が成り立つ合理的・論理的根拠と，その根拠が正しいことを示す実証研究を提示する必要があります。さらに，合理的・論理的根拠の基盤となる理論やモデルも必要です。モデルとは複雑な現象を単純化したものです。ヒトを対象にした研究では，病理学的根拠，生理学的根拠，人体構造学的根拠などが理論やモデルに該当する場合もあります。より具体的に説明すると，序論には以下のような記述が必要です。(a) 仮説，(b) その仮説の演繹元である理論やモデル，その理論やモデルが妥当であることの根拠（実証研究），(c) 理論やモデルからその仮説が演繹できる合理的・論理的根拠です。その合理的・論理的根拠には具体的な実証研究と，その実証研究の説明も必要です。また，あなたが想像する以上に，理論やモデルと仮説との間には乖離があり，その乖離を埋める必要があります。論理的飛躍がないように丁寧に説明します。

　仮説の根拠を説明する過程で，あなたの研究に類似した先行研究について記述することになります。そこでは，先行研究とあなたの研究の違いについて説明します。また，先行研究と比較して，あなたが行った研究方法の優位性についても説明します。あるいは，先行研究の問題点を指摘し，あなたの研究がその問題を解決した方法を用いていることを説明します。先行研究とあなたの研究との違いがあなたの研究の意義になります。その記述と同時に，そのような

違いがあるにもかかわらず，あなたの仮説が妥当である根拠についても説明する必要があります。

　論文の書き方に関する参考書には，研究意義を強調することを勧めるものもあります。しかし，本書のターゲットである雑誌（コラム1（5頁）参照）では，研究意義を強調しすぎると，あなたの発見が陳腐なものになってしまう場合があります。たとえば，「高校生を対象にした研究は日本で初めてである」というような強調は，読み手に「その程度のことが研究意義なのか」と思わせ，あなたの研究に対する興味を読み手から奪ってしまいます。

　多くの雑誌では，その雑誌の読者にとっての意義を説明しなければなりません。たとえば，その雑誌の読者が実践家ならば，基礎研究者ではなく実践家にとっての意義や貢献を説明します。雑誌の読者に関する情報はそれぞれの雑誌の aims and scope で紹介されています。Aims and scope については執筆篇の「Aims and scope」（134頁）を参照してください。

　仮説に直接影響する情報は，読者の理解の手助けになるため，序論で記述します。仮説に直接影響する情報とは，あなたの用いた研究参加者や研究方法が一般的でない場合などが含まれます。たとえば，あなたの研究が日本人を対象にした研究であり，あなたの仮説に日本人特有の性質が関係している可能性があるならば，日本人の性質の説明は読者にとって重要な情報になります。

　序論で研究の目的を書く場合もあります。仮説と目的は違います。目的は，「どのような研究を行ったのか」「どのようなことを調べたのか」など，研究で実施したことです。仮説は具体的であるため，序論の冒頭から仮説を提示すると，読み手はその仮説を十分に消化できないかもしれません。一方，目的は大雑把な説明であるため，序論の第一段落に記載しても読み手は理解できます。目的を書くことによって読み手がそのあとに続く文書を読みやすくなるならば，第一段落で目的を書くこともよいでしょう。

　序論の最後の段落では，提示した仮説に沿って，実施した研究条件において期待される結果を書くこともあります。期待される結果を書くことが，読み手の理解を手助けすることになるからです。それゆえ，仮説と期待される結果は同義であり，両者の間に齟齬があってはなりません。

コラム 12　国際誌に簡単に掲載できる

　私が国内誌に論文を投稿していたころの話です。「私に語学力さえあれば，本書のターゲット雑誌程度の国際誌なら簡単に掲載できる」と思っていました。国際誌に論文を掲載する価値すら考えていませんでした。しかし，いまやその雑誌から不採択通知を受けています。「何も知らないことは，何とお気楽なことだろう」と恥ずかしく感じます。

　Psychological Science 誌に，興味深い研究（2018 年）が発表されました。この研究によれば，他人のパフォーマンス（テーブルクロス引き，ダーツ，ムーンウォークなど）を繰り返し見ていると，実際にやっていないにもかかわらず，自分にもできる気がするようになります。昔の私は論文を繰り返し見ているうちに，自分にも書けると思ったのでしょう。

4　方法（materials and methods）

　方法のセクション（マテメソ）は，他者があなたの研究と同じ研究を行うことができるようにするためのものです。また，研究の手続きや材料が妥当である根拠を示します。いずれも，研究の透明性に関わる重要な記述です。それゆえ，序論や考察には厳しい語数制限を設けている雑誌であっても，マテメソには語数制限を設けていない場合があります。そこで，マテメソは詳細に記載し，論文が完成したあとに削っていく方法を推奨します。この方法は序論や考察にも該当しますが，とくにマテメソでは重要です。

　マテメソで書くべきことは研究分野によって異なるため，ここではマテメソを書く際に共通する注意点をふたつだけ取りあげます。第一に，手続きを記載するときには，主語を入れ替えないように注意します。たとえば，実験者を主語にするならば，一貫して実験者を主語にすべきです。途中から，実験参加者を主語にしてはいけません。第二に，結果のセクション（リザルツ）で記載することは，すべてマテメソで触れておかなければなりません。リザルツで新規の分析目的や分析方法が登場すると，読み手は困惑してしまいます。

⑤ 結果（results）

　リザルツでは，仮説を実証するために必要な分析結果を中心に，研究手続きのマニピュレーション・チェックの結果やデータに関する信頼性の分析結果などを記載します。その際に，結果を羅列するのではなく，読み手の理解を手助けするために，分析の目的や方法を簡潔に記述したあとに分析結果を示します。たとえば，「○○を比較するために，○○方法を用いて，○○という分析を実施した。その結果○○であった」というように書きます。

　研究の結果はおもに図表を用いて説明します。そこで注意すべきことは，図表に記載したことを本文中で繰り返さないことです。本文で書くべきことは注目すべき図表の数値（箇所）を説明することです。

　図表は，図表を読み解くために，本文を読む必要がないようにします。私はほとんどの論文は本文を読むことなく，図表のみに目を通します。私と同じような論文の読み方をしている研究者は多いと思います。それゆえ，私は論文でもっとも重要な箇所は図表だと考えています。

　図のタイトルはレジェンド（legend）あるいはキャプション（caption）と呼ばれています。レジェンドは表のタイトルとは異なり，それだけを読めば図の主要な意図を読み取れるように書きます。図表の書き方はそれぞれの出版社や雑誌の投稿規程に書かれています。

　最後に，リザルツで書くべきではないことを紹介します。第一に解釈は書きません。たとえば，仮説が支持されたかどうかは書きません。仮説が支持されたかどうかは著者の主観であり解釈だからです。それは考察で議論すべきことです。そのことをよく表している例として，「同一結果であるにもかかわらず，結果が仮説を支持しているかどうかの判断が，研究者によって異なること」が報告されています。自然科学から遠ざかるほど，仮説が支持されたかどうかは主観に左右されるようになります。

　第二に，実施した分析結果をすべて記載しません。仮説を検証するために必要な結果だけ記載します。仮説の検証と関係のない分析結果は，たとえ興味深い発見であっても記載しません。このような記述は研究目的をぼかし，読み手に「その分析結果は何で必要なんだ」という疑問を抱かせます。しかし，あなたの仮説や論拠に反する発見が得られた場合には，そのことを報告しなければ

なりません。そして，考察でその発見について議論する必要があります。

6 考察（discussion）

　考察はもっとも難解なセクションです。考察の主要な役割は結果から結論を導くことです。つまり，結果と結論との間の橋渡しをすることです。結論とは論文で明らかになったこと，あなたが論文で主張したいことです。

　考察は以下のような書き方をすると比較的書きやすいでしょう（本書では考察を以下の４つのパートに分けて説明しています）。必ずしもそうしなければならないということではありませんし，より優れた書き方もあります。ただし，最後はサブセクションとして「限界」（limitations）と「結論」（conclusions）で締めくくるのが一般的です（前者のサブセクションをリミテーションズ，後者のサブセクションをコンクルージョンズと記載します）。そのようなサブセクションを設定しなくても，限界と結論は書く必要があります。

6-1　第一部

　第一段落では結果を簡潔にまとめます。多くの参考書でも同様のことが書かれており，考察の第一段落で書くことはほぼ決まっているようです。仮説や目的が何であったのかもう一度説明してから結果をまとめると，読み手は理解しやすいかもしれません。しかし，その記述は簡潔でなければなりません。細かな点まで結果を繰り返してはいけません。

6-2　第二部

　第二段落以降に書く順序に定型はありません。書く順序に規則性がなくとも，書くべきことはある程度決まっています。結果の概要を記述したあとに，仮説が支持されたかどうかを議論すると，読み手は理解しやすいと思います。つまり，第二段落では，第一部を踏まえて，仮説が支持されたかどうかを解釈し，その根拠を説明します。根拠とは「その発見が仮説を支持したことになる理由」と「先行研究と照らし合わせて，その発見が妥当である理由」です。いずれの根拠も必要です。くわえて，仮説が支持された根拠となる発見が，いかに妥当な方法によって得られたものであるか，いかに精度の高い方法を用いて

執筆篇

仮説を検証したのかなど，その発見に疑問の余地がないことを示す根拠も提示します。たとえば，マニピュレーション・チェックの結果やデータの信頼性に関する分析結果などの解釈です。そのような記述は仮説を検証するために適切な計画が練られていたことを読み手に印象づけます。この第二段落は複数の段落に分けることが通常です（投稿する雑誌の語数制限にもよります）。それゆえ，第二部と呼んだほうがよいかもしれません。

　さらに，結果と結論とのギャップを埋める作業をします。著者は気づきにくいかもしれませんが，結果と結論との間には大きな隔たりがあります。その隔たりを埋めなければなりません。その際，少しでも論理的な飛躍があれば，読み手は不審に思います。丁寧に説明することが必要です。ただし，結果はすでに第一段落でまとめているため，結果の繰り返しにならないように注意します。

6-3　第三部

　第三部では，結果や研究方法などの妥当性に関するさらなる議論を展開します。たとえば，読み手からみて問題だと考えられる結果や方法論的問題を取りあげ，その問題が仮説を支える結果に影響しない根拠や，その問題を否定する根拠を提示したりします。具体的に言えば，「本研究には○○という方法論的問題があると考えられるかもしれない。しかし，本研究結果は○○であり（あるいは，先行研究は○○であることを実証しており），本研究ではそのような問題が生じる可能性は低い」というような内容です。このような段落を設けることで，「仮説を検証した研究方法が妥当であるかどうかを，著者はさまざまな視点から検証している」という印象を読み手に抱かせることができます。

　しかし，そのような問題が仮説の根拠（主要な結果）に影響する場合には，そのことについて，どのような影響があるのかを具体的に考察します。また，先行研究と矛盾する結果があれば，そのことについても記述します。矛盾点をただ書くだけでなく，そのような矛盾が生じた原因についても議論します。この問題はリミテーションズでも取りあげます。第三部は語数制限によって書くことができない場合もあります。

6-4　第四部

　第四部では，研究の発見を一般化したとき，その発見にどのような意義があり，その発見によってどのような貢献ができるのか，投稿する雑誌に合わせて説明します。その際，研究の発見は限定的な条件下で限定的な人を対象にしたものであるため，そのような限定された発見を一般化できる根拠と証拠を提示します。過剰な一般化は研究成果の信頼性を低下させます。

　あなたの発見に基づいて，今後の展開や展望などを書く場合もあります。たとえば，どのような研究をすれば，あなたの結論をより頑強なものにできるのか，あなたの結論を一般化できるのかということです。

6-5　リミテーションズ

　すべての研究には限界があります。そのことはすべての研究者が知っている事実です。あなたがあなたの研究の限界を書かなくとも，あなたの研究を専門分野としている研究者ならば，あなたが書いた論文にどのような限界があるのか理解できます。つまり，リミテーションズは読み手が理解していることを書くことになります。それでも，限界は書かなければなりません。科学の世界では，科学的発見が歪められて伝わることを避けることが求められており，リミテーションズは，研究の発見が歪められたり，誤解されたりすることを防ぐ文章だからです。言い換えれば，リミテーションズは研究の発見から結論を主張するときの注意事項です。視点を変えれば，リミテーションズはあなたが研究の問題点や限界を把握していることを読み手に伝えるセクションでもあります。もし，重大な問題点に言及していなければ，読み手は「あなたが研究の問題に気づくことなく結論を出している」と考えるでしょう。

　しかし，限界を羅列するだけでは不十分です。その限界を解決するための方法についても，簡潔に書く必要があります。そのような情報は，あなたの研究結果をより頑強にするために，次にすべき研究のヒントを与えてくれます。

　通常，「この研究には言及すべきいくつかの限界がある。第一に，○○。第二に，○○。最後に○○」のような書き方をします。限界は数多くあるため，語数制限に応じて重要な限界のみを記載することになります。

執筆篇

6-6　コンクルージョンズ

　最終段落は，論文で明らかになったこと，あなたが主張したいことを書きます。コンクルージョンズは，仮説が支持されたことを繰り返す場ではありません。考察のまとめでもありません。「仮説が支持されたことがどのような意味をもつのか」「主要な結果によってどのような主張ができるのか」などについて説明します。しかし，コンクルージョンズの内容は結果に基づいたもの（考察での議論によって導かれたもの）でなければなりません。

7　引用文献（references）

　引用文献は雑誌が定めた引用スタイルに従って記述します。それゆえ，引用スタイルに注目しがちです（後述する「引用スタイルはどうするのか」（87頁）を参照）。しかし，引用文献で注目すべきことはどの論文を引用するかです。なぜなら，引用文献はあなたの論旨の根拠であり，あなたの論旨がどの程度信頼できるかは，あなたの根拠（引用文献）がどの程度信用できるかに依存しているからです。そのため，査読者は最適な文献を引用しているかどうかに目を光らせています。さらに，論文には語数制限があり，引用文献数に上限を設けている雑誌もあります（2012年に公布された「研究評価に関するサンフランシスコ宣言」[#]では，出版社に引用文献数に対する制限を撤廃するよう求めています）。それゆえ，引用する文献を選別しなければなりません。

　私は以下の方法で文献を選択しています。まず，投稿する研究に関連するあらゆる文献を集めます。その論文のなかから，実験状況や研究対象などが投稿論文に類似している文献を抽出します。たとえば，投稿論文の研究対象が大学生であるならば，大学生を対象にした文献を選びます。次に，より信憑性が高く発表年代の新しい文献を選びます。信憑性が高い文献とは優れた研究方法を用いている先行研究のことで，たとえば，エビデンスの有効性が高い研究デザインを用いている先行研究のことです。エビデンスの有効性についていえば，メタアナリシス・システマティック・レビューがもっとも高く，比較実験では症例対象研究よりも非無作為化比較試験，非無作為化比較試験よりも無作為化比較試験がエビデンスとして有効です。このように，研究デザインによってエビデンスの有効性が異なります。また，優れた研究方法を保証するという点で

は，論文を掲載している雑誌の IF や信頼度が高いほど望ましいといえます。掲載雑誌の編集方針も研究方法の妥当性と関連しています。また，「研究評価に関するサンフランシスコ宣言」に従い，メタ分析を含む展望論文ではなく，最初に発表した研究を引用することにも留意します（多くの出版社や学会がこの宣言を受諾しています）。

　発表年代の新しさも重要です。たとえば，古い文献は新しい文献よりも精度の低い装置などを使用したり，問題のある方法を用いたりしている可能性があります。また，古い文献の発見は最新の文献では覆されているかもしれません。くわえて，新しい文献による引用は，あなたが当該分野の研究動向を熟知していることも示唆します。古い文献しか引用していない場合には，そのことを説明することが望ましいでしょう。たとえば，「われわれの知る限り，2000年以降，類似した研究が発表されていない。その理由は〇〇である」と説明します。そうすることで，引用した文献の発見が現在でも覆っていないことを読み手に印象づけることができます。研究分野によっても異なりますが，2020年に論文を投稿するならば，引用文献の多くをおおむね2016年以降に発表された論文で占めることが望ましく，2010年以前の論文の引用は賞味期限が切れている印象を与えます（理論論文や最初に発見した論文など，当てはまらない場合もあります）。

　引用論文として望ましくない文献もあります。特殊な引用を除いて，以下の基準がひとつでも該当すれば，引用は避けたほうがよいでしょう。(a) 入手が困難である。(b) 英語以外の言語で書かれている。(c) 厳格な査読がない（ただし，理論やモデルの引用に限り，専門書も引用価値あり）。(d) ハゲタカ雑誌に掲載されている。(e) 学会発表の抄録である。これらの文献を引用することは，投稿規程に反する行為ではありません。また，このような文献を引用している論文もあります。しかし，これらの文献の信頼度は低いため，あなたの記述の根拠にはなりません。論文中にこのような文献を数篇発見しただけでも，読み手や査読者はあなたの論旨に十分な根拠がないと判断します。

8 補足資料（supplementary material）と脚注（note）

　補足資料は雑誌の印刷紙面上には記載されないが，web 上で閲覧できる情報

です。補足資料を本文に記載した発見の根拠に用いることはできません。本文で記載した発見の根拠にする場合は，本文中で図表として提示します。掲載可能な補足資料の情報を限定している出版社や雑誌もありますが，通常はローデータ，プログラム，あらゆる分析結果，実験材料，実験手続きの資料・映像などを加えることができます。将来的には，研究の透明性のためにローデータの提示は必須になるでしょう。補足資料はほぼすべての雑誌で加えることができます。

　脚注は多くの雑誌で使用できません。十分なライティング能力があれば，脚注を使う必要性がないからです。脚注を使用したがる者がいますが，特殊な論文を除いて，それはライティングの未熟さを反映しています。

9　セクションと自由度

　それぞれのセクションの執筆と自由度（努力篇の「無駄な時間をなくす」（24頁）参照）との関係について説明します。アブストラクト，マテメソ，リザルツ，引用文献の記載，図表の作成は，自由度3あるいは自由度4の時間を利用して完成できます。序論の構成は自由度1で，論文の推敲は自由度2の移動時間中に行えます。しかし，序論と考察はおもに自由度4あるいは自由度5の時間を利用して書くことになります。

10　論文執筆マニュアル

　いくつかの学会などから，論文執筆に関する具体的で詳細なマニュアルが出版されています。それらはおおむね数百頁に及びます。そのようなマニュアルを聖書のように扱っている者もいます。しかし，すべてを熟読するためには時間がかかります。その時間があれば，研究を進めることができます。それゆえ，多くの人は重要な箇所だけ熟読します。私見ですが，テクニカル・ライティングと論文の書き方を習得しているならば，マニュアルは必要になったときに，必要になった箇所を読めばよいと思います。時間があれば読むに越したことはありませんが。

　代表的なマニュアルに，AMA*（米国医師会）が出版しているAMAスタイルマニュアル，APA（米国心理学会）が出版しているAPA論文作成マニュア

コラム 13　ルールは正しいわけではない

　ルールには絶対に従わなければなりません。しかし，そのルールが正しいとは限りません。投稿規程も同じです。投稿規程は**ルールであり，投稿規程には従わなければなりません。しかし，投稿規程が正しいわけではありません。**投稿規程は雑誌や出版社によって違います。狭いローカル・ルールを学ぶ必要がないとは言いませんが，国際的なルールを学ぶ必要はあります。狭い研究分野でしか活動できない者は，「必ずしも投稿規程が正しいわけではないこと」を理解していません。たとえば，心理学という狭い研究分野でのみ活動している人のなかには，APA（米国心理学会）のフォーマットを神様のように崇め，そこに書かれていることを絶対的ルールと考えている傾向があります。恐ろしいことはそのルールを学生などに正しいルールとして押しつけていることです。

　私が経験したことを紹介します。ある大学教員が学生の書いた実験レポートを総括して，「p 値の p が斜体になっていないレポートが多くみられます。p は斜体にしないといけません。斜体になっていないものは誤りです」と言いました。この教員が知っているルール（APA フォーマット）では p 値は斜体にするからです。残念な自称研究者です。p 値を斜体にしない雑誌は数多く存在します。この自称研究者と似た発言は学会や研究会などでも耳にします。

　私がある雑誌に投稿したときの話です。2 名の査読者が APA フォーマットに従っていないことを指摘し，その投稿論文は未熟な論文であると結論を下しました。結果として私の論文は不採択になりました。確かに，この論文は APA フォーマットに従っていませんでした。その論文はその雑誌の投稿スタイルに従っていたからです。だからと言って，その査読者の行為に憤慨してはいけません。別の雑誌に投稿すればよいだけです。査読篇の「査読者の視点」（176 頁）で話をしますが，投稿規程を含めた編集方針を理解していない主査や査読者は数多くいるのです。

　誤解しないように付け加えます。ルールには従わなければなりませんが，そのルールが正しいとは限りません。だからと言って，自分に都合のよいルールに従ってよいわけでもありません。**ルールはあなたが決めるのではありません。**

ル，CSE[*]（科学編集者評議会）が出版している Scientific Style and Format，シカゴ大学出版局が出版しているシカゴ・マニュアルがあります。あなたの専門分野に関連するマニュアルを読めば十分です。

2 執筆時の具体的な疑問に答える

１ ファイルの設定はどうするのか

論文は Word を用いて書く方法が一般的ですが，Word のページ設定はどうすればよいのでしょうか（Word 以外は LaTeX が一般的です）。Word の設定は雑誌によって違いますが，もっとも汎用性の高い設定をしたフォーマットを作成しておき，執筆時にそのフォーマットを使用するとよいでしょう。

　可能ならば，米国の研究者に設定してもらった Word ファイルを送ってもらうことを勧めます。私が論文を投稿したときに，日本で作成した Word ファイルの設定が雑誌の規格に合わず，出版社と何度かやりとりをした経験があります。それゆえ，米国で作成したファイルを使用すると，そのような不安を取り除くことができます。どうしても入手できないあなたに，本書の用語説明のあとに紹介している URL 情報から Word フォームをダウンロードできるようにしています（論文フォーム[#]）。このフォームはある有名な国際誌の編集委員長から送ってもらったものです。上書きを繰り返したり，Word のバージョンを更新したりしたため，設定が変わってしまったかもしれませんが試してみてください。

　用紙　日本や欧州では国際規格である A4（210 mm × 297 mm）を使用していますが，北米ではレターサイズ（216 mm × 279 mm）を用いています。査読者がどちらの規格を使用しているかわからないため，どちらの規格でもかまわないと思いますが，どちらかの規格に統一する方がよいと思います。

　フォント　Times New Roman で 12 point にします。フォントは読みやすさを重視します。

　余白　上下左右の余白をすべて 25.4 mm にします。APA スタイルです。A4 用紙でも読みやすい余白です。

語数　Word の余白設定を「標準の文字数を使う」にし，文字数と行数には触らないようにします（レイアウト→余白→ユーザー設定の余白→文字数と行数）。1 頁当たりの文字数と行数を規定している雑誌はほとんどありませんが，雑誌には語数あるいはページ数に制限があります。「標準の文字数を使う」に設定にすると 1 頁により多くの文字が入り，ページ数を制限している雑誌に投稿するときに便利です。

行間　ダブルスペースにします。

ページ番号　左上にページ番号を打ち込みますが，それ以外に余白に余計な設定を加えてはいけません。たとえば，行番号などは指示がない限り振りません。論文を投稿する際に投稿システムによって PDF 化されますが，その際に自動で行番号が振られる可能性があるからです。

文字の位置そろえ　投稿規程で決められていない限り，左そろえにします。英文を中央そろえにすると，とても読みづらいからです。

2　引用スタイルはどうするのか

引用スタイルとは，本文中の引用と文末の引用文献に関する表記方法です。

図 2　引用スタイルの例

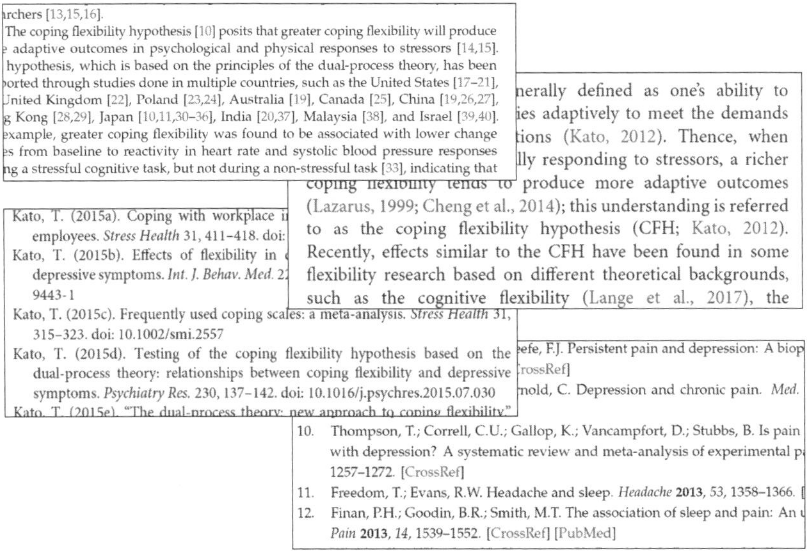

引用スタイルは雑誌の規程によって決められています。文末の引用文献は論文が完成してから対応できます。しかし，本文中の引用のスタイルは，あらかじめ決めてから書き始めなければ，投稿時に困ることになります。私は投稿時の汎用性を考えて，引用スタイルを APA スタイルにして論文を書いています。引用スタイルには APA スタイルのほか，NLM スタイル，バンクーバースタイル，シカゴスタイル，ACS スタイルなどがあります。これらの名称を覚えることに意味はありませんが，引用スタイルの表記法には複数の方法があり，雑誌や出版社によってそのルールが違うことを認識する必要があります。また，執筆する前にいくつかの雑誌の投稿規程を読み，引用スタイルを確認しておくことは執筆の参考になります。EndNote（エンドノート）などのソフトを利用すると，ここで説明したような心配はなくなるかもしれません。

3　いつ論文を書き始めればよいか

　データ収集と分析を終え仮説が支持されていたら，すぐに論文を書き始めましょう。慣れてくれば，データ収集・分析の最中に書き始めてもよいかもしれません。私は仮説が支持されていることを確認してから，書き始めるようにしています。結果が芳しくない場合，徒労に終わることを防ぐためです（本来は否定的な結果でも公表すべきですが）。また，論文を継続的に出版できるようになれば，研究計画の構想中に序論の構成を含めて論文の書き上がりをイメージできるようになります。

　ただし，まとまった時間ができるまで，書き始めるのを待ってはいけません。論文執筆のためにまとまった時間は必要ありません。具体的に言えば，序論の構成を考える時間を除けば，細切れの時間を利用して書き上げることができます。10 分程度の時間があれば，少なくとも 1 センテンスくらいは書くことができます。それを繰り返せば論文が完成します。「無駄な時間をなくす」（24頁）を参照してください。

4　どこから書き始めればよいのか

　書きやすいところから書き始めればよいと思います。しかし，考察は序論とリザルツを書き終えてから書き始めることを勧めます。考察は序論の内容と密

接に関係しており，リザルツを踏まえた議論を書くセクションだからです。

5　やめたほうがよい書き方

5-1　代表的な論文を真似する

　あなたの発見に類似した発見がすでに発表されているはずです。その論文の文章構成や論理構成を真似して，論文を書く方法があります。この方法によって完成した文書は，あなたが作成した文章よりも合理的・論理的で，読み手を説得できるでしょう。時間も労力も大幅に削減できます。しかし，私はこの方法を勧めません。ひとつの理由は，こうした方法で論文を書くことに対して倫理的問題があると思うからです（あくまで私見です）。盗用ではないかもしれませんが，私のなかでは明らかに盗用です。別の理由は，この方法を使っているうちは，いつまでたっても英語で論文を書く能力を獲得できないからです。

5-2　一気に書き上げる

　あなたは一気に論文を書き上げようとするかもしれません。しかし，この方法も推奨できません。その理由は努力編の「一気呵成ではなく，コツコツと」（37頁）を参考にしてください。少しずつ時間をかけて完成させましょう。最初の論文を書き上げるために半年程度の時間がかかっても仕方がありません。論文を書き上げるまでのスピードは徐々に上がり，ある時期を境にかなり速くなります。それまでは，論文完成の見通しが立たないかもしれませんが，ひたすら書くしかありません。

3　英文を書く方法

　私は電子辞書，英文コーパス，独自の英語ノートを利用して英文を書いています。研究分野にもよりますが，英語は米国英語で書きます。英国英語のみを受けつける雑誌もありますが，その場合は英文校閲の際に英国英語に変えてもらえればすむことです。

執筆篇

コラム 14　最低限の語学力で十分

　「日本人が国際誌に論文を掲載できない理由は，英語能力の欠如にある」という人がいます。しかし，それは誤りです。英語の語学力が障壁となって国際誌に論文が掲載できなかった日本人を，私はひとりも知りません。そのような言い訳をする者は，英語ではなく論文を書く能力が欠如しているだけです。

　世界の人口のうち英語を母国語とする人は 5% 程度であり，国際誌に掲載されている論文の半数以上が非ネイティブによって書かれています。つまり，科学論文の主役は非ネイティブです。また，多くの研究者は非ネイティブにネイティブと同様の語学力を求めていません。少なくとも自然科学の分野では，文法や語法が論文の採否を左右しない傾向が強まっています。私の英語の語学力は高くはありません。それでも私の論文は掲載され続けています。英語の語学力は最低限で十分なのです。

　私の実体験の話です。ある雑誌に論文が採択されるに当たって，編集委員長が自ら私の英文を直してくれたことがありました。その論文は査読者の査読をパスし，編集委員長の採択のみを待っていました。しかし，編集委員長は私が非ネイティブだと知り，私の論文が読者に理解されやすい論文になるように手助けをしてくれたのです。編集委員長とのやりとりを何度か行ったために，採択されるまでに月日を費やしましたが，私が伝えたい内容を正確に書くことができました。編集委員長と査読者の目的はよい論文を出版することであり，英語の表現によって査読結果を決めているわけではありません。

コラム 15　とにかく書き始めましょう

　ルールに沿ってさえいれば，英語は平易な表現で十分です。論文では，崇高な文章は必要ありません。崇高な文章よりも，わかりやすい文章であることが優先されます。それゆえ，英語の習得に多くの時間を費やす行為は，あまり望ましいことではありません。英語の習得は論文を書くための手段であり，目的ではありません。高校レベルの英文法を見直し，英語論文の書き方に関する平易な書籍に目を通したら，すぐに英語で論文を書き始めましょう。

1 英文コーパス

　英文は英文コーパスを利用すると書きやすくなります。英文コーパスとは英文例を大量に集めたデータベースのことです。英文検索エンジンとも呼ばれています。たとえば，英文コーパスに "indicate" という動詞を入力すると，"indicate" を使用した英文が出力されます。その例文を読めば "indicate" の使い方がわかり，"indicate" という単語を使用した英文を作りやすくなります。

　また，具体的なセンテンスの一部をコーパスに入力すれば，その表現方法が正しいかどうかを調べることもできます。たとえば，"indicate" と似た動詞に "suggest" という動詞があります。"we suggest" を入力すると，多くの文例が出てきますが，"we indicate" を入力すると文例がまったく見つかりません。この場合，"we indicate" ではなく，"we suggest" を使用したほうがよさそうだと推測できます。

　もっとも有名なコーパスは Google などの検索機能です。Google は学術論文に限らず多くの英文を抽出するため，論文執筆には効果的なコーパスではありません。しかし，論文では日常で使用する文章を書く必要がある場合もあるため，そのようなときには Google は重宝します。また，Google Scholar の機能を使えば，論文を書くための英文コーパスとして少しは使えます。論文執筆のために開発された無料のコーパスもありますが，あまり役に立たないため本書では紹介しません。

　私は文献管理のために作成した独自の PDF コーパスを利用し，文章を書く手助けにしています。この PDF コーパスは私が収集した PDF 論文のデータベースです。文例を探すときには，PDF の「編集」→「高度な検索」機能を利用し，英単語を入力します。執筆篇の「文献収集と文献管理」（94 頁）に，私の PDF コーパス（データベース）の作り方を記載していますので，参考にしてください。あなた独自の PDF コーパスを作成し，英文作成に利用しましょう。

2 英語ノート

　私の英語ノートは Word で作成しており，本書の執筆時には 325 頁になっていました。私の英語ノートには「英単語」「英単語に対する私なりの日本語訳」「例文」などを書きこんでいます。例文は，私の専門分野の論文で実際に使用さ

図3　PDF コーパスから特定の単語を使用した文例の探し方

れていた文章をコピペしています。たとえば,「指摘する」という動詞を英語で
表現したかったとします。その場合,Word の検索機能を利用して「指摘する」
という動詞を検索します。そして,「指摘する」という動詞に対応する英単語の
なかから,もっとも適切な英単語を選択します。そして,その英単語の例文を
参考に英文を作成します。英単語の日本語訳は辞書に記載されてある言葉だけ
でなく,自分なりの言葉で表現して英語ノートに記します。あとから検索する
ときに探しやすくするためです。

③　英語と日本語交じりで

　初めて英語で論文を書く場合には,日本語で論文を書き上げたのち,それを
英語に訳してもよいかもしれません。慣れてきたら,英語交じりの文章,ある
いは日本語交じりの英語を書くようになります。そのほうが書きやすいからで
す。マテメソとリザルツの執筆は,比較的早い段階で日本語を使わなくてすむ
ようになります。

　ただし,序論だけは日本語で構成を固めてから,英語交じりで書き始めるこ
とを勧めします。その際,日本語で書いた構成を残しておきます。英語で書き
始めると,あとから文章構成を理解するのに一苦労するからです。「自分で書
いた文章だから容易に理解できる」と思うかもしれません。しかし,自分が書
いた文章だからこそ,わかりにくいのです。とくに論文を寝かせたあとに見直

図4　私の英文ノートの一部分

11□「考える」「思う」「考案する」「みなす」.
(1) consider.
＊他動詞「考える」「みなす」□最も使用頻度...
＊何かに配慮したり，慎重に考えたりすること...
1) be considered to be...「主語は...であると考え...
例) The latter ratings were considered to be the s...
例) ..., which is considered to be the best single i...
distress. JPSP.
例) ...positive affect is often considered to be one...
JPSP.
2) SVO to be C「O を C だとみなす」□.
例) However, more contemporary accounts conside...
range of stimuli that may communicate uncleanlin...
disease. JPSP.

(3) identify A as B.
＊他動詞「A を B であると認める」「確認する...
(4) believe.
＊他動詞「...と思う」強い意見や確信を表す（...
(5) think.
＊他動詞「...と思う」その確信が，論理または...
(8) discuss.
＊他動詞「議論する」「述べる」.
＊先行研究（ほかの研究）は，議論していない...
＊about はつけない.
例) As a result, gender is discussed only when there...
例) We discuss possible reasons for this in the discu...
例) Let us discuss the origin of the anomaly at 20K.
ついて議論する）.

6□指摘する「重要性が指摘されている」.
1) indicate.
＊indicate the importance to...「...の重要性を指摘する」.
＊point out the importance of...「...の重要性を指摘する」は見られない.
例) These findings indicate the importance of the cavity size for selective anion recognition
as well as the role of the phenylene linkers in tuning the binding strengths and modulating the
aggregation of the triazolophanes.
2) emphasize.
他動詞「強調する」「力説する」.
例) This review emphasizes the importance and relevance of gastric acid secretion and its
regulation in health and disease.
例) Therefore, the lack of significant differences between TBCT, which heavily emphasized
those activities, and IBCT, which did not, is surprising. JPSP.
3) highlight.

9□影響を及ぼす.
(1) affect.
＊最も使用頻度が高い。他動詞。直接的影響。人や物事・状況に変化を引き起こすと
いう意味。
例) Because traumatic event exposure is a necessary criterion for diagnosis of PTSD,
traumatic event assessments that systematically over- or under-identify actual exposures can
affect the rate of PTSD diagnosis.
(2) effect on.
＊他動詞。「have an effect on...」の形で用いる。
＊名詞として使用は、effect of...on...「...に対する...の影響」 influence, impact も同じ
用法あり。
例) How coping mediates the effects of optimism on distress. JPSP□「どのような影響
を」.
(3) influence.
＊他動詞。間接的影響。影響力を使い、人の行動・出来事などに影響を及ぼすこと。
＊influence 人 to do...「人に...する影響を及ぼす」.
例) ...to understand how coping responses influence adjustment to low-control stress, ...

執筆篇

す際，日本語の構成は役に立ちます。

4　とにかく書き上げる

　とにかくひたすら書いてから，あとで直すようにします。不完全な文章でも気にすることなく，とにかく書き上げましょう。気になる箇所には色を付けておいてあとで見直せるようにすると，細かい点を気にすることなく書き上げることに集中できます。

5　推奨できない英文の書き方

　複数の論文を片手に，他の研究者が書いた論文を真似する方法があります。私も英語で論文を書き始めたころには，この方法を用いていました。しかし，

この方法はあまり勧められません。自分が書こうとしている文章と類似している文章を探すために多くの時間がかかり，非効率だからです。他の研究者が書いた論文を真似るより，自分で書くほうが早く文章を書き上げることができます。不器用な英文であっても，とにかく自分で書いてみましょう。

　英文校閲会社などを利用して，日本語で書いた論文を他者に英語にしてもらう方法もあります。また，DeepL[#]などの翻訳ソフトを利用して英文を作成する方法もあります。このような方法は一見時間と労力がかからないと思われるため，英語で論文を書いたことのない者が選択したくなる方法かもしれません。しかし，この方法はやめるべきです。この方法の重大な問題点は，この方法で完成した論文が掲載される可能性が低いことです。理由は単純です。優れた翻訳者（翻訳ソフト）であっても，あなたが書いた日本語の論文を理解し，必要な情報を書き加え，正確に翻訳することは容易ではないからです。日本語と英語では構造が違うだけでなく，英語に翻訳する際に必要な情報が元の日本語の文章には書かれていません。また，学術用語を含め特定の専門分野でしか通用しない英単語の使い方があります。日本語にも同じ傾向があります。そのため，この方法で書かれた英文を見直し修正するために，多くの時間を割かなければなりません。結局，自分で書いた方が早いことになります。さらに言えば，この方法を用いて論文を投稿すると，査読者とのやりとりの際に困ることがあるかもしれません。ただし，英文校閲を受けることを前提として，論文の一部（ひとつふたつのセンテンス程度）ならば，英文校閲会社に英訳を依頼したり，翻訳ソフトを利用したりすることが有益な場合もあります。それでも，上記の理由から推奨はできません。

4　文献収集と文献管理

　文献収集は日常的に行います。日常的に文献収集をしていれば，論文を書くために新たに文献を探さなくてもすみます。文献収集の際には，「専門分野の論文」だけでなく，「引用する可能性のある論文」と「知識を深める論文」なども集めるようにします。

　「専門分野の論文」はあなたの専門分野（投稿する可能性のある論文）と直接

関係のある文献のことです。「自分の専門分野に関して知らない研究はない」という意気込みで文献を収集します。さらに，あなたが拠り所としている理論やモデル，あなたの仮説に反する論文も収集します。

　「引用する可能性のある論文」とは，あなたの専門分野でなくとも，論文を書くために必要になる文献のことです。たとえば，実験で用いる装置や材料，実験の手続き，統計手法，研究デザインなどに関する論文のことです。研究で使用する研究デザインや統計方法の問題点などを事前に把握しておくことは重要です。研究実施後あるいは査読者に指摘されてから，その問題点に気づいたのでは遅すぎるからです。また，あなたが日本人を対象にした研究を行い，そこに何らかの文化的影響が考えられるなら，日本社会や日本文化の情報が必要になるかもしれません。「専門分野の論文」と「引用する可能性のある論文」も引用可能な国際誌から収集します。

　「知識を深める論文」とは，科学全般や広域の専門分野の動向を把握するための文献です。たとえば，Nature 誌や Science 誌を読んだりします（Nature 誌でいうならば Editorial や News を読みます）。また，近隣分野の文献や，興味深い研究の文献も収集します。

■1 文献収集：雑誌リストを作る

　よく知られている文献収集の方法は PubMed（パブメド）などのデータベースを用いて関連論文を探す方法です。この方法を用いれば，キーワードを入力することでそのキーワードを含む論文を抽出できます。たとえば，"explosion" "hikiNEET" "jailbait" などのキーワードを入力すると，それらのキーワードを含んでいる論文が収集できます。しかし，私はこの方法をほとんど用いません。この方法ではキーワードに引っかかる「専門分野の論文」しか抽出できないからです。キーワードに引っかからない「専門分野の論文」や，「引用する可能性のある論文」と「知識を深める論文」は抽出できません。

　そこで，私はおもに以下のふたつの方法を用いて文献を収集しています。ひとつは読んだ論文の引用文献から収集する方法です。この方法は一般的な方法なので，説明は割愛します。もうひとつの方法は自分の研究と関連しているあらゆる雑誌から論文を抽出する方法です。少し具体的に言えば，私の研究と関

コラム 16　国内誌との決別

　国際誌への投稿を決意したら，日本語で書かれた雑誌や専門書と決別しましょう。私が言わなくとも，自然とそうなります。私は国際誌に論文を投稿し始めてから国内誌には関心がなくなり，学会の仕事で強制的に読まされる場合を除いて，国内誌の論文を読むことはなくなりました。日本語で書かれた専門書も同様です。私と同様に，多くの研究者も国内誌を読んだりはしていないと思います。

　主たる理由は，和文の論文が引用できないからです（「引用文献（references）」（82 頁）参照）。この理由のほかに以下の 3 つの点で，あなたに悪影響を与える可能性があります。第一に，国内の研究動向を見て，それが国際的な研究動向と勘違いします。第二に，国内誌は国際誌と比較にならないほど掲載されやすいため，国内誌に投稿したくなります。また，国内誌に論文を掲載する行為は「国内誌に論文を書いているから，研究はやっている」という言い訳をあなたに与え，国際誌への投稿から逃げることにつながります。第三に，英語で論文を書く際に，日本語の専門用語が邪魔になります。たとえば，ある学術用語を日本語で覚えてしまうと，その学術用語を論文で説明するときに，日本語を介して英語で記載することになります。それは無駄な労力です。一方，英語のみで理解した場合，素直にその学術用語の説明を英文で記述することができます。日本語での学習が英語で文章を書くときの邪魔になるのです。この感覚は，日本語で専門分野の勉強をすることをやめれば，実感できます。

　さらに言えば，英語で書かれていたとしても，本当に必要な専門書以外は読まないようにすることを勧めます。正確に言えば，専門書を読むのではなく，その専門書の基になっている論文を読むべきです。書籍を読みあさることで，物知り博士になった気になっている人と同じように，専門書を読みあさることで研究者になった気になってしまう人がいます。しかし，研究者ならば，専門書から知識を得るのではなく，論文から知識を得るべきです。

係のあるすべての雑誌に目を通し，私にとって必要とする論文を抽出する方法です。この方法を用いるためには，まず関連する雑誌のリストを作成します。このリストには，雑誌名のほかに，IF，雑誌の語数制限，出版社，チェックした最終巻と号，チェックした日，投稿の注意事項や雑誌の特徴などを記載します。チェックとは，論文のタイトルを見てその論文を読むかどうか（ダウンロードするかどうか）を決める作業です。この作業によって，雑誌のリストにある雑誌に掲載されているすべての論文のタイトルに目を通すことができます。雑誌のリストが完璧ならば，重要な論文を見逃すことはありません。データベースを用いた検索でキーワードに引っかからなかった重要な論文も見つけ出すことができます。雑誌のリストを作成する利点は他にもあります。それはこのリストを用いて投稿先を探すことができることです。この利点については執筆篇の「投稿先の選び方」（118頁）を参考にしてください。

　私の雑誌のリストは「コアリスト」「投稿のみリスト」「除外リスト」から構成されています。「コアリスト」は文献収集のために利用するリストです。つまり，このリストを用いて定期的に論文のチェックをします。私の「コアリスト」には現在304種の雑誌が収録されています。さらに，「コアリスト」は研究分野と重要度によっていくつかのグループに分類しています。そして，グループによってチェックをする頻度を変えています。私の雑誌リストでは「総合」「精神医学・行動医学」「疾患・生理・看護・疫学」「対人・家族・進化・性」「心理総合」のページが「コアリスト」です。「投稿のみリスト」は論文のチェ

図5　私の雑誌のリストの一部

	A	B	C	D	E	F	G	H	
1	Year	IF	文献リスト	年	号	巻	チェック年	月日	備考
2	2019	16.21	Lancet Psychiatry	2020	7	12	2020	11月28日	
3	2019	6.484	Journal of Abnormal Psychology	2020	129	8	2020	12月4日	
4	2019	6.029	Pain	2020	161	12	2020	12月4日	
5	2019	8.33	Neuroscience and Biobehavioral Reviews	2020	119		2020	12月18日	
6	2019	3.492	European Journal of Pain	2021	25	1	2020	12月24日	
7	2019	4.868	Cephalalgia	2020	40	14	2020	12月24日	
8	2019	7.85	British Journal of Psychiatry	2020	217	6	2020	12月24日	

除外リスト　投稿のみリスト　心理総合　対人・家族・進化・性　疾患・生理・看護・疫学　精神医学・行動医学　総合

ックはしないが，投稿の可能性がある雑誌リストです。現在56種の雑誌が収録されています。「コアリスト」に収録されている雑誌もまた，投稿の可能性がある雑誌リストでもあります。「除外リスト」は「コアリスト」から外され，投稿の可能性もない雑誌リストです。現在296種の雑誌が収録されています。雑誌のリストは固定ではなく，「投稿のみリスト」から「コアリスト」へというように，研究の関心の変化によって入れ替えています。

　研究者の卵の場合，最低でも200種の雑誌を含んだリストを作成してほしいと思います。200種の雑誌を集めることは難しいかもしれませんが，遅くとも博士課程を退学・修了するころには，200種くらいの雑誌のリストができるはずです。どのようなマニアックな研究分野であっても，200種くらいの関連雑誌はあります。その程度の雑誌を見つけることができないならば，論文を投稿する以前の問題です。あなたの専門分野の勉強がまだまだ足りていません。

　論文執筆のためには，書こうとしている研究テーマに関して，誰よりも知っているという自負が必要です。そのような知識は研究を計画する以前の段階で獲得しているものです。私は年間1,000篇程度の論文を読みます。多くの論文を読めばよいわけではありませんが，毎年出版される膨大な論文の数を考えると，自分の研究テーマについて誰よりも理解していることを自負するためには，このくらいの論文は読み続けてほしいものです。投稿論文の中核となる専門書や論文を読み，そこで引用されている論文にしか目を通さない者がいます。その程度の知識では論文を掲載することはできません。

② 文献管理：階層的に管理する

　読んだ論文はデータベース化します。EndNote を利用する方法が一般的です。しかし，私は Microsoft Access を用いています。Access にはタイトル，著者（第一著者から第六著者までと最終著者），雑誌名（省略系でない正確な名称），巻号，ノンブル（ページ数あるいは論文番号），DOI を記入しています（これだけの情報を記載していれば，ほぼすべての投稿規程に対応できます）。論文をデータベース化する際に注意することは，論文の要約やメモなどを付けないことです。要約やメモを付けることによって，文献を管理するために時間がかかり，やがて文献管理を放棄してしまうからです。

執筆篇

コラム 17　論文は無料で入手できる：Sci-Hub

　このコラムを読む前に，オープンアクセス（OA）に関して説明した執筆篇の「オープンアクセス誌と購読誌」（124 頁）を読んでください。
　購読誌の論文は，所属機関がその雑誌（出版社）と契約していない限り，閲覧できません。購読誌を閲覧するために，所属機関は高額な購読料金を出版社に支払っています。研究者が無償で提供している研究成果を閲覧するために，なにゆえ高額な購読料を支払う必要があるのでしょうか。すべての人には，科学研究の成果を享受する権利があるはずです。また，十分研究資金のない研究機関は高額な購読誌を出版社に支払うことができないため，研究者間で格差が生じています。このような考えから，現在では無料であらゆる論文を閲覧できる流れにあります。ここでは，そうした研究哲学に基づき論文を無料で入手する方法を紹介します。それゆえ，哲学のない論文公開に関しては説明しません。
　Sci-Hub を利用すると，論文のタイトルや DOI を入力するだけで，ほとんどの論文が無料でダウンロードできます。しかも，Sci-Hub を利用するために個人の情報を登録する必要はありません。Sci-Hub は，カザフスタンの神経科学者 Elbakyan 博士によって，2011 年に運営を開始しました。Sci-Hub は多くの研究者から歓迎されており，多くの支援も受けています。その一方，出版社からは批判されています。たとえば，Elsevier 社は Sci-Hub を提訴しており，Sci-Hub #の URL は時折移転しています（最新の URL は本書の用語説明のあとに紹介している URL 情報に記載しています）。Elsevier 社などの出版社からの提訴に対抗して，2021 年 1 月現在，Sci-Hub は既存のルートサーバーではなく，Handshake Node ルートサーバー下にあるドメインに移行しています。

　Access に入力した論文は PDF 化して保存します。Access によって自動的に割り振られた番号（論文番号）を PDF ファイルの名称にします。たとえば，私は，原著（article）の場合は A02569，展望（review）の場合は R05968，書籍（book）の場合は B00869 のように名称をつけています。数値の前のアルファベットが論文の種別，数値が論文番号です。

　次に，論文の内容に応じて，PDF ファイルをフォルダーに保存します。同じ PDF ファイルを複数のフォルダーに保存することもあります。フォルダーはツリー構造化させます。どのようにツリー構造化するかは，研究者の工夫しだいです。私のツリー構造を示しておきます。あなたにとってわかりやすい階層構造を作りましょう。たとえフォルダーの名称に誤字やスペルミスがあっても気にしません。あなたのためだけのファイル整理なのですから。

　ツリー構造化することで，必要とする論文を容易に抽出できます。論文を書くときには，必要とするフォルダー内のすべての論文を印刷します。特定の論文を探す場合には，Access を利用し，タイトル，ページ番号，DOI などから論文番号を調べます。そして，PC の検索機能を使って論文番号から PDF 化した論文を見つけます。現在，私の文献データベースには 22,085 論文が収録されており，PC 内の文献のフォルダー数は 9,561 個，保存されているファイル数は

図6　私の PDF フォルダーの一部

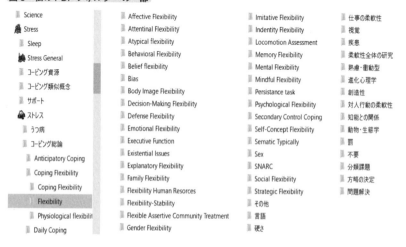

コラム 18　論文は無料で入手できる：Unpaywall と Kopernio

　Unpaywall^{アンペイツォール}[#] は非営利団体 Impactstory が提供しているデータベースで，合法的に論文をダウンロードできます。論文を手に入れるためには，Unpaywall のトップページにある "GET THE EXTENSION" からソフトをインストールしなければなりません。ソフトのダウンロードとその使用は無料です。ソフトをインストールすると，ダウンロード可能な論文には，下記のような緑色の鍵印が表示されます。そのバナーを押すと，論文がダウンロードできます。
　Kopernio^{コペルニオ}[#] は Clarivate Analytics^{クラリベイト・アナリティクス} 社が提供しているデータベースです。Unpaywall と同様に，ソフトのインストールは無料で，合法的に論文がダウンロードできます。Kopernio からソフトをインストールし紫色のバナーを押せば，論文をダウンロードできます。Unpaywall と Kopernio ともに，すべての論文がダウンロードできるわけではありません。

緑色の鍵印

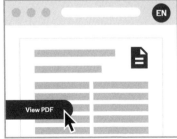

紫色のバナー

執筆篇

コラム 19　論文は無料で入手できる：ResearchGate と PubMed

ResearchGate

　ResearchGate は研究者間の情報交換などを目的とした SNS です。ResearchGate のそれぞれの研究者のページには，研究業績などの情報が公開されています。そのページからオープンアクセス（OA）誌およびグリーン OA の論文が無料でダウンロードできます。グリーン OA とは著者の判断によって無料でダウンロードできるように設定されている論文のことです。ResearchGate は最大級のグリーン OA を所蔵しています。また，ResearchGate を利用して著者に論文を請求すれば，論文を送ってくれる場合があります。ResearchGate については研究篇の「ResearchGate」（233 頁）も参照してください。

PubMed

　NIH *（米国国立衛生研究所）などから助成金を受けた論文は，発表した雑誌にかかわらず，無料で公表することが義務づけられています。NLM *（米国国立医学図書館）が運営する PubMed のデータベースを使えば，NIH から助成金を受けた論文が無料で閲覧できます。無料で閲覧できる論文には以下のようなバナーが出現します。

Internet Archive

　Internet Archive Scholar は，web 上で公開された論文を永久に保存するためのものです。論文の OA 化が進む一方，web 上から閲覧できなくなる論文が増加しています。Internet Archive Scholar を用いれば，そのような論文を無料で閲覧できます。Internet Archive Scholar は非営利団体の Internet Archive によって提供されており，その目的は動画や音楽などの永続的な保存であり，そのなかに論文が含まれています。

33,820 個（41.7GB）です。同じようなことが Mendeley という文献管理ソフトでもできるようです。

第 3 部 投稿の仕方

　ここでは投稿前に必要な準備について，おもに「英文校閲」「投稿のための準備」「投稿先の選び方」について説明します。ここで説明する投稿前の準備のうち，「英文校閲」と「投稿先の選び方」について適切に説明をしたものを見かけないため，参考になると思います。

1　研究者識別コードの獲得

　投稿する前に，研究者を特定する ID（研究者識別コード）を獲得します。この ID の獲得には名寄せ機能があります。名寄せとは論文の情報を収録した複数のデータベースから著者名と論文とを結びつける作業です。たとえば，Tsukasa Kato という研究者は世界中に何名もいるため，Tsukasa Kato が書いた○○という論文は，どの Tsukasa Kato が書いた論文かわかりません。特定の Tsukasa Kato が書いた論文を集める作業が名寄せです。名寄せによって，個人の業績のほか，国・大学の研究成果がわかるようになります。かつて，名寄せは大変な作業であったため，それぞれの大学図書館が主体になって行っていました。しかし，15 年ほど前から名寄せを目的としたシステムが開発され，名寄せが容易にできるようになりました。その結果，名寄せ作業は大学図書館ではなく，研究者個人が行うようになりました。

　現在では，研究者が自発的に ID を獲得し，投稿時にその ID を記載することで，掲載後に自動的に名寄せができるシステムが構築されています。ID にはいくつかの種類がありますが，ORCiD [#] に統一されつつあります。このシステムを用いれば，無料で ID を獲得し，自分の論文を容易に登録・管理できます（日本語にも対応しています）。論文の情報を入力する必要はなく，ORCiD があなたの論文を探し出し，あなたはその論文が自分のものであるかどうかを判

断するだけです。ORCiD は代表的なデータベースである Publons^{パブロンズ}*
(ResearcherID を含む) や Scopus^{スコーパス}*とのリンクもできています。つまり，ORCiD
のデータを Publons や Scopus に移動したり，Publons や Scopus のデータを
ORCiD に移動させたりできます。これらのデータベースに登録されている情
報は，欧米では人事や研究費の申請にも利用されています。つまり，履歴書
(CV) は必要なく，自身の ID を申請機関に送ればいいだけです。また，これら
の ID に登録することで，自分の論文が引用された場合に自動的にメールで連
絡がきます。2020 年 11 月には，ORCiD の登録数は 1,000 万件を超えました。

　わが国には ORCiD に類似した機能をもつ researchmap がありますが，運営開
始時期が遅く，開始し始めたころにはすでに多くの研究者が ORCiD などに登
録していました。また，researchmap の機能は先に紹介したデータベースより
明らかに劣っているばかりか，国内でしか使用されていないため，研究者にと
って researchmap に登録するメリットはありません。しかし，所属機関から
researchmap への登録を強制させられたり，科学研究費の申請時などに推奨さ
れたりするため，researchmap は研究者にとって迷惑な存在です。

2　英文校閲

　どんなに英語に自信があったとしても，投稿する前に英文校閲を受けること
を勧めます。英文校閲は投稿論文と同じ分野のネイティブの研究者に行っても
らう必要があります。できれば，あなたの知り合いの研究者か，優れた研究者
から紹介された研究者がよいでしょう。しかし，現実的には英文校閲会社を利
用することになります。それゆえ，英文校閲会社について説明します。

■1 校閲者の役割と条件

　校閲者はスペルミスや文法上の誤りだけを指摘するわけではありません。テ
クニカル・ライティングに基づいて論文が書かれているかどうかも確認しま
す。また，それぞれの専門分野に合った書き方かどうか確認します。さらに優
れた校閲者はあなたが書いた文章の事実確認もします。また，日本人には気づ
きにくい差別や偏見のある表現も指摘します（査読篇の「差別や偏見のある表

図7　ORCiD，Publons，Scopus

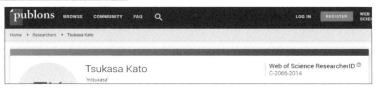

現」（179頁）を参照してください）。

　それゆえ，校閲者は「英語を母国語とする者であれば誰でもよい」というわけにはいきません。少なくとも，校閲者はテクニカル・ライティングに長けており，あなたの研究分野で論文を掲載している研究者でなければなりません。くわえて，学位を取得していること，査読の経験があること，校閲の経験があることなどを条件にあげることができます。最近では BELS* の認定を受けていることを基準のひとつに加える傾向があります。言い換えれば，英文校閲者はネイティブの大学院生ではなく，研究者の卵や初学者よりも優れた研究者であるということです。

② 英文校閲会社の選び方

　英文校閲会社の質はピンキリです。もし可能ならば，最初に校閲を依頼するとき，複数の校閲会社に校閲を頼んでみましょう。そのなかから，今後付き合っていく校閲会社を決めるとよいと思います。英語が得意でなくとも，戻ってきた校閲の良悪はなんとなくわかります。私の場合，最初の校閲は4つの校閲会社に依頼しました。

　英文校閲会社を選ぶいくつかのポイントを紹介します。第一に，校閲会社は料金で選んではいけません。低価格の料金を売りにしている校閲会社もありま

す。しかし，一般的に，料金と校閲の良悪とは無関係です。法外な料金設定で
ない限り，校閲会社を選ぶ基準に料金を加えてはいけません。どの校閲会社も
料金は同じだという認識で，会社を選ぶとよいと思います。

　第二に，学術論文を校閲の専門としていることは当然ですが，あなたの研究
分野を得意としている校閲会社を選びます。たとえば，社会科学系と自然科学
系では，校閲の仕方がまるで違います。校閲者が重視していることが違うから
です。たとえば，社会科学系より自然科学系の校閲者のほうがより簡潔な記述
を重視します。この第二のポイントは校閲会社を選ぶ絶対条件です。

　第三に，校閲会社に所属している校閲者が上記で記載した「校閲者の役割と
条件」を満たしているかどうかです。誠実な校閲会社なら，所属している校閲
者を HP で紹介しています。校閲者の情報を公開していない校閲会社は信用が
低いと考えてよいでしょう。最近では校閲会社間の競争が激しくなり，「校閲
者の役割と条件」を満たした校閲者を雇うことが当たり前になっています。大
学院生などと契約している校閲会社には依頼しないほうがよいと思います。

　第四に，校閲に対する依頼者の不満に対応しているかどうかです。何度も校
閲を依頼していると，満足できない校閲が返ってくることがあります。そのよ
うな校閲の問題に対して校閲会社が十分に対応をしているかどうかは重要な情
報です。このような情報は実際に校閲のやりとりを重ねなければ得ることがで
きませんが，ネットなどの評判から間接的に知ることができます。また，英文
校閲会社を選ぶ最初の校閲依頼の際に，校閲内容についての質問を校閲会社
（校閲者ではない）にしてみましょう。たとえば，「校閲者の校閲内容に納得で
きないので，校閲者を変えてほしい」などの質問です。信頼できる校閲会社な
らば，あなたの要望を無料でかなえるためにできる限りのことをするはずです。

　第五に，校閲のサービス内容です。校閲のサービス内容は多様です。私は一
定料金を支払えば同一論文に対して何度でも校閲してくれるサービスを利用し
ています。査読者のコメントに従い論文を修正するたびに，校閲料を支払わな
くてすむからです。

　最後に，選んだ校閲会社には継続して依頼し続けることが望ましいと思いま
す。使い続けている間に，その会社の校閲の問題点などが理解でき，使いやす
くなります。しかし，何年かに一度，校閲会社の見直しをすることを推奨しま

す。英文校閲会社の校閲の質は変化します。より質の高い校閲会社を選択することが必要です。そして，同じ校閲会社に依頼し続けるのは，本書のターゲット雑誌に投稿する場合のみです。本書のターゲットを超える雑誌に投稿する場合には，トップレベルの雑誌の校閲を専門としている会社に依頼すべきです。

　校閲会社選びの参考にならない情報もあります。たとえば，校閲会社の実績として，過去に校閲した論文の掲載雑誌を紹介している場合があります。掲載されるかどうかは，校閲会社の能力ではなく校閲を依頼した研究者の能力に依存しているため，この情報は役に立ちません。また，投稿雑誌や出版社が特定の校閲会社を紹介している場合があります。この情報もほとんど役に立ちません。雑誌や出版社がその会社を紹介しているだけであって，その会社の校閲能力を保証しているわけではないからです。

③ 英文校閲会社の利用の仕方

　校閲者とのやりとりで注意すべきポイントがあります。もっとも重要なポイントは，校閲者があなたの論文の文意を理解できるかどうかです。校閲者があなたの文章を理解できなければ，あなたの文章を修正できません。それどころか，校閲者があなたの文意を誤解して文章を修正するかもしれません。私は「文意が理解されるか不安」「文意が正確に伝えられない」などと判断した場合には，校閲者が正確に私の論文の文意を理解できることを優先した文章を書くようにしています。たとえば，英文として明らかにおかしくとも，短い文章を箇条書きのように書いたり，冗長な説明を加えたりしています。校閲者が文意さえ理解できれば，私が書いたおかしい文章を直してくれます。

　上記のポイントと関連して，英文校閲に提出する論文では，原則指示語を使用しないようにしたほうがよいと思います。指示語が指す言葉や文章を校閲者が理解できない，あるいは誤って理解してしまうことがあるからです。論文では不明確な文章を嫌うため，校閲者は指示語が指す対象を明確にしようとあなたの文章を修正します。しかし，指示語が指している言葉や文章を校閲者が誤解すると，校閲者は誤った修正をしてしまいます。しかし，指示語を使用しなければ校閲者がそのような誤解をすることはありません。指示語を使ったほうがすっきりした文章になる場合もあります。そのような場合には，校閲者が指

示語を使った文章に直してくれます。

４ 英文校閲後の作業

　校閲を受けた論文が返ってきたあと，あなたがすべき作業を順番に説明します。(1) 校閲者のすべての作業が PC 画面上に反映されているかどうかを確認します。校閲者は Word の校閲機能を使用して校閲をするため，その作業過程や校閲者のコメントが画面上に反映されているかどうかを確認します。(2) 校閲された文章をカラーで印刷します。校閲された文章を白黒で印刷すると，校閲者が行った修正箇所を見落としてしまうかもしれないからです。とくにカンマやコロンなどの消去や付け足しは見落とさないように注意します。(3) 校閲者のコメントを読みながら，あなたのオリジナル論文を修正します。校閲者が校閲した原稿に手を加えてはいけません。校閲者のコメントが理解できない場合は，その部分の修正をとりあえず保留にします。オリジナル論文の修正を最後まで行うためです。(4) 最後に，保留にした箇所を修正します。

　オリジナル論文の修正は，校閲者が校閲したとおりに修正すればよいわけではありません。言い換えれば，校閲を受けた論文をそのまま投稿するようなことをしてはいけません。校閲者があなたの論文の文意を誤解し，あなたが意図していない文章に修正している可能性があるからです。そのため，校閲者の校閲意図を理解しながら修正をします。校閲者からのコメントがある場合は必ず読みます。あなたが想像している以上に，論文を修正するには時間がかかります。

　また，校閲者にはそれぞれの癖のようなものがあり，矛盾した校閲をすることがあります。たとえば，あなたが書いた文章を校閲者 A が校閲したとします。そして，校閲者 A が校閲した文章を校閲者 B に見せると，校閲者 B はあなたが書いた元の文章に戻すかもしれません。文章なので正解はないのでしょうが，このような修正はあなたを悩ませるかもしれません。

　同じように依頼者を悩ませる校閲者の校閲があります。たとえば，"The greatest glory in living lies not in never falling, but in rising every time we fall." という文章に対して，"The greatest glory in living lies not in never falling, but in **, but in** rising every time we fall." という校閲です。校閲者は", but in" を削除し，", but in"を加筆しています。つまり，校閲者は何も修正しておらず，あなたは論文に修正を加える必要はありません。「それではなぜ校閲者はそのような作業を行ったのか」とあなたは疑問に思うかもしれません。校閲者は", but in"を別の言葉に置き換えよう消去したものの，よりよい言葉を見つけることができず，修正しなかったかもしれません。このように修正する必要のない校閲は比較的よくみられます。

3　投稿規程と提出ファイル

　投稿する前に，投稿規程と投稿に必要なファイルを確認しましょう。投稿規程を事前に確認していても，投稿規程に書かれていないファイルが必要になることがあります。投稿中にそのような状況に遭遇することがあります。そのようなときでも，下記の説明を読んでおけば，焦ることなく対処できます。

1　投稿規程

　出版社が同じなら投稿規程も同じだと考えているかもしれませんが，投稿規程は雑誌によって違います。雑誌の HP には"author guidelines""submission guidelines""instructions for authors"のような表題のページがあります。そこから投稿規程を閲覧できます。

　ほとんどの雑誌は論文に語数制限を設けています。語数制限を超えた論文は編集事務局から差し戻されます。語数制限に図表を含めるかどうか，引用文献を含めるかどうかは，雑誌によって異なります。

2　投稿システム

　投稿はオンライン投稿システムを利用します。投稿の手続きはそれぞれの投稿システムによって違います。投稿システムは複数あり，投稿する雑誌あるいは出版社によって違います。代表的な投稿システムに Scholar One, Editorial Manager, Elsevier Editorial System, EVISE などがあります。投稿システムは比較的頻繁に更新され，その都度手続きが変わります。ある特定の投稿システムに慣れることにはほとんど意味がありません。それゆえ，本書では特定の投稿

手続きの方法を紹介しません。しかし，投稿するまでの準備は投稿システムに依存していないため，投稿までの準備について説明します。

　まず，それぞれの雑誌（出版社）あるいは投稿システムに登録する必要があります。ORCiD の ID を用いて投稿できる投稿システムもあります。ID とパスワードは，複数の雑誌に登録することを前提にして決める必要があると思います。ID は一般的にメールアドレスにそろえておくと便利です。メールアドレスを強制的に ID にする雑誌があるからです。たとえば，論文が掲載され始めると，投稿した経験のない雑誌が査読を依頼するためにあなたのメールアドレスを用いて，ID を勝手に登録する場合があります。

❸ 投稿手続きと投稿時間

　登録が完了すると，投稿手続きに移ることができます。しかし，個人情報を入力して（通常はすでに入力されています），必要なファイルをアップすれば投稿完了ではありません。それ以外にいくつかの手続きがあります。このことについては以下の「投稿に必要なファイル」を参考にしてください。投稿が完了したらメールが届くため，そのメールを確認できたら投稿完了です。

　投稿時間は投稿手続きの内容に依存します。投稿に慣れている研究者ならば 5 分程度で投稿できるかもしれません。しかし，慣れていないと，投稿するだけで 30 分程度かかるかもしれません。私は 100 回程度投稿した経験がありますが，それでも投稿するために 30 分以上かかる場合もあります。投稿手続きでは，予想もしていなかったファイルの提出を求められたり，多くの確認事項があったり（読むのが大変です），思わぬ時間がかかることがあるからです。急いで投稿するとミスを犯してしまうかもしれません。細切れの時間では投稿できないと考えたほうがよいと思います。ただし，ほとんどの投稿システムでは，投稿を中断することが可能です（一時保存できます）。

❹ 投稿に必要なファイル

　多くの雑誌は PDF ファイルの投稿を受けつけていません。受付可能なファイルの形式を事前に調べておく必要があります（Word ファイルはほとんどの雑誌で受付可）。また，本文と図表をひとつのファイルに合成して提出しなけ

ればならない雑誌もあります。PDF とは異なり，Word のファイルを合成するためには小技が必要です。

　要求される可能性のあるファイルを以下に説明します。一般的に投稿に必要なファイルに☆印を付けました。英文例は複数の出版社の記載例を参考に作成しました。

4-1　カバーレター（cover letter）☆

　かつて，カバーレターには本文以外のあらゆる情報を記載していました。しかし現在では，本文以外の情報はそれぞれのファイルに分けて提出します。そのため，カバーレターが果たす役割はほとんどなくなり，カバーレターは編集委員長宛というよりむしろ，編集事務局宛として使われることが多くなっています。それゆえ，カバーレターには図 8 のような短い文章を記載すればそれで十分です。ただし，「重要な特記事項」（118 頁）の記述がある場合には，そのことをカバーレターにも記載すべきでしょう。

　多くの参考書には，「カバーレターで研究の背景や主要な発見とその重要性を簡潔に説明する」と助言しています。しかし，本書のターゲットである雑誌のカバーレターには，そのようなことを書く必要はないと思います。私はそのような記述をしたことも，求められたこともありません。ただし，一部の雑誌の投稿規程には，主要な発見とその重要性を記載するように指示している場合があります。

図 8　カバーレターの例

JAN 4, 2022
Aqua Arch. Priest, M.D., Ph.D.
Editors-in-Chief, Journal of KADOKAWA Science

　　　I am enclosing a submission to the Journal of KADOKAWA Science entitled, "Axis doctrine: Eris pads her chest." The manuscript is 20 pages, including abstract, text, references, and two tables.

Sincerely,

Tsukasa Kato, Ph.D.

注）雑誌名とタイトルは架空であり，適切な表記ではありまん。

　さらに言えば，数名の編集委員長と議論したときに，彼らはカバーレターを読まないと言っていました。彼らが言うには，カバーレターに不適切な情報が含まれていることがあるからだそうです。たとえば，「この論文は○○教授の推薦を受けている」などの文章です。

4-2　タイトルページ（title page）☆

　タイトルページに記載する事項は雑誌によって違います。一般的に，論文タイトル，欄外タイトル（running title），ORCiD，所属機関（affiliation），連絡先の住所，メールアドレス，本文の語数（total words），引用文献の数（total number of references），図表の数（number of tables and number of figures）などを記載します。その他に，謝辞，利益相反，倫理に関する記述，研究助成，データの利用，オーサーシップ，補足資料の有無，重要な特記事項などの情報も開示します。これらの情報は，投稿規程に記載されていなくとも，また別のファイルなどで提出する場合であっても，記述するほうがよいでしょう。

4-3　本文（manuscript）☆

　本文には著者名などの個人を特定する情報を書きません。最初のページにタイトル，アブストラクト，キーワードを書き，次のページから序論が始まると，査読者は読みやすいでしょう。

4-4　図（Figure）と表（Table）

　図表の書き方，とくに図の書き方は投稿規程で指示されていることが多く，投稿規程を確認する必要があります。

4-5　グラフィカル・アブストラクト（graphical abstract or visual abstract）

　グラフィカル・アブストラクトは研究成果を図として表したものです。グラフィカル・アブストラクトの提出はほとんどの雑誌で任意です。しかし，編集委員長や査読者からすると，論文の内容を視覚的に理解できるため，論文を読む負担が減ります。そのため，効果的なグラフィカル・アブストラクトはあなたの論文にとってメリットになるでしょう。図9に，BMJ誌のサンプル（一

図 9　グラフィカル・アブストラクトのサンプル（BMJ 誌）

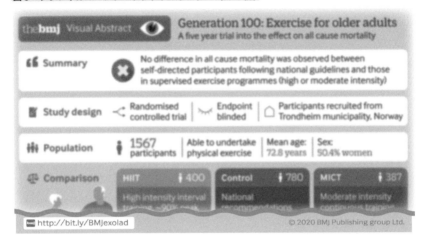

部）を紹介します。

4-6　謝辞（acknowledgements）

あなたが感謝しているかどうかではなく，著者以外で論文の作成に貢献した
人物や組織・団体などを記載します。

4-7　利益相反（conflict of interest）☆

利益相反に関する情報を開示します。利益相反とは，あなたの研究にバイア
スを加える可能性のあるあらゆる利害関係を意味します。過去数年間にさかの
ぼって何らかの利益相反がある場合，そのことを開示しなければいけません。
過去何年までさかのぼるかは雑誌の投稿規程によって違います。利益相反の具
体的な説明は倫理篇の「利益相反」（190 頁）を参考にしてください。

利益相反のためのファイルが要求されていない場合でも，タイトルページや
投稿システムに記載しなければならない場合があります。いずれにせよ必須の
情報です。

■ 利益相反がない場合の文例

・Tsukasa Kato declares that he has no conflict of interest.
・The authors declare no potential conflict of interest.

■ 利益相反の情報を開示する場合の文例

・Tsukasa Kato has received research grants from KADOKAWA Corporation.
・Kato am reporting that I have financial and business interests in receive funding from KADOKAWA Corporation that may be affected by the research reported in the enclosed paper. I have disclosed those interests, and I have in place an approved plan for managing any potential conflicts arising from that involvement.

4-8　倫理に関する記述 (ethical approval or compliance with ethical standards) ☆

倫理的配慮やインフォームド・コンセントについての情報を開示します。雑誌によってはマテメソで記載しなければならないこともあります。倫理に関する具体的な説明は倫理篇の「研究参加者の権利」(189 頁) を読んでください。

■ 倫理に関する記述の文例

・All procedures followed were in accordance with the ethical standards of the responsible committee on human experimentation and with the Helsinki Declaration of 1975, as revised in 2013. The study was approved by the institutional review board (IRB) of BAKURETSU University (Number: GBWW2016-28831). Written informed consent was obtained from all individual participants included in the study.

　IRB は厳格な基準を満たした審査委員会のことであり，IRB とわが国の人文社会科学系の倫理審査委員会とは同義ではありません。最近では，IRB の記述に厳しい目が向けられています。IRB の承認を得なければならないということではなく，IRB に関して「正確な報告をしなければならない」という意味です。あなたの所属機関の倫理審査委員会が国際的に認知されている IRB に該当するかどうか検討し，正確な報告をすることを勧めます。あなたの所属機関の倫理審査委員会が IRB に刻当しない場合，たとえば，「○○大学の IRB の承

認を得た」と記載するのではなく，「○○大学○○学部倫理審査委員会の承認を
得た」などと記述すべきです。IRB に関する詳しい説明は倫理篇の「IRB」(199
頁) を参考にしてください。

4-9　研究助成 (funding) ☆

科学研究費などの研究助成金を受けた場合にはそのことを公表します。

■ 研究助成を受けていない場合の文例

> ・No funding was received for conducting this study.
> ・The funders had no role in study design, data collection and analysis, decision to publish, or preparation of the manuscript.

■ 研究助成を受けた場合の文例

> ・This study was supported by Grant-in-Aid for Scientific Research (C) from the Japan Society for the Promotion of Science. Grant Numbers: 16K04384.

4-10　データの利用 (data availability statement) ☆

研究の透明性のために，他の研究者があなたの研究結果に関わるあらゆるデ
ータを得る方法を開示します。たとえば，「supplementary material からデータを
得ることができる」「特定の URL にアクセスすれば，すべてのデータをダウン
ロードできる」のように開示します。特定のリポジトリ (たとえば figshare[#])
を活用することで，投稿前にデータの DOI を得ることができます。その場合
にはその DOI を報告します。投稿雑誌にデータを公開することで，投稿後に
データの DOI を得ることができる雑誌もあります。

■ データをリポジトリから得ることができる場合の文例

> ・The data that support the findings of this study are openly available in figshare at URL, reference number KJU10225.

■ データを論文の補足資料から得ることができる場合の文例

> ・The authors confirm that the data supporting the findings of this study are
> available within supplementary materials.

■ 研究者の要望に応じてデータを送る場合の文例

> ・The data that support our findings of the present study are available from the
> corresponding author upon reasonable request.

4-11　オーサーシップ（authorship contribution statement）☆

著者が複数いる場合には，それぞれの著者の貢献について説明します。
"CRediT authorship contribution statement" と書かれている場合は，CRediT[クレジット]*に基
づく記述が求められていることを示しています。CRediT とは著者の貢献を 14
種に分類したものです。それぞれの著者がこの 14 種のどの作業に貢献したか
を記述します。倫理篇の「オーサーシップ」（193 頁）も参考にしてください。

■ オーサーシップの文例

> ・Tsukasa Kato: Conceptualization, Data curation, Formal analysis, Methodology,
> Investigation, Writing-original draft. Arch-Priest Aqua: Conceptualization, Data
> curation, Writing-review & editing. Dustiness Ford Lalatina: Methodology,
> Writing-review & editing. Arch-Wizard Megumin: Conceptualization, Writing-
> review & editing.
> ・Tsukasa Kato: All works, including conceptualization, funding acquisition, all
> writing, data curation, methodology, formal analysis.

4-12　ハイライト（highlight or practitioner points）

Elsevier[エルゼビア] 社などが発行する雑誌では，いくつかの短い文章を用いて研究の発
見の説明を求められることがあります。

4-13　研究の重要性（significance of the scholarship to the publish）

アブストラクトより短い文章で，投稿論文の発見とその意義について説明し

た文章を提示します。かつてカバーレターに書いていたような文章です。

4-14　補足資料（supplementary material）

補足資料とは web 上でのみ閲覧できる情報です。ほとんどすべての雑誌で利用できます。執筆篇の「補足資料と脚注」（83 頁）を参考にしてください。

4-15　査読推薦者（preferred reviewers or suggested reviewers）と非推薦者（non-preferred reviewers）

特定の研究分野では，投稿者が査読者を推薦しなければならないことがあります。自称研究者や初学者ではなく，研究者を推薦しなければなりません。編集委員長があなたの推薦を参考にするかどうかはわかりませんが，参考にするならば，編集委員長はその人物について調べるからです。被推薦者が自称研究者や初学者ならば，編集委員長はそのような人物を推薦したあなたの良識を疑うでしょう。

推薦リストには，推薦する研究者の名前，メールアドレス，所属機関，学位，推薦理由などを書きます。理由は短い説明で十分です（10 words から 20 words で十分です）。推薦しなければならない査読者数は雑誌によって違いますが，あらかじめ 5 名の推薦リストを用意していれば，ほぼすべての雑誌に対応できます。査読者の推薦が義務でなければ，何も書かなくてよいと思います。査読者として推薦したからといって，その研究者に査読が回るとは限りません。

「推薦された査読者はあなたの論文を採択しやすい」と考えているかもしれません。JAMA 誌や BMC Medicine 誌に掲載された研究（それぞれ 2006 年）では，推薦された査読者とそうではない査読者の採否の判断を比較しています。その結果，いずれの研究でも，両者の間に論文の採否に関する差はありませんでした。推薦した査読者があなたの論文に対して甘い審査をしてくれるわけではないようです。参考までに推薦理由の文例を書いておきます。

■ 推薦理由の文例

・Prof. Tsukasa Kato has been identified as an expert in the subject of jailbait.

推薦リストとは逆に，査読者になってほしくない研究者を記載する項目もあ

ります。この項目への記載は義務ではありません。対立する研究者や競合して
いる研究者などを記載します。私は投稿論文を読んでもらった研究者を非推薦
者として書いたことがありますが，それ以外の理由でこの項目を利用したこと
はありません。

4-16　重要な特記事項☆

倫理篇で説明する「不適切行為」（189 頁参照）や「疑わしい研究行為」（195
頁参照）に抵触する可能性がある場合や，査読に影響を与える可能性がある場
合には，その情報を率先して開示します。たとえば，サラミ（倫理篇の「二重
投稿とサラミ」（191 頁）参照）やプレプリント（コラム 22（129 頁）参照）な
どに関する情報です。また，サラミや一次資料を用いた研究である場合は，本
文中にもそのことについて説明しなければなりません。

4-17　著者紹介（biographies）

簡単な著者紹介を求める雑誌もあります。すべての著者の所属大学と職位，
研究分野について記載すればそれで十分です。

■ 文例

> ・Tsukasa Kato has been a Professor in Behavioral Medicine at Explosion University,
> since 2000. His main current interest is the application of magic to explosive skills.

4-18　そのほかのファイル

それぞれの雑誌が指定したファイルを HP からダウンロードし，必要な記述
をしサインをしたのち，提出しなければならないファイルもあります。

4　投稿先の選び方

❶　基本的な考え方

論文の価値はその論文の被引用回数によって決定します。そこで考えなけれ
ばならないことは，あなたの論文が「どのような研究者に読まれたいのか」「ど

のような論文に引用されたいのか（どのような雑誌に掲載されている論文に引用されたいのか）」です。私の研究のバックグランドは，図 10 の分類では"Social Sciences"の下位分野である"Psychology"に属します。しかし，私は"Health Sciences"の下位分野である"Medicine"のさらに下位分野である"Pain Medicine"や"Psychiatry"に分類される雑誌に投稿しています。もちろん，"Psychology"の分野で論文を投稿したほうが掲載される確率は高くなります。しかし，"Psychology"という狭い分野の研究者（雑誌）のみに引用されるのではなく，より科学的な手法を用いている研究分野の研究者（雑誌）に引用されることを私は望んでいます。私の論文をより多くの科学者に引用してほしいからです。同じ理由から，私は同じ雑誌に繰り返し投稿するのではなく，さまざまな雑誌に投稿するようにもしています（一度掲載された雑誌に投稿する方が採択の可能性は高いのですが）。結果として，私の論文は心理学だけでなく，神経科学，生理学，臨床医学，社会医学，行動医学，情報科学など幅広い分野の

図 10　研究分野の分類

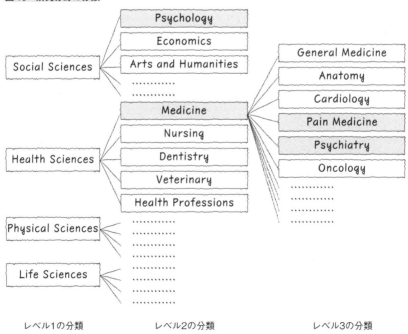

レベル1の分類　　　　　レベル2の分類　　　　　レベル3の分類

雑誌で引用されるようになりました。

　以下に投稿雑誌の選び方について説明しますが，いずれにせよ，不採択になることを考えて，複数の候補を含む投稿リストを作成することを勧めます。

2 実際の選び方

2-1　研究者はどう選ぶか

　Nature Publishing Group が実施したアンケート（2015年）では，投稿の際に重視している点について研究者に尋ねています。「とても重要」あるいは「重要」と回答した割合が90％を超えた項目として，自然科学系の研究者は「雑誌の名声」（97％），「自分自身の専門分野との関連性」（92％），「査読の質」（92％），「IF」（90％）をあげました。人文社会科学系の研究者は「自分自身の専門分野との関連性」（97％）と「雑誌の名声」（96％）をあげました。同じアンケートでは，「雑誌の名声が何によって決まるのか」という質問もしています。もっとも多い回答は IF でした。これらの結果をまとめると，研究者はおもに「IF」「自分自身の専門分野との関連性」「査読の質」によって投稿先を決めています。

　「IF」という回答には，できる限り IF の高い雑誌に論文を掲載したいという投稿者の望みがみられます。IF に基づく投稿方法には，より質の高い雑誌から投稿し徐々に雑誌の質を下げる方法があります。この方法は多くの研究者が選択している方略です。このような投稿者の行動を利用して，不採択になった論文を格下の雑誌で再審査するシステムをもつ出版社や雑誌もあります。このシステムはカスケード査読システムといいます。IF に関する詳しい説明はコラム 20（122頁）を参考にしてください。

　「自分自身の専門分野との関連性」という回答には，投稿者のふたつの心理が反映されています。ひとつは「自分の専門分野と同じ研究者に読んでほしい」という願いです。もうひとつは「別の専門分野の査読者よりも，自分と同じ専門分野の査読者のほうが採択されやすい」という思いです。

　「査読の質」という回答には，優れたコメントをもらうことで，投稿時より論文の質が上がることを期待する気持ちが表れています。また，「質の悪い査読者に当たりたくない」という願望を反映しているかもしれません。しかし，本

書のターゲットである雑誌の査読の質は，特別な編集方針をもった雑誌でない限り，査読の質は似たり寄ったりです。なぜなら，同じような査読者層が査読をしているからです。たとえば，私の場合，Nature 誌や Science 誌といった上位の雑誌の査読依頼は一度も受けたことがありませんが，本書のターゲット雑誌の査読は掲載経験のない雑誌であっても頻繁に依頼されます。

2-2　語数制限

　語数制限によって投稿先を決めなければならない場合もあります。たとえば，複数の研究をひとつにまとめた研究の場合，論文が長くなり投稿先が狭くなります。たとえば原著の場合，多くの雑誌の語数制限は 3,000 語から 4,000語程度で，5,000 語を超えると投稿できる雑誌の幅が狭くなります。語数制限を超えた論文は返却されます。ただし，本書のターゲットの多くの雑誌では，査読者とのやりとり（修正）によって語数制限を超えた場合は，その論文が事務的に返却されることはありません。

2-3　引用文献を参照する

　手軽で頻繁に用いられている投稿先の選び方は，あなたの論文で引用している雑誌から選ぶ方法でしょう。単純な方法ですが効果的です。

2-4　ジャーナル・ファインダ

　あなたの投稿先を選んでくれるサービス（ジャーナル・ファインダ）があります。このサービスでは，いくつかの質問に回答し論文のタイトルやアブストラクトを入力すれば，投稿先の候補となる雑誌名が提示されます。それぞれの出版社が提供しているジャーナル・ファインダを利用した場合は，通常その出版社の雑誌しか紹介されません。英文校閲会社が提供しているジャーナル・ファインダもあります。現在のところ推薦できるジャーナル・ファインダはありませんが，数年すれば有望なジャーナル・ファインダが登場するかもしれません。

2-5　雑誌リスト

　私は自作の雑誌リスト（執筆篇の「文献収集：雑誌リストを作る」（95 頁）

コラム 20　インパクト・ファクター

　インパクト・ファクター（IF）は雑誌の評価に関する指標で，被引用回数が多いほど高い値になります。具体的に言えば，ある雑誌の X 年の IF は，データベースに収録されたすべての雑誌の掲載論文が X 年の前年からさかのぼって過去 2 年間に引用した回数を，X 年の前年からさかのぼって過去 2 年間に掲載された論文数で除した値です。たとえば，2020 年の当該雑誌の IF は以下の方法によって算出されます。多く研究者が認めている IF は，Web of Science Core Collection *のデータを用いて算出した値です。毎年 6 月ころに更新されます。

$$2022 \text{ 年の IF} = \frac{2020 \text{ 年と } 2021 \text{ 年に発刊された当該雑誌の掲載論文が}}{2020 \text{ 年と } 2021 \text{ 年に発刊された当該雑誌の掲載論文}}$$

　IF の高い雑誌に掲載された論文は，より多くの研究者に読んでもらえます。そうなれば，研究の追試が行われ，研究がさらに進みます。さらに，IF は人事や研究費獲得などに強い影響があります。たとえば，Current Biology 誌に掲載された研究（2014 年）では，25,000 名を超える生命科学分野の研究者を対象に主任研究者になる要因を調査しています。その結果，研究者としての最初の 8 年間に発表した論文数が，主任研究者のポストを獲得できたかどうかを決定していました。とくに高 IF の雑誌に掲載されることと第一著者であることが，主任研究者のポストを得るために重要な決定要因でした。主任研究者のポストを獲得できた研究者のうち IF の高い雑誌に掲載されなかった研究者は，高 IF の雑誌に掲載された研究者の 2 倍の論文を第一著者として発表していました。

　別の調査では，研究評価と IF との関係についてアンケートを取っています（2010 年 Nature 誌）。その結果，研究者のおよそ 65％が採用や昇進などに関する人事に研究業績（IF，論文数，被引用回数など）を利用することに不満を抱いていました（およそ 25％の研究者が満足していまし

た）。この結果は研究者が研究業績以外の評価を重視していることを意味しているのではありません。より詳しくアンケート結果を見ると，多くの研究者の不満は研究業績に対する評価の不透明さや一貫性のなさに対するものであり，研究業績を人事に利用することではなかったからです。

　IF を重視する姿勢に対する批判は多くみられます。IF を重視することには確かに問題があります。その主張の説明は割愛しますが，「研究計量に関するライディン声明」（2015 年）の 10 原則や「研究評価に関するサンフランシスコ宣言」#（2012 年）の 3 つの勧告が参考になります。しかし，IF に対する批判はある水準以上の研究者の発言だから納得できることであって，私を含め本書のターゲット雑誌に投稿している研究者，ましてや自称研究者が批判できることではありません。そのような者の発言は，高 IF の雑誌に掲載されないことに対する言い訳にしか映りません。たとえば，私がノーベル生理学・医学賞受賞者である Schekman 博士を真似て，「IF を重視し科学的目的を失った Nature 誌，Science 誌，Cell 誌には今後投稿しない」と宣言しても，誰も相手にしてくれません。

　IF 以外の雑誌の評価として，SCimago 社から無料で提供されている SCImago Journal Rank # があります。この指標は雑誌に重みづけをし，重要な雑誌に引用されるほど値が高くなるよう工夫されています。SCImago Journal Rank は，Scopus * を用いて過去 3 年間の総引用回数を基に計算された値です。

　研究者個人の業績を測る指標には h 指標があります。h 指標は，被引用回数が h 回以上の論文が，h 篇以上あることを示しています。たとえば h = 10 ならば，被引用回数が 10 回を超える論文が 10 篇あること意味しています。基になるデータベースによってその値は違います。一般的に Scopus あるいは Web of Science Core Collection を使用した h 指標を利用します。

　h 指標以外に，ソーシャルメディアやオンライン上で話題に上がっている程度を指標化したオルトメトリクス（altmetrics）があります。詳しく言えば，その値は Facebook や Twitter などのコメント回数，論文の閲覧・ダウンロード回数などに基づいて算出します。オルトメトリクスは複数あり，Altmetric.com や ImpactStory などが有名です。オルトメトリクスには，科学的に価値のない論文であっても，話題になりさえすれば，高い値になるという問題があります。

参照）を用いて，投稿先の雑誌を探しています。あなたが私と同様の文献管理
をすれば，投稿先を探すためにあなたの雑誌リストを利用することができます。

3　オープンアクセス誌と購読誌

　投稿先を決める参考になるかもしれないので，学術雑誌について説明しま
す。学術雑誌は購読誌とオープンアクセス（OA）誌に分けることができます。
購読誌，OA誌のいずれもメリットとデメリットがあります。

3-1　購読誌

　購読誌は，読者あるいは所属機関が購読料を支払うことで，論文を読むこと
ができる雑誌です。購読誌を出版しているもっとも有名な出版社がElsevier社
とSpringer Nature社です。Wiley，Taylor & Francis Group，SAGE Publishing，
Wolters Kluwer，Cambridge University Press，Oxford University Press，Emerald
Publishing，IEEE（米国電気電子学会），Karger Publishers，American Psychological
Association Publishing（米国心理学会）も有名です。

3-2　オープンアクセスとは

　OAとは読者が無料で読む（ダウンロードする）ことのできるシステムのこ
とです。OAにはゴールドOAとグリーンOAがあります。ゴールドOAと
は，著者が掲載手数料（APC）を支払うことで，読者が無料で論文を読むこと
のできるシステムです。より具体的に言えば，ゴールドOAでは，著者が掲載
手数料を支払えばその論文は無料で公開されますが，掲載手数料を支払わなけ
れば，その論文を読むために読者が講読料を支払うことになります（この場合
はゴールドOAとは呼びません。通常の購読論文です）。この2つの選択肢の
ある講読誌のシステム（ゴールドOAにするかどうか選択できるシステム）を
ハイブリッドOAといいます。最近の流れでは，著者の所属機関あるいは研究
助成機関が出版社に掲載手数料を支払い，論文をゴールドOAにする傾向が強
まっています。

　グリーンOAとは，著者の意思によってwebサイトなどに論文を掲載し，誰
でも無料で論文を読めるようにするシステムです。このシステムでは，著者も

読者も出版社に掲載手数料を支払いません。グリーン OA の方法にはセルフア
ーカイブ，機関リポジトリ，セントラルリポジトリ，プレプリントなどがあり
ます。セルフアーカイブとは著者の web サイトで論文を公開する方法です。
機関リポジトリとは著者の所属機関などのアーカイブで論文を公開する方法で
す。セントラルリポジトリは公的機関が運営するリポジトリで論文を公開する
方法です。たとえば，NLM*（米国国立医学図書館）では，NIH*（米国国立衛
生研究所）から助成金を受けたすべての研究は，MEDLINE や PubMed で公開
することが義務づけられています。最近の流れでは，公的助成金を受けた論文
は誰でも無料で読むことができるように公開しなければならない傾向が強まっ
ています。セントラルリポジトリはその代表的な例です。コラム 19（102 頁）
の PubMed を参考にしてください。プレプリントとは投稿する前の論文を公開
することです。コラム 22（129 頁）で詳しく説明しています。

3-3　オープンアクセスの背景

　かつて，論文を手に入れるためには，読者あるいは研究機関が出版社に購読
料を支払っていました。出版コストは不明瞭で，研究機関が出版社に支払って
いた契約料は巨額でした。あるコンサルタント会社の試算では，研究機関が支
払っている契約料は年間 100 億ドル，論文 1 篇当たりの収入は 5,000 ドルにも
なります（出版コストは論文 1 篇当たり 3,500 から 4,000 ドル）。つまり，研究
者は自身の研究成果（論文）を出版社に無償で提供しているにもかかわらず，

図 11　購読誌の主要出版社のロゴ

コラム 21　主要なオープンアクセス誌と出版社

　代表的なオープンアクセス（OA）誌は，PLoS ONE 誌と Scientific Reports 誌です。2019 年のデータでは，両雑誌の発行論文数はほぼ同数で，両 OA 誌で全体の 80%程度を占めていました。以下に主要な OA 誌について簡単に説明します。掲載手数料は著者が在住している国によって違う雑誌もあり，日本在住の場合の金額に統一しています（2021 年 1 月時点）。

PLoS ONE 誌

　PLoS 社から出版されている OA 誌です。特定分野にこだわらず，科学全般の論文を掲載しています。この雑誌の特徴は，掲載の基準が厳格な方法を用いているかどうかであり，研究のインパクトではないことです。「研究の発見の重要性は査読によって決めるのではなく，論文が掲載されたのちに社会が決めること」という理念に基づいています。科学出版界に革命をもたらした雑誌として，高く評価されています。掲載手数料は 1,695 ドルです。

Scientific Reports 誌

　Nature Publishing Group から出版されている雑誌です。主に自然科学と臨床科学に関連する論文を掲載しています。PLoS ONE 誌と同様に，掲載の基準は研究方法の厳格さであり，発見の重要性ではありません。主観ですが，かつて PLoS ONE 誌に投稿していた研究者層が，Scientific Reports 誌に投稿するようになっているようです。掲載手数料は 1,870 ドルです。

IEEE Access 誌

　IEEE（米国電気電子学会）が出版している電気・情報工学分野の専門誌です。この学会は当該分野で最大の学会です。しかし，中国科学院のブラックリスト試作版 # に掲載されています（コラム 24（133 頁）参照）。掲載手数料は 1,750 ドルです。

Science Advances 誌

　Science 誌を刊行している AAAS（米国科学振興協会）が出版している雑誌です。医学，生命科学，物理学，環境科学，数学，工学，情報科学，社会科学に関連する論文を掲載しています。掲載手数料は 4,500 ドルです。

　上記以外に，BMJ（イギリス医師会雑誌）が発行する BMJ Open 誌，
SAGE 出版社が発行する社会科学系の雑誌である SAGE Open 誌，Royal
Society（英国国立協会）の Royal Society Open Science 誌などがありま
す。Springer Nature 社が発行していた SpringerPlus 誌は 2016 年に新た
な論文の募集を停止し，廃刊になりました。特徴的な OA 誌に F1000
Research 誌，eLife 誌，PeerJ 誌などがあります。F1000 Research 誌は生
物医学系の OA 誌で，投稿後すぐに出版し，出版後に審査を行います。

　主要な OA 出版社には以下のような会社があります。いずれの出版社
もインパクト・ファクターが附帯した雑誌を刊行しています。

BioMed Central

　世界初の OA 出版社で，OA 出版社の最大手です。BMC Biology 誌や
BMC Medicine 誌などの生物医学分野を中心に，60 種程度の OA 誌を抱
えています。雑誌の名称は BMC から始まっています。2008 年 Springer
Nature 社に買収されました。

Hindawi Limited

　Stem Cells International 誌や Journal of Oncology 誌などの生物学，生
命科学，臨床医学を中心に，幅広い分野の雑誌を抱えており，280 誌以上
の OA 誌を発行しています。2021 年に Wiley 社に買収されました。いく
つかの雑誌が中国科学院のブラックリスト試作版に掲載されています。

Frontiers Media S.A

　幅広い分野の雑誌を抱えており，Frontiers in Immunology 誌，
Frontiers in Oncology 誌，Frontiers in Cellular Neuroscience 誌など，100
を超える雑誌を発刊しています。雑誌名称は "Frontiers in" から始まって
います。2013 年に Nature Publishing Group に買収され，出版社の信頼
度が上がりました。しかし，ハゲタカ出版のブラックリスト（コラム 24
（133 頁）参照）である Scholarly Open Access[#]，Stop Predatory Journals[#]，
Dolos list[#] に収録されています（2020 年 11 月）。

MDPI（Multidisciplinary Digital Publishing Institute）

　International Journal of Molecular Sciences 誌，Marine Drugs 誌，
Nutrients 誌など，270 誌を超える幅広い分野の雑誌を出版しています。
ハゲタカ出版のブラックリストである Dolos list に収録されています
（2020 年 11 月）。いくつかの雑誌が中国科学院のブラックリスト試作版
に掲載されています。

執筆篇

出版社に高額の購読料を支払っていたことになります。そのため，研究資金が潤沢ではない国の研究者は論文すら十分に読むことができず，研究者間の格差を拡大させていました。このような歴史的背景から，「研究成果は誰のものなのか」という議論が強まり，研究者や研究機関は「研究成果は誰もが無料で入手できなければならない」という共通認識をもつようになりました。そこで生まれたシステムがOAです。購読誌では著作権が出版社にあるのに対し，多くのOA誌では著作権は著者にあります。それゆえ，OA誌では誰でも無料で論文が閲覧できるのです。

3-4　プランS

　助成金を受けた論文はすべて無料で公開される流れにあります。その流れを加速させている動きがプランSです。プランSとは完全OA化に向けた方針のことです（ハイブリッドOAは支援していません）。プランSの基本方針[#]は，公的機関から研究費を受けた研究者に対して，誰でも無料で閲覧できるように義務づけることです。また，論文の著作権は出版社ではなく著者にあり，掲載手数料は著者ではなく大学などの研究機関あるいは助成団体が負担します。プランSは欧州の11の国立研究助成機関とEUによって2018年に設置された国際コンソーシアムS（cOAlition S）で発表されました。ビル・ゲイツ財団など多くの慈善団体がプランSを支援しています。現在，欧米の主要国を中心に多くの国や研究機関などがプランSに加わっています。また，プランSの発表当初から反対していた出版社のNature Publishing Group社を含め，複数の出版社がプランSに参加する方針を打ち出し始めています。

3-5　オープンアクセスのメリット

　OAの最大のメリットは掲載された論文を多くの研究者に読んでもらえることです。Nature Publishing Groupが行ったNature Communications誌（およそ3,000篇）を対象にした調査（2014年）では，OA論文はそうでない論文の1.5倍以上引用されており，3倍閲覧されていました。また，ハイブリッド誌（およそ1,300）に掲載された論文（およそ60,000篇）を対象にしたSpringer Nature社（2021年）の調査では，ゴールドOAはそうではない論文より被引用回数が

コラム 22　プレプリント

　プレプリントとは掲載前の論文を公表することです。コーネル大学の図書館が 1991 年にプレプリント論文を公表するサーバーである arXiv[#]（アーカイブ）の運営を始めたことで，プレプリントは実用的になりました。arXiv に査読はなく，論文に対する簡単な信ぴょう性の検査に通れば，投稿から数日で公開され，DOI が附帯されます。投稿や掲載にかかる費用は不要です。読み手も無料で論文を閲覧できます。ただし，投稿するためには研究機関のメールアドレスが必要です。arXiv の掲載範疇は物理学を中心に，情報科学，統計学，電子工学，数学，経済学などです。さらに，生物学を対象とした bioRχiv[#]，化学の ChemRχiv[#]，臨床医学の medRχiv[#]，心理学の PsyArXiv[#]，人文社会学の SocArXiv[#]，スポーツ運動学の SportRχiv[#]，工学・技術・コンピュータ科学の TechRχiv[#] などのサーバーがあります。それぞれのサーバーの運営団体は同じではありません。たとえば，bioRχiv はコールド・スプリング・ハーバー・ラボラトリーが，PsyArXiv と SocArXiv は Center for Open Science が運営しています。

　プレプリントを利用する利点は，論文を早期に公開できることです。論文が査読を経て掲載されるためには，早くて 1 か月程度かかります。それが数日で公開されるため，研究成果を早期に公開したい研究者にとっては大きなメリットがあります。早期に公開する必要のある情報はプレプリントに向いています。

　しかし，プレプリントで論文を公開することには，注意が必要です。多くの研究者は，プレプリントののちに査読を経た論文として，雑誌に掲載されることを望んでいます。しかし，一度公開した論文の投稿を受けつけない雑誌があります。それゆえ，プレプリントに投稿する前に，投稿予定の雑誌がプレプリントを容認しているかどうかを確認する必要があります。しかし，PLoS ONE（プロスワン）誌に掲載された報告（2020 年）では，代表的な雑誌 171 誌のうち，およそ 39% の雑誌がプレプリントを容認しているかどうかの情報を公開していませんでした。現在のところ，物理学や数学などの分野では，プレプリントは容認されているようです。しかし，他の分野では注意が必要です。

執筆篇

多いと報告しています。しかし，Scientometrics 誌（2021 年）に発表された大規模な調査（3,670,000 篇の論文が対象）では，251 分野のうちわずか 6 分野でのみ，OA 論文がそうではない論文より被引用回数が多く，ほとんどの分野では両者に意味のある差はありませんでした。ただし，OA 論文はそうでない論文よりも閲覧回数が多いことはいずれの研究でも共通していました。

　一般的に，OA 誌の事務局の反応は購読誌より速いと思います。とくに採択後の反応は速く，できる限り素早く web 上で掲載できるように尽力してくれます。週末の休みもなく作業をしている出版社が多いように思います。

４ 間違いを犯さないための選び方

　国際誌の水準はピンからキリまであります。そのなかには投稿してはならない雑誌，できれば投稿しないほうがよい雑誌があります。投稿してはならない雑誌の代表がハゲタカ雑誌です。ハゲタカ雑誌についてはコラム 23（131 頁）とコラム 24（133 頁）で説明します。ここでは，研究者の卵や初学者のために，できれば投稿しないほうがよい雑誌を見分けるための投稿基準を提案します。

　第一に，おおむね過去 5 年間の IF が 2.0 を下回っていないことです。公刊されている論文数は年々増加し，IF の数値もわずかに上昇傾向にあるため，2.0 は 2020 年現在の基準とします。2.0 という数値は私見ですが，2.0 以下の雑誌の掲載論文はおおむね質が悪く，読むに堪えない論文が多いのです。

　IF を調べるときには，Clarivate Analytics 社（かつては Thomson Reuters 社）が提供している雑誌評価ツールである Journal Citation Reports によって算出された IF であるかどうかを確認します。第三の条件の説明にあるハゲタカ雑誌のなかには，Clarivate Analytics 社ではない別の会社の IF を表示し，Journal Citation Reports による IF とみせかけている雑誌もあり，注意が必要です。

　第二に，国内で発行している英文誌ではないことです。そのような雑誌のなかには優れた評価を得ている雑誌もあります。しかし，国内で発行している英文誌の多くの読者は日本人であり，引用している研究者も日本人です。さらに，投稿者の多くもまた日本人です。論文を出版する目的を考えると，国内で発行している英文誌に投稿することは望ましい行為ではありません。

　第三に，その雑誌が OA 誌でないことです。おもな理由はふたつあります。

コラム 23　ハゲタカ雑誌のデメリット

　ハゲタカ雑誌とは，掲載手数料と引き換えに，ほとんど審査を経ることなく短期間で査読を終了し，論文が掲載される雑誌のことです。少なくともオープンアクセス誌の 25％以上をハゲタカ誌が占めています。そのため，国家機関，学会，大学などの諸機関がハゲタカ雑誌に投稿しないように呼びかけています。

　ハゲタカ雑誌に掲載されると，あなたにとって以下のようなデメリットがあります。ここでは社会的デメリットについては触れません。(a) ハゲタカ雑誌に掲載された論文の信用が下がります。(b) あなた自身の信用も下がります。ハゲタカ雑誌に掲載された経歴は，生涯消えることがありません。ハゲタカ雑誌に論文を掲載している人物のリストを作成することは容易であるため，いつでもそのような人物の個人名が公開される可能性があります。わが国でも，ハゲタカ雑誌に掲載された人物の所属大学名が，すでに公表されています。その結果，自称研究者は別として，ハゲタカ雑誌に掲載された者と共同研究をする研究者はいなくなるでしょう。(c) 多くのハゲタカ雑誌では，掲載されると撤回が認められません。それゆえ，あなたの汚名がネット上でさらされ続けます。(d) 掲載されている雑誌が突然廃刊になり，その論文にアクセスできなくなるかもしれません。しかし，その論文は他誌には投稿できません。そして，その論文は引用されなくなります。(e) 科学研究費助成金などの研究助成金の申請が採択されにくくなります。科学研究費助成金の原資は国民の税金です。その税金がハゲタカ出版社の資金源となることを，審査者が許すはずはありません。申請者の論文がハゲタカ雑誌に掲載されているかどうかを調べることは容易であるため，適切な審査者ならば申請者の業績を確認します。(f) ハゲタカ雑誌のために研究費を使った場合，返還を請求される可能性があります。実際にそのような請求が行われています。(g) 研究者が処罰される可能性があります。たとえば中国では，ハゲタカ雑誌に論文を掲載した研究者を処罰するという公式文書が出ています。

　ハゲタカ雑誌に論文を掲載している者はハゲタカ出版社の被害者であると勘違いしている人もいます。しかし，少なくとも研究者は，彼らがハゲタカ雑誌だと知り，投稿しています。

ひとつは，ハゲタカ雑誌は OA 誌であり，ハゲタカ雑誌かどうかを見分けることはとても困難だからです（その理由についてはコラム 24（133 頁）を参考にしてください）。たとえば，主要な OA 出版社としてコラム 21（126 頁）で紹介している Hindawi 社，Frontiers 社，MDPI 社が出版している雑誌のなかには IF が附帯した雑誌も存在しますが，これらの出版社をハゲタカ（あるいはグレイ）だと考えている研究機関や研究者は少なくありません。私は Frontiers 社と MDPI 社の雑誌に論文を掲載していますが（いずれの雑誌も IF が附帯されています），それでも，初学者がこれらの出版社が刊行している雑誌に投稿することは，勧められません。あくまで私見ですが，査読の質に疑問があるからです。ちなみに，営利目的のために十分な査読を行わず投稿論文を掲載しているという意味では，OMICS International 社や Scientific Research Publishing 社は明らかにハゲタカ出版社です。

　もうひとつの理由は，OA 誌に掲載するために高額の掲載手数料を支払わなければならないからです。OA 誌の掲載手数料は 20 万円から 40 万円と高額です。掲載手数料を支払って OA 誌に掲載するメリットを理解していないならば，OA 誌に投稿する行為はほめられたものではありません。OA 誌には OA 誌ならではのメリットがあり，そのメリットに見合った支出をしてもよいと考える研究者が投稿すべきです。しかし，投稿先に OA 誌を選択することに否定的になる必要はありません。第一の条件と第二の条件を満たしている OA 誌なら投稿に値する雑誌だと思います。第一の条件と第二の条件を満たしている OA 誌の場合，私はその雑誌を投稿先の候補に入れています。

5 投稿先を絞りこんだら

　投稿雑誌の候補を絞ったら，以下のことを確認して最終的な投稿先を決めます。

5-1　エディトリアル

　エディトリアルのなかには，編集委員長が下す採否に直接関係する事項が記載されているものがあります。たとえば，「どのような論文を投稿してほしいか」「論文にはどのようなことを書くべきか」「望ましい研究デザイン」など，投稿に役に立つ情報です。そのようなエディトリアルは，編集委員長や編集方

執筆篇

コラム 24　ハゲタカ雑誌の見分け方

　ハゲタカ雑誌かそうではないかを判断することは，容易ではありません。ハゲタカ雑誌の基準は，研究者によって違うからです。たとえば，厳格な審査が実施されているかどうかは，主観にすぎません。客観的にハゲタカ雑誌を見分ける方法には，ブラックリストとホワイトリストを利用する方法があります。

　ブラックリストとはハゲタカ出版社や雑誌のリストのことです。もっとも有名なブラックリストはコロラド大学の Beall 博士が作成した Beall's list です。このリストは Scholarly Open Access [#] に掲載されていましたが，2017 年に閉鎖されました。しかし，最近確認してみると Brezgov 博士によって再掲載されていました。また，Beall's list を修正した Cabells Blacklist と呼ばれている Journalytics および Predatory Reports は，Cabell's International 社の HP [#] から入手できます（登録が必要です）。ほかに，匿名の人物・団体が運営している Stop predatory journals [#]，Georges 博士が運営している Dolos list [#] などのリストがあります。2020 年には，中国科学院が注意すべき雑誌として 65 誌のブラックリスト試作版 [#] を公開しました。このリストでは，注意すべき雑誌として，インパクト・ファクター（IF）が附帯されている有名な雑誌を掲載しています。ブラックリストの問題は，ハゲタカの判断基準がリストの運営者に依存しており，その基準はすべての研究者の合意ではないことです。リストに掲載された出版社が運営者に嫌がらせなどを行い，彼らの活動を阻止していることも問題点です。

　ホワイトリストとは信頼度の高い雑誌とそこに掲載された論文のデータベースであり，そこに収録されている雑誌はハゲタカ雑誌ではないと考えます。もめ事を嫌う研究機関や学会などは，ホワイトリストの活用を推奨しています。コンセンサスを得ているホワイトリストの利用基準は OA 出版社が 3 つの団体，OASPA（オープンアクセス学術出版社協会）[#]，DOAJ（オープンアクセス誌要覧）[#]，COPE（出版倫理委員会）[#] に加盟しており，OA 雑誌が 3 つのデータベースである MEDLINE（あるいは PubMed），Web of Science Core Collection [#]，Scopus [#] に収録されていることです。しかし，これらのリストには，複数のハゲタカ出版社やハゲタカ雑誌が含まれているという問題があります。

　私は IF が附帯していればハゲタカ雑誌ではないと考えるようにしています。

針が変わったときなどに掲載されることが多いようです。

5-2　Aims and scope

　投稿論文がその雑誌の aims and scope に合っているかどうかを確認します。Aims and scope には発行目的，期待している読者層，掲載する論文の範疇などが書かれています。デスクリジェクト（査読に回されることなく不採択になること）になった私の論文のうち 90％程度の理由が「雑誌の範疇外」でした。

　雑誌の名称から掲載可能な論文の範疇を推測しようとする者がいます。しかし，あなたの想像よりも雑誌の範疇は狭く，雑誌の名称からはその範疇を正確に推測できません。雑誌の名称からだけではわからない情報のひとつに，その雑誌に掲載可能な研究デザインがあります。たとえば，ある雑誌は論文の範疇を臨床実践研究，大規模な縦断的研究，実験研究などに限定しています。また，研究対象を限定している雑誌もあります。たとえば，疾患を抱えている患者のみを扱っているなどです。

　さらに注意すべきは，過去に掲載された論文のタイトルを参考に投稿することです。具体的に言えば，投稿しようとしている雑誌に，あなたの論文のテーマと類似している論文（タイトル）が掲載されているという理由で，その雑誌に投稿する行為です。この方法によって投稿先を選んだあなたは，雑誌の範疇外で不採択になることを予測していないでしょう。しかし，そうではありません。あなたの研究テーマと類似した論文（タイトル）が掲載されていたとしても，あなたの論文が雑誌の範疇と一致していなければ，査読に回されることなく不採択になります。

6　参考にならない投稿先の決め方

　同僚，友人，同じ研究室の先輩の雑誌の評価は，投稿先の参考にならないことがあります。彼らが研究者ならばこの方法は効果的です。しかし，彼らが自称研究者である場合には，この方法は当てになりません。彼らは国際誌への投稿経験がないばかりか，論文や雑誌を正当に評価する能力がないからです。彼らの意見は他者やネットの聞きかじりであり，彼らはあなたが投稿しようとしている雑誌について無知です。また，雑誌の評価は変化しており，昔の評価と

コラム 25　ハゲタカ論文の話：その 1

52%のオープンアクセス誌が誤りのある論文を採択

　Science 誌に掲載された研究（2013 年）によると，すぐに気づく程度の誤りのある論文を 304 のオープンアクセス（OA）誌に投稿した結果，半数を超える 157 の OA 誌がその論文を採択しました。つまり，157 の OA 誌が適切な審査をすることなく，論文を採択したわけです。具体的に言えば，BioMed Central 社，Hindawi 社，Frontiers 社，MDPI 社の雑誌や，代表的な OA 誌である PLoS ONE 誌は，この論文を不採択にしました。しかし，Elsevier 社や SAGE 社の OA 誌がこの論文を採択してしまいました。また，DOAJ＊（オープンアクセス誌要覧）に加盟している OA 社の雑誌の 45%が，この論文を採択してしまいました。この事実を受けて，DOAJ は加盟の基準を厳格化しました。Beall's List に収録されていた雑誌では，その 82%が論文を採択しました。　　　　　（出典番号 1）

まったく同じ論文が掲載される

　Scientific Research Publishing 社が発行している OA 誌のうち少なくともふたつの OA 誌が，別の雑誌に掲載された論文を著者名だけを変えただけでそのまま掲載しました。この事実は Nature 誌の記事（2010 年）によって報告されました。指摘された雑誌は Journal of Modern Physics 誌と Psychology 誌です。これらの雑誌には日本人の論文も掲載されており，論文を掲載している研究者は国内外から批判されています。

（出典番号 2）

火星人が襲来

　「かつて，火星には Akkie と呼ばれている火星人が住んでおり，われわれよりもはるかに高い知能を有していた」と主張する論文が Scientific Research Publishing 社が出版している American Journal of Industrial and Business Management 誌に掲載されました。　　　　　（出典番号 3）

　ハゲタカ論文の話（その 1 と 2）で紹介した話の出典は，用語説明のあとに紹介している URL 情報のコラム「ハゲタカ論文の話」に記載しています。

今現在の評価は違います。そのような違いも彼らはわかっていません。

　また，投稿先を決める際に，採択率はあまり参考にはなりません。雑誌の採択率によって投稿先を決める人がいます。そのような者のなかには，プライドや自尊心を保つために，採択率の高い雑誌に投稿しようとする者がいるかもしれません。掲載難易度の高い雑誌の採択率はとても低く，採択率と掲載の難易度との間にはある程度の関係があります。しかし，難易度の低い雑誌の採択率も想像以上に低いものです。

７　投稿先をいつ決めるか

　私は，研究デザインを決定するときには，ある程度投稿先に目星をつけています。研究デザインによって投稿先が制限されるからです。また，研究分野によって語数制限が異なるため，論文を書く前にはどの分野の雑誌に投稿するかも決めています。そのあとは，それぞれの雑誌の読者が違うため，論文を書きながら投稿雑誌を絞っていきます。

執筆篇　ポイント

　国際誌に掲載される論文を書くために必要なスキルは，語学力ではなく，テクニカル・ライティングです。テクニカル・ライティングでもっとも意識すべきことは，読み手が最小限の時間と労力で文章を理解できるように書くことです。また，自分のためではなく，読み手のために書きます。

　初めて英語で論文を書く読者でも，高校レベルの文法を軽く見直したら，すぐに英語で論文を書き始めましょう。英語の語学力は論文を書きながら養います。国際誌では，非ネイティブの投稿者に対して，ネイティブと同等の語学力を求めてはいません。

　投稿規程には絶対に従わなければなりません。しかし，その投稿規程が正しいわけではありません。だからと言って，あなたの判断で投稿規程を無視してはいけません。

コラム 26　ハゲタカ論文の話：その 2

Get me off your fucking mailing list

　"Get me off your fucking mailing list" という文章を繰り返しているだけの論文が，2014 年に採択されました。論文のタイトルも "Get me off your fucking mailing list" です。　採択した雑誌は Research India Publications 社が出版している International Journal of Advanced Computer Technology 誌です。この論文の著者は，ハゲタカ雑誌のひどい査読状況を暴くために論文を投稿しました。著者が掲載手数料を支払っていないため，実際には，論文は掲載されていません。この事実は Beall 博士の Scholarly Open Access で紹介されています。（出典番号 4）

誰でも編集委員長に就任

　Sorokowski 博士らは Szust という架空の人物の履歴書を 360 誌のオープンアクセス誌に送りました（2015 年）。架空の人物はアダム・ミツキェビッチ大学の准教授で，彼の履歴書には書籍の業績を書きましたが，論文の出版も雑誌の編集委員の経験もないと記載しました。しかし，48 誌から編集委員として採用され，そのうち 4 誌が編集委員長として迎えたいとの返信がありました。　　　　　　　　　　　　　（出典番号 5）

著者の名前が……

　おかしな著者名の論文が American Scientific Publishers 社の Journal of Computational Intelligence and Electronic Systems 誌に掲載されました。その著者名は Margaret Simpson，Kim Jong Fun， そして Edna Krabappel です。　　　　　　　　　　　　　　　　　（出典番号 6）

コラム 27　ハゲタカ雑誌やハゲタカ学会からの勧誘

　あなたの論文が掲載されると，ハゲタカ雑誌やハゲタカ学会からあの手この手を使った勧誘メールが届きます。ハゲタカ学会は営利企業によって主催されている学会で，実際の学会数より多いという報告もあります。

　Postgraduate Medical Journal 誌で，論文掲載後の勧誘メールについての研究が発表されました。その研究は，Mercier 博士が最初に出版した論文に関するものでした。論文が掲載されたあと，Mercier 博士のもとには，掲載後 12 か月で合計 500 通を超えるハゲタカ雑誌やハゲタカ学会からの勧誘メールが届きました。その 47％程度がハゲタカ雑誌への論文出版の招待メール，42％程度がハゲタカ学会への招待メール，6％がハゲタカ雑誌の編集委員への招待メールでした。私の場合，同じハゲタカ雑誌から 10 通を超えるメールが一度に送られてきたこともありました。以下に，ハゲタカ雑誌の代表的な手口を紹介します。

　(a) IF が附帯していることを強調する。IF は Clarivate Analytics 社（かつては Thomson Reuters 社）が提供している雑誌の指標ですが，ハゲタカ雑誌はこの IF が雑誌に附帯しているかのようにみせかけます。つまり，ハゲタカ雑誌はいかがわしい会社（あるいは架空の会社）の IF を Clarivate Analytics 社の IF のように思わせて表記します。(b) 著名な雑誌の名前に似ている。著名な雑誌の名称に類似した名称の雑誌を発行しているハゲタカ雑誌もあります。(c) 依頼論文だと思わせる。ハゲタカ雑誌は「あなたの研究に関心をもち，ぜひ論文を書いてほしい」というメールを送りつけます。そのメールには「招待する」(invite) という表現が使われており，依頼論文と勘違いするかもしれません。また，「あなたの掲載手数料を割引する」という文面が添えてある場合もあります。(d) ISSN（国際標準逐次刊行物番号）を取得していることを強調する。ISSN は一定の条件を満たせば容易に取得できるため，ハゲタカ雑誌とそうでない雑誌を区別する指標にはなりません。(e) 編集委員長や編集委員に招待する。ハゲタカ雑誌は「編集委員長や編集委員になってほしい」というメールを送りつけます。この依頼を引き受けると，編集委員としてあなたの名前が雑誌の HP に掲載されます。場合によっては報酬を得ることができるかもしれません。そうなってしまえば，あなたも詐欺師集団の仲間入りです。

査読篇

査読コメントに対応し、論文を修正することは

論文を完成するより難しい

査読コメントに対する 望ましくない反応は

査読に対する不信と 自信の 喪失である

　査読者のコメントとそのコメントに対する投稿者の返信例をあげ，実際の返信の書き方について解説した書籍は比較的よくみられます。これらの書籍は英語を書く鍛錬にはなるかもしれません。しかし，査読コメントを目の前にしたあなたの役には立たないでしょう。なぜなら，あなたにとって必要な情報は具体的な返信の書き方ではなく，返信の仕方だからです。もう少し言えば，そのような書籍には，「査読コメントを受け取ってから返信を完成させるまでの過程」や，「査読コメントに対する修正のための心がまえとスキル」が書かれていません。この査読篇では，それらについて具体的に解説することで，査読コメントを目の前にしたあなたの役に立つ情報を提供します。

第1部　査読に耐える精神的頑強さ

1　査読者とのやりとりはつらい作業

　研究の構想→データの収集と分析→論文の執筆→査読者とのやりとりという一連の研究活動のなかで，査読者とのやりとりがもっともつらく苦しい作業です。査読者とのやりとりに比べれば，研究の構想，予備研究，データの収集と分析，論文の執筆は楽しい時間です。

　査読者とのやりとりでもっとも重要なことは修正をして再提出するという「やる気」です。査読結果を手にすると，誰もが自信を失います。なぜなら，投稿時には論文が採択されることを確信しているにもかかわらず，査読者の評価が低いからです。いくらあなたに自信があっても，厳しいコメントが返ってきます。とくに不採択の場合は言うまでもありません。そこで必要になる能力が「査読に耐える精神的頑強さ」です。

2　査読に耐える精神的頑強さ

　「査読に耐える精神的頑強さ」とは厳しい査読者のコメントに耐え，論文を修正し，採択を勝ち取る精神力のことです。未熟な者ほど，査読者のコメントは

コラム 28　「才能がない」という思い

　『ちはやふる』は高校の競技かるた部の話です。競技かるたには，A 級，
B 級，C 級というように，個人の実力に応じたランクがあります。A 級が
最上位です。大会で成績を残すとランクが上がります。私が一番好きな
登場人物は「まつげ君」です。まつげ君は幼いころから何をやっても一
番です。まつ毛君は秀才なのです。しかし，競技かるたではそうはいき
ませんでした。だから，まつ毛君はかるた部に入部しました。
　まつ毛君は誰よりも努力します。それでも，まつげ君は A 級に進級で
きません。B 級のままです。まつ毛君が所属する「かるた会」の原田先生
は，まつ毛君をこう分析します。

　『彼は，どうしてなんだろうね。練習で見る限り，彼にはもう A 級の実力
があるよ。あれだけ努力していて，大会で勝ちきれないのか』。

　さらに，原田先生はまつ毛君の心のうちを言い当てます。
　『まつ毛君，自分に足りないのは運だなんて，思っていない。足りな
いのは実力だと，逃げずに思っている。でも，実力がないという思いを
繰り返すと……。取りつかれる。努力をあざ笑う「才能がない」という
思いに……』

アニメ『ちはやふる 2』
第 4 首「ひとにはつげよ　あまのつりぶね」

　なんでもできちゃう「まつ毛君」でさえ，誰よりも努力をします。そ
の努力でさえ報われません。報われない努力を続けると，自分の能力を
疑い始めます。まつ毛君は「自分には才能がないのではないか」という
思いに取りつかれます。しかしそれでも，努力することをやめません。
　論文も同じです。どんなに努力しても，採択されないかもしれませ
ん。何度投稿しても不採択通知ばかり。そのようなときに，「私には才能
がないのではないか」と思うかもしれません。それでも努力するので
す。努力は実を結ぶまでに時間がかかります。しかし，努力は決して裏
切りません。努力すれば，あなたの論文は必ず掲載されます。私の論文
でさえ，掲載されているのですから。

無慈悲で，冷淡で，説明不足で，偏っているように映るでしょう。「査読者は論文を読んでいるのか」「査読者は無能ではないのだろうか」と思うかもしれません。あるいは，「自分の研究には価値がないのだろうか」「この論文は採択されないだろう」などと思うかもしれません。前者の反応は「査読者に対する不信」，後者の反応は「自信の喪失」といえるでしょう。いずれの反応も，論文を修正し再投稿することの妨げになります。とくに「査読者に対する不信」は査読結果と査読コメントを素直に受け入れることを妨げます。それゆえ，そのような弱い精神力を克服しなければなりません。

　それでは，弱い精神力を克服するためにはどうしたらよいでしょうか。「査読者に対する不信」「自信の喪失」のいずれの場合も，その答えは単純です。その薄っぺらいプライドを捨てるだけです。薄っぺらいプライドがあるから腹が立つのです。自信を失うのです。未熟な者ほど研究ができない者ほど，驚くほどにプライドが高いのです。

　プライドは，何十年もの間毎日寸暇を惜しんで，ある特定のことだけに情熱を注ぎ続け，努力し続けた結果，成果を出してはじめて生まれるものです。あなたはそのプライドをもつにふさわしい努力をし，成果をあげているでしょうか。そうでないなら，その薄っぺらい偽物のプライドを捨てましょう。そうすれば，査読結果と査読コメントを素直に受け入れることができる精神力を手にすることができます。また，不必要に自信を失うこともなくなります。若いうちは裏づけのない自信が必要になるときもありますが，薄っぺらいプライドは何の役にも立ちません。

第 2 部　査読を受け取ったら

　査読結果が書かれたメールを受け取ったら，査読の結果にかかわらず，すぐに作業を開始します。まず，コメントの全文を PC に保存し，投稿時に投稿システムによって PDF 化された論文を印刷します（投稿時に保存した投稿論文です）。そして，編集委員長（EiC: Editor-in-Chief）が書いた査読結果のみに目を通します。つまり，不採択なのか修正再審査なのか，そのことのみを確認し

ます。査読者や主査のコメントはまだ読みません。その内容はあなたにとって
否定的であり，あなたのやる気を失わせてしまう可能性があるからです。

1　修正再審査の場合

　査読結果が修正再審査の場合，必ず再提出しなければいけません。どんなに
修正が困難に思えても再提出します。もう少し言えば，採択の可能性がなくと
も再提出すべきです。なぜなら，第一に，修正再審査という結果はあなたにと
って幸運な結果だからです。あなたは論文が掲載されるチャンスをもらったか
らです。第二に，修正することによって，修正スキルと執筆スキルが向上する
からです。詳しいことは「修正のためのスキル」（151 頁）で説明します。

　以下に修正再審査の通知の受け取ったあと，あなたがすべき作業を順に説明
します。

■ 返答用フォームを作成する

　まず，図 12 のようなコメントに対する返答用フォームを作ります。その際，
査読者ごとに，コメントに対する通し番号を振ります。査読者がコメントに番
号を付けている場合には，その番号を使います。査読者が振りつけたコメント
番号を変えてはいけません。ただし，ひとつの査読コメントを分けて返答した
ほうがよい場合には，査読コメントの番号が 3 ならば，#3 - 1，#3 - 2，#3 -
3 のように番号を振ります。査読コメント（Comment）はそのままコピペしま
す。この返答用フォームの Response に，査読コメントに対する返答を記載す
ることになります。

■ 返答用フォームを印刷する

　返答用フォームを印刷し，修正が終了するまでクリアファイルに入れ，持ち
歩けるようにします。いつでも査読コメントが読めるようにするためです。

■ コメントを分類する

　上記の準備をしてはじめて，査読者のコメントを読みます。しかし，ざっと

図12　返答用フォームの例

Megumin Arch. Wizard, MD, Ph.D.
Editors-in-Chief, Journal of KADOKAWA Science

Ms. Ref. No.: B01LXZYWMA
Title: God's blessing on this wonderful world

　I am most grateful to you and the reviewers for the helpful comments on the original version of my manuscript. I have taken all these comments into account and submit, herewith, a revised version of my paper. I thank you for the opportunity to resubmit my manuscript to the Journal of KADOKAWA Science and hope that it is now suitable for publication. I look forward to hearing from you at your earliest convenience.

Sincerely,

ページを変える

Comments by Reviewer 1

　I am grateful to Reviewer 1 for the critical comments and useful suggestions that have helpful me to improve my paper considerably. As indicated in the responses that follow, I have taken all these comments and suggestions into account in the revised version of my paper.

Comment #1
I am Megumin! I am of the occupation Arch-wizard, one who wields the most powerful of all offensive magics, Explosion!
Response

Comment #2
Darkness blacker than black and darker than dark, I beseech thee, combine with my deep crimson. The time of awakening cometh. Justice, fallen upon the infallible boundary, appear now as an intangible distortion! I desire for my torrent of power a destructive force: a destructive force without equal! Return all creation to cinders, and come from the abyss. Explosion!
Response

注）タイトルと査読コメントの内容は参考にはなりません。

　読むだけです。そして，査読コメントを「対応できるコメント」（対応可コメント），「努力すれば修正できそうなコメント」（要努力コメント），「修正がきわめて困難なコメント」（困難コメント）のいずれかに分類します。返答用フォームのコメントを色分けするとよいかもしれません。印刷した紙媒体には，鉛筆で「対応可」「要努力」「困難」と書き込むとよいでしょう。いずれにせよ，コメントの分類を見える化し，意識できるようにすることが重要です。

4 すぐに対応できるコメントに対応する

「対応可コメント」のうち，すぐに対応できそうなコメントを処理します。たとえば，スペルミスや簡単な修正ですむコメントに対応します。対応が完了したコメントには，返答用フォームの色つきコメントを黒に戻し，紙媒体では鉛筆で二重線などを入れます。そうすることで，まだ対応できていないコメントがわかるようにします。

査読者に対する返答は論文の修正と同時にします。すべての修正が終わったあと，まとめて返答を書きません。

5 ノルマを決める

再投稿の締め切り日から英文校閲に提出する日を決めます。そして，カレンダーに「英文校閲」と書いた付箋を貼ります。次に，「対応可コメント」「要努力コメント」「困難コメント」の分類を参考に，それぞれのコメントに対応する日を決めます。そして，コメント番号を書いた付箋をカレンダーに貼ります。

6 資料を用意する

論文を書くために使用した資料（おもに引用文献）をすべて取り出し，手の届く場所に配置します。ここまでの作業が完了しないうちは，ベッドに入ってはいけません。少しでも多くの「対応可コメント」を解決してから，寝るようにします。できれば，コメントを受け取った当日は徹夜を覚悟しましょう。

2　不採択の場合

投稿したほとんどの論文は不採択になります。そして，多くの論文を掲載している研究者ほど，不採択の経験回数も多いのです。本書のターゲット雑誌の採択率はおおむね 10％から 30％程度です。たとえば，APA（米国心理学会）の主要雑誌の採択率は 10％から 15％程度で，5％以下の雑誌もあります。主要雑誌ではない採択率でさえおおむね 30％以下です。Epidemiology 誌に発表されたある調査（2007 年）では，疫学の雑誌に掲載された論文のうち，およそ 62％が少なくとも一度は不採択になっていました。私の場合は，デスクリジェクト

を含めると不採択率は 70％程度です。これまで，数えきれないくらい不採択通知を受けています。そのたびに，めげたり憤慨したりしていたのでは，論文を掲載し続けることはできません。私の場合，不採択通知を受け取っても，慣れたもので「仕方がない」と思っています。「思うようにしている」のではありません。実際に，そのように思っているのです。そして，不採択通知を受けたあと，下記のような対応を行っています。

1 不採択通知後にすること

不採択通知が届いたら，以下の手順に従って作業をします。

1-1 デスクリジェクトの場合

デスクリジェクトとは，査読に回されることなく不採択になることです。エディトリアルリジェクトともいいます。この場合，査読者からのコメントが得られないだけでなく，編集委員長からも短いコメントしか送られてきません。その多くは定型文です。

このような通知を受けたら，事前に作成した投稿リストから新しい投稿先を選び投稿します。別の雑誌に投稿するためには，フォーマットを変えなければなりません。投稿雑誌に合わせて，本文を書き直さなければならないこともあります。それらの作業を遂行するためには時間がかかりますが，不採択通知を受けたその日に，別の雑誌に投稿することがその日の最低限のノルマです。

1-2 査読者からコメントを受けた場合

査読者からコメントを受け取った場合には，修正再審査と同様の過程で論文を修正します（査読者への返信は書きませんが）。多くの論文が雑誌に掲載されていないうちは，すべてのコメントに対して修正すべきです。たとえ多くの論文を掲載していても，ほぼすべてのコメントに対して修正すべきです。「不採択なのだから，修正する必要はない」と考えてはいけません。別の雑誌に投稿しても，同じようなコメントが返ってくるかもしれません。まれにですが，同じ査読者に当たる場合もあります。そのとき，あなたの論文に修正が加えられていなかったならば，その査読者は不採択の判断を下すでしょう。

２ 不採択の意図

　同じ不採択でも，コメントの意図が違うことがあります。いくつかの修正不可能な問題点を簡潔に指摘したコメントには，「忙しいのに，質の低い論文の査読をさせられ，とても残念だ」という査読者の意図が反映されています。しかし，修正不可能な問題点に加え，細部にわたるまで細かなコメントを受けた場合は，そのコメントが意図することは上記と違います。批判的なコメントの多さに，ショックが倍増するかもしれません。しかし，このようなコメントには，「大幅に修正すれば，他の雑誌ならば掲載されるかもしれない」という査読者の意図が読み取れます。査読者としての労力が報われる可能性（他の雑誌に投稿した場合，掲載される可能性）があるため，査読者は多くのコメントをしたのです。

３ 不採択後にすべきではないこと

3-1　あきらめる，放置する

　あきらめた瞬間に，その論文は採択される機会を失います。論文を完成させた以上，その論文の掲載をあきらめるという選択肢はないと考えてください。執筆した論文の意義に疑問をもつかもしれません。そのような考えは論文の掲載を遠ざけるだけです。論文に価値があるかどうかは問題ではありません。「論文を掲載させてやる」という強い意思をもち続けることが重要なのです。

3-2　抗議をする

　プライドが過剰に高い者のなかには，編集委員長に抗議のメールを送る者がいます。しかし，その抗議が受け入れられることはありません。毎年多くの論文が投稿され，その多くは不採択になります。編集委員長の仕事は査読者の役割とは異なり，論文を不採択にすることです（優れた論文のみを掲載するためです）。編集委員長はあなたよりも優れたキャリアをもち，明確な理由と確信をもって不採択の判断を出しています。それができるから編集委員長なのです。抗議のメールを送る行為は編集委員長の心証を害し，その編集委員長が関わっている多くの雑誌で，あなたの次の論文の掲載可能性を低めるだけです。

　編集委員長も人間です。愚痴も言いたくなります。その矛先は研究のことを

理解している研究者仲間です。その研究者仲間も，抗議をした投稿者の評価を大幅に下げることでしょう。編集委員長と同様に抗議をした者（投稿者）もまた，仲間に怒りをぶちまけるでしょう。編集委員長に抗議をするくらいですから，盛大にやるでしょう。しかし，もしその相手が研究者の場合，表面上同情をしてくれるかもしれませんが，投稿者自身の評価を下げることになります。なぜなら，研究者であれば，抗議をすることがいかに愚かな行為であるかを理解しているからです。愚痴を言うならば，その相手は自称研究者にすべきです。自称研究者同士，傷のなめ合いでもやってください。

　そもそも，寸暇を惜しんで研究をして論文を完成させたにもかかわらず，抗議文を書く作業に貴重な時間を使うほど，愚かな時間の使い方はありません。そのような熱意があるならば，論文を修正して別の雑誌に投稿すべきです。

3-3　同じ雑誌に投稿する

　不採択になった論文をその雑誌に再び投稿することは避けるべきです。再び不採択になる確率が高いだけでなく，編集委員長に負担をかけます。同じ雑誌に投稿する投稿者は，査読者が変われば審査結果も変わると考えているかもしれません。しかし，編集委員長はそのようには考えません。編集委員長の役割は論文を不採択にすることであり，確信をもって不採択の判断を下しています。その判断は投稿システムに記録されています。編集委員長が一度不採択にした論文を査読に回すとは考えられません。

　しかし，不採択になった論文を同じ雑誌に投稿したほうがよい例もあります。それは，不採択になったのち，編集委員長から招待メールが届いた場合です。私は実際にそのような経験をしたことがあります。私が受けた招待メールには，採択は保証しないが，査読コメントを参考にして論文を修正し，再度投稿することを強く促す文章が書かれていました。また，投稿する際の修正ポイントも書き添えられていました。実際に投稿すると，その論文は採択されました。

3-4　招待された雑誌に投稿する

　不採択通知メールと同時に（あるいは別メールで），別の雑誌への投稿招待メールが送られてくる場合があります。注意すべき点は，招待メールは掲載を保

証するものではなく，「その雑誌に投稿してはどうですか」という提案であることです。

　多くの場合，論文のフォーマットを変えることなく受稿してくれます。また，査読を引き継いでくれる場合もあります。あなたにとって，時間と労力を節約できるありがたい提案です。そのため，その提案を受け入れたくなるかもしれません。しかし，よく考えなければなりません。招待メールで提案された雑誌の多くは OA 誌か，慢性的に論文が足りない購読誌かもしれません。

４　それでも査読に通らない論文はどうするのか

　不採択になってもあきらめず論文を投稿したにもかかわらず，不採択になり続けた場合にはどうすればよいのでしょうか。私の考えですが，少なくとも 10 誌以上には投稿すべきだと思います。再投稿するためにはフォーマットも変えなければならないし，想像以上の時間と労力がかかります。また，不採択通知が届き続けることは，精神的な苦痛を経験し続けることになります。それでも，投稿すべきだと思います。それにはいくつかの理由があります。

　主たる理由は，その経験が別の論文に生かされるからです。不採択になり続ける論文には重大な欠点があるわけですが，それでもうまく書くことができれば掲載されます。つまり，方法や発見に致命的な欠点があっても，論文を書くスキルさえあれば，掲載される可能性があるのです。不採択通知のコメントを読み続けることで，そのような能力が身につきます。くわえて，不採択通知を受け続けることで精神的に強くなります。最後の理由として，10 誌くらいの雑誌に投稿すれば，かなりの確率で採択されるからです。せっかく論文を完成させたわけですから，掲載されるに越したことはありません。

　10 誌以上の雑誌に投稿しても不採択が続くようならば，時間と労力とを天秤にかけ，雑誌への掲載を断念する方法もあります。しかし，それでも論文の出版をあきらめてはいけません。あなたの論文を無料で出版してくれるいくつかの出版社があります。そのような出版社から論文を出版することもできます。

3　採択された場合

　ある参考書に「採択されたら，What A Wonderful World でも聞きながら，シャンパンで乾杯」などと書かれていました。しかし，そのようなことをしてはいけません。採択された直後は，やる気に満ちあふれているときです。そのようなときにこそ，論文を書くのです。論文の執筆はやる気を必要とするつらい作業です。もっともやる気があるときにお酒を飲むなんて，そのような行為は論文を書く絶好の機会を逃してしまいます。

第3部　修正のためのスキル

　修正再審査はあくまで再審査であって，採択を保証する評価ではありません。あなたの論文の採否は初回の修正再審査に対する対応によって決まります。あなたの論文の採否が決まると思い，論文を修正しましょう。ここでは私の考えを説明しますが，最近では，実際に掲載された論文の査読コメントと著者の返答を公開する雑誌が増えつつあります。それらのやりとりは，みなさんが査読コメントに対する返答を書く際の参考になるかもしれません。

　修正する前にまずは，修正再審査の通知を幸運な機会が与えられたと思うようにします。私は修正再審査の通知を受けると，「不採択でなくてよかった」とほっとします。それから喜びが沸いてきます。私にとっての修正再審査の通知は，採択通知を受けたときに匹敵する喜ばしい知らせだからです。そして，修正再審査通知の喜びを噛みしめつつ，以下に説明する心がまえと方法で査読者のコメントに対応します。

1　修正のための心がまえ

1　次の査読はない

　次の査読はないと考え，修正に臨むべきです。つまり，現在取り組んでいる修正によって，論文の採否が決定すると考えるべきです。「何度か査読のやり

コラム 29　論文が採択されたあとの注意

　論文が採択されてしばらくすると，採択された雑誌あるいは出版社からメールが届きます。採択されたその日のうちに届く場合もあります。そのメールには，掲載のために必要な諸手続きの案内が書かれています。採択と掲載は同じではありません。採択されても雑誌に掲載されないことがあるからです。たとえば，いくつかの雑誌では，採択されたあとに倫理に関する調査をします。そして，問題が発覚すると，その採択論文は掲載されないことがあります。それゆえ，採択後の作業は掲載までの過程のひとつだと考えるべきです。

　採択後の過程で中心となる手続きは校正稿（proof）の確認です。この時点であなたの論文に DOI が附帯されます。ほぼすべての雑誌が web 上で校正稿の確認（修正）をします。この作業で注意したい箇所は表中の数値です。本文中の数値が提出した論文と異なっていることはまずありませんが，表中の数値は提出論文と異なっている場合があります。校正稿の確認作業では，編集事務局から指摘された箇所，提出論文と異なっている箇所，スペルミスを除き，許可なく修正を加えてはいけません。この作業に費やす時間には制限があります。48 時間以内としている雑誌が多いようですが，24 時間以内という雑誌もあります。

　諸手続きが完了すると，あなたの論文が web 上にアップされダウンロードできる状態になります。いわゆる first published online 状態です。この段階で業績表にあなたの論文を正式に加えることができます。First published online までに要する時間は年々短くなっている気がします。オープンアクセス誌ならば校正稿を提出してから数日以内，遅くとも 1 週間以内に完了するでしょう。購読誌であっても 1 週間以内，遅くとも数週間以内には終わるでしょう。

　Web 上にあなたの論文がアップされると，あなたの論文は ORCiD, Scopus ＊や Web of Science Core Collection ＊といった主要データベースに自動的に収録されます。論文は鮮度が重要です。つまり，掲載されてから時間が経てば経つほど，あなたの論文の価値は低下し，引用されにくくなります。もしこれらのデータベースに掲載論文が収録されない場合は，できる限り早く掲載論文を登録しましょう。ORCiD については執筆篇の「研究者識別コードの獲得」（103 頁）を参考にしてください。

とりをするのだから，完璧な修正をしなくてもかまわない」と考えてはいけません。そのような考えが不採択につながります。私の採択論文のほぼすべてで，査読者とやりとりをした回数（私が修正した回数）は１度あるいは２度です（最頻度は１回）。

2 コメントは優秀な研究者の助言

　査読者のコメントはあなただけのために無償で与えてくれた助言です。多くの投稿者にとって，それは普段得ることのできないあなたより優れた研究者の貴重な助言です。そして，査読コメントはあなたの問題点を明確にし，そのコメントに対応することによって，あなたの論文がより洗練されたものになるのです。これらのことを忘れてはいけません。

3 自分の誤りに気づく

　周りの人と同じ行動をすると安心感が得られる現象をハーディング効果といいます。このハーディング効果によって，知らないうちに研究者が自分の周りの誤ったルールに従って研究を実施したり，論文を執筆したりしている現象を説明できます。そして，そのような誤った行動を著者自身で修正することは困難です。Nature 誌の論文（2014 年）では，査読がそのような行動を修正するのに役立っていることを指摘しています。

　査読コメントは自分の誤った考えを正してくれる絶好の機会です。査読に文句を言う者は，固執した自分の誤りを修正できません。自分の周りの狭い世界ではその誤りが正しとされ，それを信じて疑わないからです。

4 査読者も読者のひとり

　査読者は読者のひとりです。あなたが「査読者のコメントは正しくない」と思ったとしても，あなたの論文を読んだ読者もまた，査読者と同じように考えるはずです。たとえ査読者のコメントに誤りがあったとしても，そこに注意を向けるのではなく，「そのように思わせたあなたの論文に問題がある」と考えるべきです。そう考えることができれば，どのように修正すれば査読者が誤解をしなくなるかを考え，積極的に修正できるようになれます。テクニカル・ライ

ティングの基本は「読み手を意識する」でしたよね。査読者も読み手であることを忘れてはいけません。

5　査読者のことを考える

　査読者は多くの査読を同時に抱えています。たとえば，私は常に2桁の査読を抱えています。くわえて，査読者自身も論文を書かなければなりません。それ以外にも，査読者は多くの仕事を抱えています。正直に言えば，査読者はあなたの論文に興味はありません。そのような状況で，査読者はあなたの論文を読んでいるのです。査読者が査読によって得られることは，査読した論文が掲載されることだけです。掲載される見込みのない論文に多くの時間を割きたくはありません。

　このような査読者の考えを理解することは，査読コメントに対する返答に変化をもたらします。査読者への感謝の気持ちが自然に生まれ，査読者に負担をかけないためにはどのようにすべきかを考えるようになります。

6　編集委員長と主査を意識する

　査読者とは別に，編集委員長や主査からコメントがもらえる場合もあります。査読者に対する返答と同様に，彼らのコメントに対しても真摯に対応しなければなりません。そして，編集委員長や主査からのコメントに対しては，査読者以上に慎重に対応する必要があります。その理由はふたつあります。第一に，最終的な採否を決定するのは編集委員長であり，主査はその編集委員長に採否を提案するからです。査読者には，採否を決定する権限どころか，提案する権限すらありません。査読者の採否の判断は編集委員長の採否や主査の提案の参考でしかないのです。

　第二に，編集委員長と主査のコメントは，査読者のコメントよりも重要だからです。編集委員長はすべての投稿論文に目を通さなければならず，あなたの論文のために多くの時間を割くことはできません。編集委員長ほどではありませんが，主査もまた多くの論文を抱えています。その時間を割いてまでして彼らがコメントをするということは，そのコメントが論文の採否を左右するほど重要だということです。

コラム 30　英語が不器用だというコメントへの対応

　英語を母国語としない投稿者が論文を投稿すると,「不器用だ
（awkward)」と言われることがあります。私もこのようなコメントをよ
く受けます。特定の文章に対して「わずかに不器用」あるいは「不器用
だ」というコメントは,あまり気にする必要はありません。部分的な英
文の修正で解決するからです。しかし,「わずかに不器用」という表現は
あなたに配慮した表現であり,査読者はとても不器用だと思っていま
す。本当に「わずかに不器用」程度ならば,査読者はわざわざ指摘したり
はしません。

　しかし,文章全体を指して不器用だというコメントには,注意が必要
です。そのコメントは不採択を暗示している可能性があるからです。そ
のような場合,他のコメントに対して査読者が納得する修正をしたとし
ても,あなたの英文に対する査読者の認識は NO のままです。つまり,あ
なたの英文表現そのものを修正する必要があります。

　「文章全体を指して不器用だ」と指摘された場合,どのような対応をす
ればよいのでしょうか。正解かどうかわかりませんが,私の対応の仕方
を紹介します。まず,英文校閲者を変えます。英文校閲会社に査読者の
コメントを伝え,校閲者を変えてもらうのです。信用できる英文校閲会
社なら,査読者のコメントを踏まえて,慎重に校閲するように別の校閲
者に指示してくれます。校閲者は,スペルミスや文法の誤りの確認のみ
ならず,英文の表現を改善してくれます。また,こなれた英文に修正し
てくれます。次に,査読者に著者が非ネイティブであることを伝え,「で
きる限り改善したので読んでほしい」と返信します。英文校閲会社から
再度校閲を受けたことも書き添えます。非ネイティブであることや英文
校閲を受けたことを強調するのではなく,英文の表現を改善したことを
強調します。私の経験では,この方法を用いても,不器用だというコメ
ントが繰り返されたことはありません。

　なお,英語の表現を修正することなく,英文校閲を受けたと返信した
り,英文校閲会社の校閲証明書を送りつけたりする対応は無意味です。
そのような行為によって,あなたの論文の不器用さは改善されないから
です。

2　すべてのコメントに対して積極的に修正する

　もっとも重要なスキルは，すべてのコメントに対して積極的に論文を修正することです。すべてのコメントに積極的に対応することには，ふたつの意味があります。第一に，小手先だけの修正ではなく，査読者が納得できる修正をすることです。納得するのは投稿者ではなく，査読者です。当たり前のことを繰り返し言及したことには理由があります。第一に，査読コメントに十分に対応していると思い込んでいる投稿者の返答をよく見かけるからです。もっとも酷い例が反論や言い訳です。反論や言い訳をすることで，査読コメントに対応していると誤解しているわけです。反論や言い訳ほどではないが，小手先だけの対応例として，査読者が追加実験を要求したり，方法論的問題を指摘したりしているにもかかわらず，そのような修正を行わず，リミテーションズで問題点だけを記載する対応があります。小手先だけの修正に関しては査読篇の「誤った対応の仕方」(168 頁) でも紹介します。再度記載しますが，査読者が修正内容を納得できるかどうかが重要なのです。第二に，「査読者とのやりとりを何度か行うため，十分な返答をしなくてもかまわないだろう」と思っている投稿者がいるからです。もう少し言えば，「不十分な修正ならば，次の査読コメントで指摘されるだろう」と考えているのです。しかし，査読篇の「次の査読はない」(151 頁) で説明したように，次の査読はないと考えて修正に挑むべきです。
　第二に，修正したことを査読者に印象づけることです。そのためには，すべてのコメントに対して修正しなければなりません。そして，査読コメントのひとつひとつに対して，投稿論文に修正を加えたことを記載しなければなりません。また，上記で説明した査読者が納得する修正をすることも，修正したことを査読者に印象づけることになります。
　すべてのコメントに対して積極的に修正するためには，コメントの意図を十分に理解する必要があります。論文を読むようにコメントを読んではいけません。全訳するつもりで，ひとつの単語も読み飛ばしません。コメントを繰り返し読み，コメントの意図を読み間違えていないか何度も確認しましょう。些細なことでもコメントに不明確な箇所があれば，他の研究者に相談しましょう。

コラム 31　査読の結果に驚くことはない

　以下のスクショは私のある論文に対する査読結果です。Reviewer 1 の
決定に注目してください。こんな査読の結果もあるのだから，どんな査
読の結果が返ってきても驚いてはいけません。だからと言って，査読に
問題があるというわけではありません。仕方がないと思い，他の雑誌に
投稿するだけです。

Click the Reviewer recommendation term to view the Reviewer comments.

	Revision 4	Revision 3	Revision 2	Revision 1	Original Submission
(Reviewer 1)	Major revisions required	Accept after minor essential revisions	Accept without revision	(None)	(None)
(Reviewer 2)	Accept after minor essential revisions	Accept after minor essential revisions	Major revisions required	(None)	(None)
, Ph.D. (Reviewer 3)	(None)	(None)	Reject	(None)	(None)
Author Decision Letter	Reject after review	Minor revision	Major revision	Revise before sending to peer reviewers	Revise before sending to peer reviewers

3　わかりやすく簡潔な返信を

　コメントへの返答は簡潔に記載し，査読者の負担を少しでも軽減するように
工夫すべきです。必要以上の説明はさけ，単純明確に記載します。コメントへ
の返答は詳しければよいというものではありません。
　まず，コメントにどのように対応したのかを書きます。次に，修正理由を簡
潔に説明します。修正理由を説明したら，修正した箇所がひと目で理解できる
ようにするために，修正した箇所とオリジナル論文（初回に投稿した論文）の
該当箇所をコピペします（修正した箇所を提示したあとに，オリジナル論文の
該当箇所を提示します）。修正箇所だけでなく，その前後の文章もコピペしま

す。その際，修正した箇所に下線を引くなどの工夫もします。また，該当箇所のページ数と行数を書き添えます。正確に言えば，Word で提出した論文と投稿システムによって PDF 化された論文とでは，ページ数や行数が異なる場合があるため，ページ数と行数ではなく，段落数とセクションを記載するほうが望ましいと思います。

　投稿者のなかには，査読者があなたのオリジナル論文のことを覚えていることを前提にした返答をする者がいます。査読者は自分自身が書いたコメントの内容を覚えていたとしても，あなたのオリジナル論文の内容を覚えていません。修正再審査になる論文には関心すらありません。

▌１ 類似したコメントへの対応

　たとえ同じ返信であっても，コメントのひとつひとつに対応しなければなりません。たとえば，査読者１のコメント＃３と査読者２のコメント＃４が似通っており，あなたの修正対応が同じであった場合，査読者２のコメント＃４に対して，「査読者１のコメント＃３を参照してください」などと書いてはいけません。査読者は自分のコメントに対する返信しか読まないからです。別の査読者のコメントを読むように指示することは，それだけで査読者に負担をかけます。読者に負担をかける文章はテクニカル・ライティングに反する行為です。そうでなくとも，あなたの論文の査読は査読者にとって負担なのですから。

▌２ 序論の構成を変えた場合

　序論の構成を変えた場合には，あなたの返信の冒頭で，すべての査読者に対してそのことを簡潔に説明します。たとえば，「改稿した論文の序論は５段落から構成されており，以下のような構成に修正しました。『ロリコンとショタの研究の重要性』→『ロリコンとショタを関連づける理論とその実証研究』→『先行研究と本研究との違い』→『本研究の仮説と本実験の概要』」というように記述します。詳しく書きすぎると，査読者は「本文を読んだほうが速い」と思うでしょう。あくまで，査読者が本文を読む手助けになるように，簡潔に提示します。

コラム 32　追加の実験や分析を求められたら

　査読者から追加の実験や分析などを求められることはしばしばあります。私も新しくデータを取るように要求されたことが何度かあります。私はそのすべての要求に答えています。しかも，論文には掲載されなかった追加実験を行ったこともあります。また，査読者から追加研究の要求がなくとも，査読者を納得させるために，新たなデータを収集したことさえあります。新たにデータを取るために時間がかかろうが，追加の実験や分析をする作業は，単純な努力ですむからです。それゆえ，このようなコメントは，私にとって対応できるコメント（対応可コメント）あるいは努力すれば修正できそうなコメント（要努力コメント）に分類できます。

　追加の実験や分析の要求に応じることは，あなたに採択への扉を開いてくれます。なぜなら，査読者は追加の実験をするような努力に対して高く評価してくれるからです。私は単独で研究をする場合が多いのですが，査読者は私が書いた修正の返信を読んではじめて，著者がひとりであることを知ります。そのときの効果は絶大です。多くの査読者は私が研究室（複数人数で）で研究をしていると思い込んでいるため，追加のデータを要求することにあまり抵抗を感じていません。しかし，私がひとりでデータを収集していたことを知ると，私の努力に対して査読者は敬意を払います。それは査読者だけでなく，編集委員長や主査も同様です。結果として，その論文は高い確率で採択されます。査読者側からすれば，難題な修正コメントを提示し，投稿者がそのコメントに対応しているにもかかわらず，不採択を出すわけにはいきません。その論文が採択できる水準に到達できるように，査読者はより親切な助言をしてくれるようになります。

　査読者は意地悪で追加のデータを求めているわけではありません。あなたのデータに疑わしい箇所があったり，納得できない箇所があったりするため，さらなるデータを求めているだけです。査読者の疑念は読者の疑念です。その疑念を晴らすのは著者の義務です。そう考えることができれば，追加のデータを取る作業も苦痛には感じないはずです。

4 コメントの対応順序

「対応可コメント」→「要努力コメント」→「困難コメント」の順で対応します。この方法は非効率的です。なぜなら、「対応可コメント」より「要努力コメント」、「要努力コメント」より「困難コメント」に対応するほうがより多くの修正が必要になり、あとに行った修正は先に修正した作業を無駄にしてしまう可能性があるからです。たとえば、「対応可コメント」のスペルミスを直したとします。そのあと、「困難コメント」に対応するため、すでに修正したスペルミスを含めた文章全体を削除し、新たに文章を書き加えたとします。この場合、スペルミスを修正した「対応可コメント」への対応は無駄な作業になってしまいます。

それでも、「対応可コメント」→「要努力コメント」→「困難コメント」の順で対応します。「困難コメント」から取り組むと、修正しようとする気力を失わせる可能性があるからです。また、反論したくなるコメントの対応を後回しにすることで、気持ちを落ち着かせる効果もあります（反論したくなるコメントは「困難コメント」に含まれていることが多い）。ただし、掲載をかさね十分な精神的頑強さを手に入れた研究者は、効率を重視して対応する順序を決定すればよいでしょう。

5 「困難コメント」への対応の仕方

■ 意識を変える

第一に、「困難コメント」に対応するのではなく、「困難コメント」を「要努力コメント」に変えるという意識をもつことです。たとえば、査読者から追加の実験を求められることがしばしばあります。「そんなことできないよ。もう実験は終了しているし……」と思うかもしれません。しかし少し考えればわかることですが、その程度のことならば努力すれば対応できることです。追加の実験をやればよいだけなのですから。そのような思考ができれば、「困難コメント」を「要努力コメント」に変えることができます。追加実験の要請に関してはコラム32（159頁）も参照してください。

コラム 33　査読者の誤解と改悪の提案

査読者の誤解

　査読者があなたの論文をよく読んでいなかったり，読み間違いをしていたりし，あなたの論文の内容を誤解している場合があります。そのような場合でも，論文を修正しなければなりません。まず，査読者に誤解を与えたことを謝罪する一文から書き始めます。そして，誤解を与えない文章に書き直したことを伝えます。たとえば，すでに十分な説明をしているにもかかわらず，査読者から「○○についての説明がない」というコメントがあったとします。そのコメントに対して，「そのことはすでに○○で記載している」と反論してはいけません。その反論によって，論文がよくなることはないからです。反論するのではなく，「読者にとって理解しにくい記述であったため，○○についての説明を○○のように加筆しました。別のページで記載している文章（説明）は冗長なので削除しました」と返答するほうが望ましい対応であることは明らかです。

改悪の提案

　投稿論文が改悪になる提案を査読者がすることがあります。査読者が提案した方法に同意できないからといって，修正を拒否してはいけません。必ず修正しなければいけません。そのような場合の対応の仕方に，査読者が提案した方法（改悪の提案）とは異なる別の方法を用いて，該当箇所を修正する方略があります。たとえば，査読者が論文のある箇所の問題を指摘し，「その問題を解決するために，○○という方法を用いるべきだ」とコメントしたとします。そして，あなたは○○という方法を用いることに同意できなかったとします。その場合，別の新たな方法を用いて，査読者が指摘した箇所を修正するのです。その際，なぜその方法を用いたのか，合理的な理由を説明する必要があります。この対応は査読コメントの修正方法に同意したものではありません。しかし，指摘された箇所は修正したことになります。査読者には，投稿者が積極的に修正したように映ります。つまり，査読者のコメントに同意しなくとも，修正することはできるのです。

　第二に，査読のコメントを素直に受け入れましょう。そうすれば，不思議なことに，今まで「困難コメント」だと思っていた指摘が「要努力コメント」に変化します。

　第三に，「修正再審査という結果は，あなたの論文が掲載されるチャンスだ」と考えることです。それは「何としてでも，修正しなければならない」ことを意味します。その気持ちが「困難コメント」を「要努力コメント」に変化させます。

　第四に，コメントを何度も念入りに読み返します。何度もコメントを読み返しているうちに，「困難コメント」から「要努力コメント」になります。視点を変えて読み返すことも，「困難コメント」を「要努力コメント」に変化させる手助けになります。

② 修正不可能な問題にも対応する

　あらゆる手段を使っても修正できないと判断した場合，リミテーションズでその問題を取りあげます。修正不可能なコメントをする多くの査読者は，「リミテーションズでその問題を議論することもできる」というコメントを書き添えます。しかし，そのような文章が書かれていないということは，「査読者は修正不可能な問題に対しても修正を求めている」と考えるべきです。それゆえ，この方法は最終手段であり，慎重に判断する必要があります。つまり，「リミテーションズに記載する以外の対応を考えたが，それよりリミテーションズでこの問題を取りあげるほうが望ましい」と判断した場合に，この方法を取るべきです。そして，査読者にはリミテーションズで取りあげる理由を説明します。

6　査読コメントに対する返信を英語で書く ───────

　査読コメントに対する修正を行うことができたとしても，査読者にその修正内容を英語で説明することは困難な作業のように思うかもしれません。しかし，その作業は想像していたよりも容易です。ここではふたつの方法について話をします。第一に，査読コメントで使用されている動詞を繰り返す方法です。使用する動詞が決まれば，多くの文章は容易に書くことできるようになり

コラム 34　矛盾する査読者同士のコメント

　査読者同士のコメントが矛盾しているという話を耳にします。このようなことを言う者の多くは，研究者の卵か初学者あるいは自称研究者です。なぜなら，実際にはそのようなことはまず起こらないからです。査読者のコメント内容を理解できていないために，コメント内容が矛盾していると勘違いしているのです。よく読めば，査読者間のコメントに矛盾がないことがわかります。悪質な場合，不採択の原因を査読者の責任にする言い訳に使われることもあります。

　しかし，投稿論文に問題があり，その問題を解決するための提案が査読者間で矛盾してしまう場合はあります。それはコメントの矛盾ではありません。投稿論文の問題が査読者に矛盾するコメントを書かせているだけです。査読者は投稿論文の問題点を解決するために提案しているにすぎません。その提案が査読者間で違うだけなのです。

コラム 35　納得するしかない査読

　査読コメントに対して，投稿者なりの言い分がある場合もあります。そのため，査読結果や査読コメントに納得できない投稿者が少なからずいます。論文を掲載し続けていると，投稿者の言い分も多様になります。たとえば，投稿者は，致命的欠陥のある論文を本書のターゲットのなかでも質の低い雑誌に投稿するかもしれません。他の雑誌には掲載されないからです。しかし，質の低い雑誌に投稿しても，その致命的欠陥を査読者に指摘され不採択になったり，その致命的欠陥への対応を求められたりします。投稿者は「致命的な欠陥があるからこそ，質の低い○○誌に投稿したのに。欠陥がなければ○○誌になんか投稿したりしないよ。わかってくれよ」と思うかもしれません。しかし，そのようなことを査読者への返信に書くことはできません。雑誌の質が低くとも，査読者は致命的欠陥を見逃したりはしません。本書がターゲットにしている雑誌のなかでは，査読者の採否の判断に大きな違いはないからです。

ます。たとえば，I would suggest that "assume" and "assumption" be <u>replaced</u> with "hypothesize" and "hypothesis" as these terms sound a bit more scientific and less biased. という査読コメントに対しては，I <u>replaced</u> "assume" and "hypothesize" with "assumption" and "hypothesis" in the revised version of my paper. と返信します（実際のやりとりをコピペしました）。この方法は，私が国際誌に論文を投稿し始めたころ，使用していた方法です。自慢にはなりませんが，私は一度もコメントに対する返信の文章を英文校閲に出したことはありません。この方法で十分に対応できたからです。

　返答に使用できる便利な動詞に，以下のようなものがあります。気の利いた動詞は使いません。"add"（…を加える），"revise"（…を修正する），"describe"（…を記述する），"replace…with…"（…を…と置き換える），"delete" or "remove"（…を取り除く），"provide"（情報などを提示する），"insert"（挿入する）。ちなみに，修正を加えた論文は "the revised version of our paper"，もともとの論文は "the original version of our paper" と書きます。

　第二に，DeepL などの無料の翻訳ソフトを利用する方法です。本文を書くために翻訳ソフトを利用することは推奨できませんが，査読コメントに対する返答に翻訳ソフトを使用することはよい方法かもしれません。ただし，翻訳ソフトのアウトプットをそのまま使用するのではなく，必ずアウトプットを修正した文章を用いてください。翻訳ソフトを利用するポイントは，英語にしやすい日本語を入力することです。

　余談ですが，査読コメントに対する返答の例文が書かれた参考書やネット記事などがありますが，それらの例文はほとんど役に立ちません。たとえ不自然な英語であっても，短い文章を自分の言葉で書くことを勧めます。そのような文章は簡潔で余計な情報を含んでいないため，査読者にとっては理解しやすいからです。多くの査読者は非ネイティブだということを忘れてはいけません。

7　研究者に相談する

　相談する際には，できるだけ複数の研究者に相談することを勧めます。いろいろな意見がもらえることは，あなたの論文の修正に役立つでしょう。場合に

コラム 36　採択意思のないコメントへの対応

　投稿論文を明らかに通す意思のない査読コメントに対して，どのように対応すればよいのでしょうか。「査読者は不採択だと判断したのだから，適当な返答でよい」と思ってはいけません。繰り返し説明しているとおり，すべての査読者のすべてのコメントに対して，真摯に対応する必要があります。

　査読者は複数おり，査読者とのやりとりは編集委員長や主査も読んでいます。あなたの論文が掲載に値するならば，ある査読者が不採択の判断をしたとしても採択されます。しかし，査読者のコメントを無視したり反論したりすると，編集委員長と主査はあなたの論文の評価を下げてしまいます。それゆえ，採択の見込みのない査読コメントであっても，真摯に対応しなければならないのです。

　私の投稿例を紹介します。ある査読者には，私の論文を採択する意思がありませんでした。それはその査読者のコメントの端々から理解できました。たとえば，前書きを除いたコメントの冒頭は "It is very difficult to reconcile the lack of……" で始まっていました。つまり，「あなたの論文の欠点は，どのような対応をしても納得できませんよ」ということです。別のコメントには "……the manuscript overall is difficult to follow……" と書かれていました。このコメントに続く文章から考えて，「あなたの論文は読みにくいため，採択は難しいでしょう」という意図だと推測できました。似たようなコメントは複数ありました。不運なことに，この査読者は主査でした。しかし，この主査を除く 2 名の査読者のコメントは好意的でした。そこで，私はすべてのコメントに対して修正を加え，普段より丁寧に説明しました。論文の修正には反映されていない詳細な情報も開示しました。すると，この主査は深刻な問題として別の新たな問題を取りあげました。残りの 2 名の査読者は採択の判断を出しました。それでも，主査のコメントに対して丁寧に対応しました。その結果，次の査読では，その主査から採択の推薦を得ることができました。それだけにとどまらず，論文の細かな点まで修正してくれました。この主査が折れたわけでもなく，さじを投げたわけでもありません。査読コメントに，「大きな問題は残るけれど，それはそれとして採択の推薦をする」という言葉があったからです。

査読篇

よっては，分野の異なる研究者に相談することも有益です。彼らの助言は十分
参考になります。

　重要なことは誰に相談するかです。相談相手は研究者でなければなりません
が，研究者ならば誰でもよいというわけにはいきません。あなたの疑問に対し
て適切な解答をもらうためには，少なくとも第一著者として二桁以上の論文を
「本書のターゲット雑誌に掲載している研究者」に相談すべきです。継続して
論文を掲載している研究者であるならば，二桁以上の論文を掲載しているはず
です。彼らは掲載論文数以上の「投稿」「査読者とのやりとり」「査読者として
投稿者とのやりとり」を経験しています。そのような経験はあなたの手助けと
なるでしょう。しかし，数篇程度しか第一著者として論文が掲載されていない
研究者は，研究者として未熟であり，経験が圧倒的に足りず，あなたの質問に
適切に解答できるかどうか疑念が残ります。それゆえ，本書ではそのような研
究者を初学者と呼んでいます。コラム2（10頁）も参考にしてください。

　上記で記載した「本書のターゲット雑誌に掲載している研究者」という条件
には，ふたつの意味が含まれています。ひとつは，本書のターゲット雑誌より
水準の低い雑誌にしか論文を掲載していない自称研究者には，相談すべきでは
ないという意味です。この意味を説明する必要はないと思います。もし，あな
たが大学院などに在籍し指導を受けている立場であり，あなたの指導者が研究
者であるならば，自称研究者から査読のみならずあらゆる助言を受けてはなり
ません。あなたの指導者はあなたが研究者として一人前になるために，長期的
視点からあなたに助言をしています。自称研究者の助言は目先の問題に役立つ
かもしれませんが，その助言はあなたの指導者の長期的視点に立った助言とは
異なります。そのような場合，自称研究者の助言はあなたにとって有害になる
でしょう。自称研究者の助言によって，私の指導学生が誤った理解や分析を行
ったり，望ましくない研究姿勢まで身につけたり，私は苦い思いを経験したこ
とが何度もあります。しかし，学生にはそれが理解できないのです。

　もうひとつは，本書のターゲット雑誌より高い水準の雑誌に論文を掲載して
いる研究者に相談することはあまり勧められないという意味です。高い水準の
雑誌に論文を掲載している研究者にとって，本書のターゲット雑誌に論文を掲
載することは容易でしょう。しかし，彼らの助言が正しくとも，彼らの助言は

コラム 37　査読者自身の論文を引用する指示

　査読者が査読者自身の論文を引用するように助言することがあります。この行為は強制引用と呼ばれています。最近では，Journal of Theoretical Biology 誌の編集委員の Chou 博士が投稿者に自分自身の論文を引用するように助言していたとして，Chou 博士は編集委員を解任されました。この問題は Bioinformatics 誌（2019 年）に掲載された Wren 博士らの論文で発表されました。Wren 博士らの論文によれば，Chou 博士は投稿者に対して平均 35 篇の論文を引用するように要求し，そのうち約 90％が彼自身の論文でした。

　強制引用が問題となる理由は，「査読者が助言した文献を引用する必要がなくとも，その文献を引用しなければ不採択になる可能性がある」と投稿者が感じるからです。Science 誌の記事（2012 年）では，社会科学系の研究者 6,672 名を対象に，強制引用の調査を行っています。結果は驚くものでした。研究者の 86％が強制引用は不適切だと回答しているにもかかわらず，研究者の 57％が「査読者からのコメントがあれば余計な引用を加える」と回答しました。

　私の投稿経験で二度だけ，査読者の主要論文を引用することを強制されたことがあります（査読者名も投稿者名も明かされた査読）。そのうちある論文の査読では，「私の研究の発見が査読者の持論を支持している」と結論づけるように助言されました。その査読者のコメントの主眼はほぼそのことだけでした。私は悩みましたが，私の論文の採否を決めかねている査読者はこの査読者のみだったため，その査読者の助言に従うことにしました。すると，別の査読者が採択から不採択に判断を切り替えてしまいました。査読結果を覆した査読者は具体的なコメントを避けていましたが，彼のコメントは私のその行為を厳しく批判する内容でした（私がそう感じただけかもしれません）。結局，この論文は主査によって不採択になりました（査読者 2 名は採択。査読者 1 名が不採択）。もし，私が強制引用に応じなければ，結果は違っていたかもしれません。このように，強制引用を求める査読者もいれば，そのような行為を許さない査読者もいます。強制引用に応じれば採択されるという考えは，浅はかな考えなのかもしれません。

査読篇

あなたの論文に活かされないでしょう。あなたが彼らの助言を正確に理解でき
ないかもしれませんし，彼らの助言はあなたが求めている助言ではないかもし
れません。また，本書のターゲット雑誌に投稿するための論文の書き方（重視
される点）は，より高い水準の雑誌のそれと違います。もちろん，あなたが投
稿した雑誌の水準や特徴だけでなく，あなたが悩んでいることも十分に理解で
きているならば，彼らはあなたの相談相手として適切でしょう。

　言うまでもありませんが，時間と情報はタダではありません。相談される側
は，貴重な時間と情報をあなたのために提供することになります。無償で助言
や情報が得られるという考えはやめましょう。

8　はやる気持ちを抑える

　「1日でも早く再投稿すれば，採択される日が早まる」と思うかもしれませ
ん。しかしそれは誤りです。1日でも早く採択されたいなら，コメントに少し
でも丁寧に返答し，査読者が納得できる修正をすることです。コメントに対応
する行為は論文を書く行為よりもはるかに困難であり，多くの時間と労力を必
要とします。決して労力を惜しんではいけません。それでも，できる限り早く
再投稿すべきです。それは短時間で修正することではありません。

9　誤った対応の仕方

1　無視，反論，言い訳をする

　たったひとつのコメントであっても，修正しないという対応は許されない行
為です。すべてのコメントに対して，査読者が納得できる修正をしない場合，
不採択を覚悟しなければなりません。修正しない行為には「コメントを無視す
る」「コメントに反論する」「コメントに言い訳をする」行為があります。「コメ
ントを無視する」行為とは何の返答もしないことです。「コメントを無視する」
行為はあらゆる選択肢のなかでもっとも避けなければならない行為です。「反
論するよりはマシだ」と考える者がいるかもしれません。しかし，編集委員長
や査読者は，そのような行為に対して「投稿者が修正を放棄した」と判断しま

コラム 38　コメントに反論する

　科学論文執筆の入門書などには，「査読者のコメントに異論がある場合には，その理由を論理的に説明すれば，修正をする必要はない」と書かれています。また，投稿雑誌から送られてくるコメントに対する返答の仕方にも，同じようなことが書かれています。しかし，本書のターゲット雑誌に限って言えば，それは間違いです。反論してはいけません。その理由は明確です。反論しても，何ひとつよいことはないからです。私は掲載数を大幅に超えた 3 桁の査読を経験し，他の研究者の査読内容や投稿者とのやりとりを見てきました。そこで感じたことは，優れた論文の著者ほど反論しないことです。

　まず，あなたの反論に対して，査読者がどのような反応をするかを考えてみましょう。あなたがどのような反論をしようとも，多くの査読者はその反論に対して返信をしないでしょう。査読者はあなたと議論したくないからです（「査読者のことを考える」（154 頁）参照）。その代わり，査読者は投稿者に対して「コメントを理解していない」「研究に対する十分な知識がない」「論文を書く能力が欠如している」などと考えるでしょう。編集委員長や主査も同じように考えます。つまり，あなたの反論は，査読者ばかりではなく編集委員長や主査に対しても，不採択を下す重要な判断材料を与えるのです。これが第一の理由です。

　第二の理由は，反論は査読者の心証を悪化させる可能性があるからです。「反論が合理的でその根拠を十分に示した」とあなたが思っていたとしても，査読者の心証を悪化させてまでして，反論しなければならない理由はありません。査読者の心証を悪化させた結果，査読者は別の問題を取りあげ，厳しく指摘するかもしれません。逆に，あらゆる修正に丁寧に応じた場合には，査読者，編集委員長や主査の心証はよくなります（あるいは改善します）。あらゆるコメントに対して適切に対応することは，とても難しい作業です。そのことは，査読者のみならず，編集委員長や主査も十分に理解しています。それゆえ，コメントに対する適切な対応は，査読者に「多少問題があっても，採択するまで根気強く付き合ってやるか」と思わせます。たとえ，査読者が望んでいなかった応答（修正）をしたとしても，査読者はコメントの意図を丁寧に説明してくれるかもしれません。ときには，論文の問題点を改善するための具体的な方法さ

え助言してくれます。私は査読コメントに対して徹底的に修正します
が，その修正が困難であればあるほど，査読者から高い評価を受けた経
験がしばしばあります。しかも，そのような姿勢は，査読者よりも編集
委員長あるいは主査のほうがより高く評価してくれます。実際に，編集
委員長や主査から私の修正を称賛するコメントが送られてきたことがあ
ります。その結果，修正再審査になった私の論文は高い確率で採択され
ています。

　第三の理由は，一度反論すると，再び反論しようとするからです。な
ぜなら，修正するよりも反論するほうが簡単な作業であり，手っ取り早
いからです。また，修正の仕方を考えるより，反論の仕方を考えるほう
が精神的にも楽だからです。さらに，投稿者の反論はしばしば通ること
があります。実際には投稿者はそのように思い込んでいるだけであり，
査読者は投稿者と議論したくないだけなのですが……。投稿者がそのよ
うな経験を積み重ねると，些細な修正を求めるコメントに対しても反論
するようになります。

　第四の理由は，反論しないことによって，投稿者の修正能力が大幅に
向上するからです。困難な修正に挑み続けると，より困難なコメントに
直面しても，そのコメントに適切に対応できるスキルが養われます。く
わえて，査読者が重視している視点も理解できるようになります。さら
には，どのような困難な査読コメントであっても，修正できるという自
信にもつながります。これらのことは次に投稿する別の論文に生かされ
ます。つまり，反論しないことが次の論文の採択率を高めるのです。

　第五の理由は，反論するという行為の裏には，査読者を軽んじている
気持ちが隠れているからです。つまり，投稿者は「自分は査読者より能
力が高く，査読者は能力がないから，査読者が誤ったコメントをする」と
考えているから，反論したくなるのです。このような考えでは，論文は
採択されません。このような態度は，国内の学会などで名前が知られて
いる自称研究者によくみられます。たとえば，そのような自称研究者は
国内誌に論文を投稿して不採択になると，国際誌に論文を掲載し続けて
いる研究者の査読を一方的に批判します。私自身，この類いの国内の自
称研究者の査読者批判を嫌というほど経験しました。私の国内の知り合
いの研究者もまた，私と同様の経験をしていました。彼らの主張が通る
のは国内だけであり，国際誌では通用しません。

す。そして，「コメントを無視する」行為は，編集委員長や査読者が不採択の判断を下す十分な理由になります。

　「コメントに反論する」行為とは査読者のコメントが誤りであり，あなたが正しいことを主張する行為です。「コメントに反論する」行為が査読に与える影響について紹介したコラム38（169頁）を参照してください。そのコラムを読めば，「コメントに反論する」行為が愚かであることを理解できるはずです。

　「コメントに言い訳をする」行為は，査読コメントに対して，○○なので修正できないと主張する行為です。たとえば，○○の説明を求めた査読者のコメントに対して「紙面が限られているので，これ以上の説明はできない」と返信したり，追加の実験を要求する査読者に「時間がないので，追加の実験はできない」と返信したりする行為です。修正できない理由がどのような理由であっても，修正をしない行為は「コメントに言い訳をする」行為に含まれます。コラム39（173頁）も参照してください。

　反論や言い訳を書き連ねることで，「査読者のコメントに対応した」と誤認している投稿者がいます。しかし，それは明らかに誤っています。あなたの反論や言い訳に対して査読者から返信が返ってこなくても，それは査読者があなたの反論や言い訳に納得したわけではありません。査読者はあなたと議論するために無駄な時間を割きたくないだけです。

　著名な心理学者であるGottman博士は，自著のなかで「夫婦の言動を5分程度観察すれば，その夫婦が離婚するかどうか82％の確率で予測できる」と述べています。Gottman博士が指摘した離婚する夫婦の言動は，批判，侮辱，言い訳，逃亡です。批判や侮辱はコメントに対する反論であり，逃亡はコメントを無視する行為に相当します。あなたが論文を修正しない行為（反論・言い訳・無視）は，投稿者と査読者との関係を自ら破壊（離婚）する行為なのです。

2 どこがおかしいのか質問する

　査読者のコメントに対して，「どこがおかしいのか。詳しく教えてほしい」あるいは「どのように修正すればよいか教えてほしい」という質問をする投稿者がいます。査読者には，このような質問に解答する義務はありません。また，そのような質問をする投稿者は，以下の3つの点で不採択に結びつく大きな失

査読篇

敗を犯しています。第一に，論文はあなたのものであるにもかかわらず，そのような質問はそれを放棄したことを意味しています。あなたが自らの意思で論文を修正する態度を示さないと，査読者は査読をする熱意を失います。第二に，査読者は論文の採否を判断する研究者であり，あなたの指導者ではありません。第三に，このような質問をする行為は「その程度のことも理解できないのか」という印象を査読者に与えます。上記のような助言をしている私自身も，査読コメントに対してその問題点を詳しく教えてほしいと返信したことがあります。すると，主査から「その査読者はあなたの査読を継続する意欲を失った」というコメントが送られて，私の論文は不採択になりました。

❸ 指摘されていない箇所を修正する

　スペルミスや文法上の誤り，表現上の修正を除いて，指摘されていない箇所を修正してはいけません。修正する必要がある場合には，査読者のコメントに関連づけて修正することを勧めます。そうでない場合は，すべての査読者に修正した旨を伝え，その理由とその根拠を説明する必要があります。何も伝えず修正した場合，採択後であっても再審査になることがあります。このようなトラブルを防ぐために，修正をする場合には Word のトラッキング機能を使用しなければならない雑誌もあります。

❹ あきらめる

　あきらめる行為は論外です。再審査のチャンスが与えられたにもかかわらず，修正をあきらめてはいけません。修正再審査の通知はあなたにとって幸運な結果なのですから。

　修正が困難だと判断すると，取り下げることもせず放置する者がいます。この行為は編集委員長の仕事を増やし，掲載可能性のない論文に時間を割かせることになります。また，取り下げることなく別の雑誌に投稿する行為は二重投稿になり，投稿雑誌とあなたの所属機関から処罰を受けることになります。

コラム 39　コメントに言い訳をする

　国際誌の査読では，言い訳をする行為はあまり見かけません。しかし，国内誌では頻繁に見かけます。よく見かける言い訳が「修正すると制限文字数を超えてしまう」というものです。査読コメントに対応すると，多くの場合にオリジナルの論文より修正した論文の文字数が増えるため，「紙面に余裕がない」という言い訳はあらゆるコメントに当てはまります。そのため，投稿者にとっては都合のよい言い訳です。他の代表的な言い訳に，「修正提出期限に間に合わない」「追加の実験をする時間がない」などがあります。

　ある自称研究者が国内誌に投稿した論文について，自慢げに話をしていた言い訳があります。表現を変えて紹介します。研究で用いた装置の精度が足りないと査読者から指摘され，「投稿雑誌に掲載されている 10 篇の論文を調べたが，投稿論文と同程度の精度だった」と修正することなく返信したそうです（装置の精度をサンプル数に置き換えてもかまいません）。掲載された論文であっても，誤った方法を用いている研究もあります。また，装置の精度やサンプル数の基準は実験条件によって違います。このような自称研究者の話は「だって，のび太君は宿題をしないんだから，僕もしなくてよいだろ」という言い訳と同じ論理です。

　この自称研究者は，装置の精度（サンプル数）が十分である根拠として，この研究で必要とされる装置の精度（サンプル数）を提示すべきでした。つまり，「○○を測定するために許容されている装置の精度は○○であり，本研究の精度はそれを上回っているため，その装置による測定誤差は結果に影響を及ぼさない程度であった」という修正をすべきだったのです。サンプル数の場合ならば，「○○という条件下で○○分析を行うために必要なサンプル数は○○であり，本研究のサンプル数はその値を上回っている。それゆえ，本研究のサンプル数は適切である」という文章を本文中に書き加えるべきだったのです。

　あらゆる言い訳は修正しない理由として成立しません。言い訳をする行為は，「コメントを無視する」行為ほどではありませんが，査読者に否定的な心証を与えます。多くの査読者は言い訳を相手にしません。その代わりに，言い訳は不採択の判断を下す大きな理由を査読者に与えるだけです。

10　それでも修正したくない場合

　その雑誌に掲載されることをあきらめなさい。もう少し言えば，修正しない
なら，研究者になることを考え直したほうがよいでしょう。掲載されない論文
（研究）に価値はありません。それはあなたの趣味です。"Publish or Perish" な
のです。論文が掲載されるために修正するしか方法がないなら，修正しなけれ
ばならないのです。

第4部　査読の視点

1　編集委員長の視点

　編集委員長は一定水準以下の論文を不採択にしなければなりません。それゆ
え，編集委員長は「査読に回すかどうか」を考えながら論文を読みます。
Journal of Scholarly Publishing 誌に掲載された論文（2016年）では，論文の採否
を判断する際に，社会科学系の編集委員長が重視している点を調査していま
す。その結果，編集委員長は「雑誌の範疇」「発見の明確さ」「方法の質」「考察
や結論」「発見の長所」「ライティングの質」「方法の記述の仕方」「引用文献の
新しさや包括さ」をこの順で重視していました。この論文の結果が示している
ことは，編集委員長は上記のような視点から論文を読んで，論文を不採択にす
るか審査に回すかを決めているということです。

　私の友人の国際誌の編集委員長との会話と私の経験から，投稿論文を受け取
った編集委員長は，おもに以下のような過程を経て採否を決定していると推測
します。まず，投稿規程を無視した論文と雑誌の範疇外の論文を不採択にしま
す。同時に，ライティングが貧しい論文を不採択にします。続いて，それぞれ
の雑誌が重視している事項を確認します。たとえば，実験研究，縦断的研究，
大規模研究，臨床研究，実践的研究など，その雑誌が求めている研究方法に合
致しない論文を不採択にします。また，研究デザインの問題など修正不可能な
欠陥がある論文も不採択にします。最後に，掲載価値があるかどうかを判断し

コラム 40　国内誌の査読との違い

　国内誌と比較して国際誌の場合，デスクリジェクトと査読後の初回審査の不採択の確率が高いと思います。国際誌では，掲載可能性のない論文に対して，編集委員長や査読者の時間と労力を費やすことに否定的です。しかし国内誌では，国際誌とは違う力学が働いています。多くの日本人編集委員長はもめ事を嫌います。投稿者から苦情を言われたくないのです。それゆえ，本来ならデスクリジェクトにすべき論文を査読に回しています。不採択の責任を負いたくないからです。恥ずかしながら，私にも同様の経験があります。査読に回された論文は，査読者が評価します。査読者も編集委員長と同じように考えます。つまり，不採択にすべき論文でも修正再審査にするのです。そして，修正不可能な問題点をコメントし，投稿者の取り下げを待ちます。あるいは，他の査読者が不採択にしたことを確認し，不採択の判断を下します。不採択にするかどうかを編集委員長に相談する査読者さえいます。それゆえ，国内誌では，デスクリジェクトや初回審査の不採択が少なくなるのです。

　同じような理由のため，日本人の査読コメントは投稿者あてと編集委員長あてでその内容が違います（査読者は投稿者に対するコメントとは別に，編集委員長にもコメントを提出します）。たとえば，国内誌の査読者の場合，投稿者あてのコメントには，論文の致命的欠点や査読者に反論される可能性のある問題点（論文がよくなるために必要なコメント）を控えめに指摘します（あるいは指摘しません）。しかし，編集委員長あてのコメントには，論文の重大な欠点として厳しく指摘します。そして，「本当は不採択にしたいけれど，修正再審査にした」という主旨の文章を書き添えます。その査読コメントを読んだ投稿者は，査読者が自分の論文を好意的に評価していると誤解することもあります。

　つまり，国内誌の編集委員長や査読者は「査読の質よりも，面倒事やもめ事を避けることを最優先する」と考える傾向が強いのです。実際にそのような発言をする査読者すらいます。それゆえ，国内誌では，面倒な投稿者の論文を不採択にしない傾向があります。たとえば，大御所と呼ばれている者や査読に対する苦情を言う者が，著者に加わった論文などです。このような事実もあるため，私は国内誌への投稿を勧めないのです。

査読篇

ます。あとは，それぞれの雑誌の質に応じて，投稿論文が査読に回す水準を上
回っているかどうかを判断するだけです。

　編集委員長の視点で注目してほしいことは，本書のターゲットである雑誌で
は，雑誌のレベルを意識して査読をしているのは編集委員長だという点です。
査読者は雑誌のレベルをほとんど意識することなく査読をしています。査読者
は多様なレベルの雑誌から査読を依頼されており，それぞれの雑誌のレベルを
意識して査読をすることは現実的に困難です。それぞれの雑誌の特徴に応じた
査読ができればよいほうです。それゆえ，編集委員長の判断が重要になりま
す。言い換えれば，投稿者にとって，投稿論文が査読に回されるかどうかが大
きな関門になるのです。

2　査読者の視点

　通常，査読者は編集委員ではなく編集委員長が依頼した研究者であり，その
雑誌の方針を十分に理解していません。一方，主査は編集委員から選出される
ことが通例であり，編集方針を理解していると考えられます（主査の役割を編
集委員長が兼ねる場合もあります）。しかし実際には，編集方針を十分に理解
していない主査もいます。編集方針を理解しているかどうかに関する主査の質
は，雑誌によって違うようです。雑誌の質が高いほど，その雑誌の編集方針に
対する主査の理解度は高くなります。

　査読者は一般的に以下の点を重視して査読をします。とくに，査読者は合理
的でない文章構成，論理的飛躍，冗長な文章に嫌気を感じます。そのような論
文は読み手に負担をかけ，そのような論文に査読者は関わり合いたくないと思
うからです。以下の説明では，執筆篇の「論文執筆のルール」（72頁）と重複
している説明は省略（あるいは簡略）しています。

■ 論理的整合性，合理性

　査読者は論旨の合理性と論理的整合性を重視します。とくに日本人は論旨の
合理性と論理的整合性を意識すべきです。なぜなら，日本人が書く文章は論理
的な穴埋めを読み手に依存している（文脈に依存している）ため，飛躍した文

コラム 41　日本人を対象にした研究

　ヒトを対象にした研究分野では，「言語が英語ではないこと」「研究対象が日本人であること」に起因した問題が生じることがあります。論文ではその問題を解決しなければいけません。

言語が英語ではないこと

　研究で用いる材料には，モニター，細胞，薬品だけでなく，文章課題や質問紙などの言語を媒介にしたものもあります。言語を媒介とした材料を用いた場合，オリジナルの材料と実際に研究で使用した材料との間に言語（英語と日本語）の相違があります。そのため，日本語を媒介とした材料に関する情報を提示しなければなりません。たとえば，マゾヒズムの個人差を測定するためにマゾヒズム尺度という質問紙を使用したとします。マゾヒズム尺度の原版は英語で作成されており，先行研究によってマゾヒズム尺度の心理測定上の性質（信頼性や妥当性など）に関する情報が提示されています。しかし，研究で使用したマゾヒズム尺度は原版ではなく，それを翻訳した日本語版のマゾヒズム尺度だった場合，日本語版の心理測定上の性質に関する情報も提示する必要があります。さらに，英語を翻訳した過程であるバックトランスレーションに関する情報が求められる場合もあります。

研究対象が日本人であること

　研究参加者が日本人である場合には，そのことに関する情報を求められることがあります。社会や文化などに影響を受けない普遍的事象を研究している場合は別ですが，そうではない場合には，研究対象者の説明が必要になります。たとえば，日本の社会や文化の説明に加え，日本人を対象にする意義を説明します。また，日本人を対象にすることで，結果にどのような影響があるのかについての説明もしなければなりません。読者の多くは日本についての十分な知識をもっていないからです。むしろ，まったくないと考えるべきです。それらの説明はあなたの主観ではなく，エビデンスに基づいていなければなりません。

査読篇

章が多いからです。

2 方法の適切さ

　研究方法が仮説を検証するために妥当であるかどうかは，査読者ならば必ず確認します。査読者は投稿論文の粗探しをしているわけではありません。研究者の習性として，そのような視点で論文を読むのです。それゆえ，あなたの論文に方法論上の問題があるならば，査読者に指摘される前に，考察で議論したり，リミテーションズに記載したりしなければなりません。そのような問題点をあなたが論文で取りあげなければ，その問題を発見した査読者は「致命的な欠陥があるにもかかわらず，投稿者は仮説が実証されたと主張しようとしている」と思うでしょう。

　同様に，査読者は不透明なマテメソの記載に不信感を抱きます。査読者が不信感を抱かないようにするために，欠陥のある方法であっても，隠すことなく報告しなければなりません。不透明なマテメソの記載に対して，査読者は十分な情報を開示するよう要求するでしょう。そこで，あなたの研究方法の問題が発覚すれば，査読者は「あなたがその問題を隠そうとした」と思うかもしれません。

3 結果に基づいた考察

　査読者は，「結果と直接関係のない議論をしていないかどうか」，つまり「結果を拡大解釈していないか」を確認します。たとえば，相関研究であるにもかかわらず，因果関係について言及していないかどうかです。また，査読者は序論以上に考察における論理的飛躍を嫌います。とくに研究の発見の意義を強調しすぎると，あなたの研究全体に対して不信感をもちます。

4 差別や偏見のある表現

　投稿規程やガイドラインでは，差別や偏見のない表現（inclusive language）を用いることの指示は，一般的に倫理に関する項目で説明されています。その内容は時代とともに変化するため，より新しいガイドラインに触れておく必要があります。ここでは，そうした視点とは少し異なる視点，つまり「差別や偏見

のある表現による不採択を避ける」という視点から説明をします。

　まず理解してほしいことは，国際社会では人種，民族，宗教，性などによる差別や偏見を決して許さないという強い意志があり，そのような差別や偏見を失くすために積極的に取り組んでいるということです。それにもかかわらず，日本人の投稿論文には，差別や偏見に対する配慮を欠いた文章がみられます（私も含めてですが）。正確に言えば，日本人は自分が書いた論文に差別や偏見のある表現があっても，その表現に気づきにくいのです。

　そのような国際社会の動向は査読にも反映されています。差別や偏見のある表現は，多くの査読者に否定的な印象を与えます。査読者は英語を母国語としない投稿者の英語の表現に寛容であると書きましたが，差別や偏見の表現に対しては別です。そのことが原因で不採択になるかもしれません。たとえば，英語を母国語としない研究者の採択論文（webで先行掲載）に性差別を助長する表現を含んでいることが指摘され，その論文が紙媒体で掲載される前に撤回に追い込まれたことがあります。ある基準によってヒトをカテゴライズし比較した研究（たとえば性差の研究）や，そのような研究を引用する場合には，細心の注意を払わなければなりません。そのような記述がある場合には，英文校閲などを利用して，日本人以外の研究者に読んでもらうことを推奨します。

3　査読に対する誤解

1　独創性・新規性・研究の意義を強調すべき

　参考書には一般的に「独創性・新規性，研究の意義を強調するように」と書かれています。また，あなたの同僚や研究者仲間も同じような助言をするかもしれません。確かに，原著論文として採択されるためには，未発表の新しい発見，すなわちその論文の独自性を報告する必要があります。しかし，本書がターゲットにしている雑誌では，独自性を含め独創性・新規性を強く意識する必要はありません。

　独創性・新規性を意識し，「これまで，やられていなかったことをやってみた」を強調する投稿者がいます。しかし，「やられていなかったことをやってみた」だけでは，独創性や新規性があるとはいえません。「やられていなかったこ

とをやってみた」に意味や意義が伴ってはじめて，独創性や新規性が生まれます。たとえば，「日本では検証されていなかったので検証した」というだけでは，独創性や新規性のある研究にはなりません。独創性や新規性を主張するためには，日本で検証することの意味や意義を説明する必要があります。そして，査読者がそのことに納得してはじめて，研究の独創性や新規性が認められます。くわえて言うならば，「やられていなかったことをやってみた」ということは，論文では当たり前のことであり，わざわざ書く必要のないことです。

　さらに言えば，本書のターゲット雑誌では，本当の意味での独創性や新規性は求められていません。それゆえ，論文に記載すべきことは，「先行研究とどこがどのように異なるのか。その異なりにはどのような意味があるのか」です。それが研究の独創性や新規性になります。

② 査読コメントは落とすため

　「査読者は投稿論文を落とすためにコメントを書いている」と思っている投稿者がいます。しかし，それは見当違いです。あなたの論文が掲載されない限り，査読者の労力は報われないからです。あなたの論文が不採択になると，査読者は無駄な時間と労力をあなたの論文のために費やしたことになります。査読コメントは，読み手が抱く疑問と同様の疑問にすぎません。

③ 査読者のはけ口を作る

　投稿論文に査読者のはけ口を作ってはいけません。国内誌の査読者は，どんなに完成度の高い論文が投稿されても，初回の審査をとりあえず修正再審査にする傾向があります。日本人の査読者は「たとえ問題がなくても，何か指摘しなければならない」と思い込んでいるからです。それゆえ，国内誌に投稿する際に，私は指摘しやすい欠陥を論文に含めていました。つまり，あらかじめ査読者のはけ口を作った論文を投稿していたわけです。この方法は国内誌では信じられないほどうまくいきました。しかし，この方法を国際誌で使ってはいけません。初回の投稿で不採択になるからです。この方法で国際誌に投稿した私の論文はデスクリジェクトになりました。

4　査読者の順番

　査読者名を伏せている雑誌では，査読者には便宜上の番号が振られています。たとえば，Reviewer 1 や Reviewer 2 などです。この番号は便宜上の番号であって，この順番に意味はありません。すべての査読者は同列です。ただし，主査のコメントから推測して，特定の査読者のコメントを重視していることが推測できる場合はあります。

5　査読の遅れと問い合わせ

　査読期間は投稿者にとって気になるものです。そのため，多くの雑誌の HP には，査読期間の目安が書かれています。その表記を見たからかもしれませんが，「国際誌の査読期間は短い」「国際誌の査読期間は 1 か月程度」という話がまことしやかに語られたりします。本当でしょうか。

　Nature 誌の記事（2016 年）では，PubMed に掲載されているすべての論文の投稿から採択までの期間を調べています。その結果，その期間はインパクト・ファクター（IF）が 1.0 から 10.0 までの雑誌ではほぼ同じで，中央値が 100 日を超えた辺りでした。IF が 1.0 以下の雑誌や 10.0 を超える雑誌の中央値は 120 日を超えていました。この記事の数値は初回の査読期間ではありませんが，これらの値から推測すると，初回の査読は 3 か月以内で終わっているようです。しかし実際には，査読期間はこの報告より長いと思います。なぜなら，この記事の対象論文には，査読期間が短い依頼論文やエディトリアルなどが含まれているからです。また，この Nature 誌の記事に対するアンケート結果では，投稿から採択まで 3 年以上かかったと回答した研究者がおよそ 10％もいたからです。

　査読期間に関する私と私の研究者仲間のコンセンサスを紹介します。まず，デスクリジェクトの場合は数日あるいは 1 週間，遅くとも 1 か月以内で返却されます。1 か月以上も待たせる雑誌には，今後の投稿を考えたほうがよいかもしれません（通常は遅くなった理由を説明したメールが編集委員長から届きます）。運よく査読に回った場合，早ければ 1 か月，通常 3 か月，遅い場合には 6 か月から 8 か月程度かかります。8 か月以上かかる場合には，問い合わせを考えてもよいかもしれません。2 回目の査読はおおむね 1 か月から 2 か月程度で

コラム42　しつこく問い合わせをすると

　私がある雑誌に投稿したときの話です。その雑誌から1年以上も査読結果が戻ってこないため，問い合わせをすることにしました。問い合わせの内容は「査読状況を教えていただけないでしょうか」という趣旨の簡潔なものでした。雑誌の事務局から丁寧なお詫びの文章に加えて，現状の査読状況についての連絡がありました。具体的に言えば，主査のみ決定しているが，査読者が1名も決まっていないとのことでした。そこで，私はこの雑誌を見限ることにしました。さらにこの雑誌には今後投稿しないと決意し，長年やってみたかった「しつこく査読の問い合わせをしたらどうなるのか」を試してみることにしました。

　雑誌の返信から1か月経っても連絡がなかったため，再び問い合わせをすることにしました。今回は主査あてにメールを出しました。私が送ったメールの内容は前回と同じです。返信メールには，定型のお詫び文章と査読者1名が決定したことが書かれていました。その1か月後も進展がなかったため，再びメールをしました。前回と同じ文章の問い合わせです。主査からは定型のお詫びの文章だけが返ってきました。さらに数週間後，再び同じ文章を主査に送りました。すると，数日後に不採択を告げる短いメールが返ってきました。査読者のコメントはとても雑でしたが，不採択のコメントではありませんでした。査読者はこの1名だけでした。つまり，主査が不採択の判断を下したわけです。しかも，不採択理由は一行も書かれていませんでした。

　このやりとりからもわかるように，いくら査読の返信が遅いからといって，査読の問い合わせを繰り返すと不採択になります。この論文は幸運にも別の雑誌に掲載されましたが，早い掲載を望んでいるならば，問い合わせをしたり取り下げたりすることなく，査読の返信を待つほうがよいと思います。

　ちなみに，このコラムを執筆している時点で，初回の査読結果を8か月以上待っている論文を抱えています。問い合わせはしていませんし，その検討もしていません。原則，査読は気長に根気よく待つものだと考えています。他にやることもたくさんあります。研究を複数走らせるようになれば（常に複数の論文を同時に投稿するようになれば），そういう気持ちになることができます。この論文は結局採択されました。

コメントが返ってきます。3か月を過ぎると少し遅い気がします。しかし，初回の査読期間と同程度の時間がかかる場合もあります。

　査読の遅れへの対応は雑誌によって違います。多くの雑誌では，査読が遅れても，問い合わせをしない限り何の連絡もありません。問い合わせをすると，編集事務局から謝罪の返信があります。しかし，状況が変わることはありません。まれに，問い合わせをしなくとも，編集委員長あるいは主査から，遅延の連絡とともに遅延の具体的な理由，査読結果の送付予定日などの連絡がある場合もあります。査読の遅延によって，主査や査読者が交代することもあります。

　査読制度が十分に整っている雑誌や管理能力の高い編集委員長（あるいは編集事務局）が担当している雑誌では，あなたの査読は順調に進んでいます。そうでない雑誌であっても，問い合わせをしてもしなくても，状況が変わることはありません。つまり，よほどでない限り，問い合わせに意味はありません。よほどのこととは，第一に，投稿が受稿されてから1か月以上経っても，主査が決まっていない場合です（編集委員長が主査を兼務している場合もあります）。第二に，投稿論文が受稿されてから8か月以上も返信がない場合です。8か月という年月は私と編集委員長を経験した研究者との経験上の数値です。第三に，すでに査読者による査読が終了しているにもかかわらず，3か月以上も編集委員長あるいは主査の判断を待っている場合です。

　問い合わせをする場合，やってはいけないことがあります。まず，投稿から数か月しか経っていないにもかかわらず，問い合わせをすることです。問い合わせが編集事務局内で帰結する場合は別ですが，それが編集委員長あるいは主査に届いた場合のことを考えてください。編集委員長や主査は多くの仕事を抱えており，限られた時間のなか，たとえわずかな時間であっても，あなたのくだらない問い合わせに対応しなければならないのです。あなたの懸念を解消するためだけに，編集委員長や主査はあなたの論文の審査状況を調べ，返信しなければなりません。あなたの論文は審査中だから返ってこないのです。問い合わせをしたところで，審査が終了したりはしません。

　問い合わせのメールに，投稿者自身の都合を書くこともやってはいけません。「学位論文の審査のため」「科学研究費の申請のため」など，あなたの都合を書いてはいけません。科学雑誌は科学の発展と社会への貢献のために発行し

ており，あなたの利益のために発行しているわけではありません。ましてや，あなたの学位論文や研究費は雑誌の発行目的とはまったく関係ありません。あなたの都合は審査を早めることにつながらないだけでなく，編集委員長に対してよい心証を与えません。

査読篇　ポイント

　査読コメントに対する不適切な反応は「査読者に対する不信」と「自信の喪失」です。未熟な者ほどプライドが高く，査読コメントは理不尽だと考えます。あるいは，査読を継続する自信を失います。

　多くの投稿論文は不採択になります。運よく修正再審査の機会を得た場合，必ず再提出します。査読コメントは読み手が抱く疑問や疑念です。それゆえ，あらゆるコメントに対して，積極的に修正しなければなりません。それは査読者が納得する修正をすることであり，修正したことを査読者に印象づける作業です。そして，それは論文の問題を素直に認める作業でもあります。それゆえ，コメントに対して，無視したり，反論したり，言い訳をしたりしてはいけません。採択への早道は査読コメントに丁寧に返答し，査読者が納得する修正をすることです。また，編集委員長や査読者の視点に立つことも必要です。たとえば，査読者はあなたの論文に興味をもっていないし，あなたと議論したくもありません。

倫理篇

研究倫理は
あなたの倫理観や価値観ではない
形式的に守らなければならない決まりでもない

研究倫理とは
従わないと、論文が掲載されない
規程である

第 1 部　研究活動の不正

　研究者になる覚悟を決めたあなたが，最初に学ばなければならないことは，研究の仕方や学術的知識ではありません。それは研究倫理です。かつて研究倫理は個々で学んでいましたが，現在では学部および大学院で指導を受けることになっています。しかし，そこで教えられている研究倫理の質は所属学部や大学院によって違います。また，研究倫理に対する正しい認識を指導できている学部や大学院は多くありません。「はいはい，わかりました。研究参加者の人権に配慮しておけばいいんでしょう」「倫理観は人によって違う。いろいろな考え方があるんだから，絶対に○○だということなんてない」という考えでは，論文を掲載させることはできません。研究倫理とは倫理観のことではなく，その決まりを守っていない研究は雑誌に掲載されないというものです。

倫理篇

1　不正行為

　研究倫理に反する行為には，研究活動の不正と研究費の不正があります。研究活動の不正には，明らかな不正である「不正行為」と，明確に不正行為とはいい難い「不適切行為」や「疑わしい研究行為」があります。研究費の不正は本書の目的と関係がないため割愛し，まずは「不正行為」について説明します。

　国，研究機関，学会などのガイドラインに照らし合わせると，不正行為は「ねつ造」「改ざん」「剽窃・盗用」を指しています。それぞれの頭文字をとってFFP と呼ばれることもあります。ねつ造は存在しないデータや成果を報告する行為です。改ざんは，得られたデータや研究成果に手を加え，真の値とは異なる値を報告する行為です。剽窃とは発見やデータ，アイディア，分析手法，研究手続き，文章や図表などを適切な引用をすることなく流用することです。ねつ造や改ざんは理解しやすいためにそれらの解説は割愛し，ここでは剽窃についてのみ紹介します。

1　剽窃と引用

　引用符さえつければ，剽窃ではないと思い込んでいる者がいます。つまり，「引用符をつければあらゆるコピペが許される」と思っているかもしれません。しかし，それは誤った認識です。人文社会科学系の一部を除いて，論文では引用符によるコピペは原則禁止です。たとえ引用符によってコピペをする場合であっても，厳しい制約があります。

　そもそも，科学における引用は引用符によるコピペのことではありません。引用とはある研究内容を十分に理解し，その成果などを自分の言葉で説明する行為のことです。自分のオリジナルの意見や考え，そして一般的に広く知られている事実を除き，すべての記述は引用になります。

　科学論文では引用符ではなく引用を用い，引用符を用いる機会はまずありません。たとえ学術用語を定義する場合でも，その定義を正確に書き写す必要性がない限り，自分の言葉でその用語を説明します。どうしても引用符によるコピペをしなければならない場合であっても，多くの雑誌がコピペをする語数に制限を設けています。一定の長さを超えたコピペは，その文章を書いた著者や出版社から許諾を得る必要があります。図表の転載と同じく，文章にも著作権や肖像権があるからです。

　学生にレポートを出題させると，ネット上や書籍の文章をコピペして，その文章を部分的に書き換えて提出する不心得者がいます。このような方法を用いて，論文を書いてはいけません。引用するしない以前の問題です。論文は自分で書くものです。いかなる理由があろうともコピペをしてはいけません。

　ただし，以前に自分が書いた文章と似た文章になってしまうことはよくあることです。とくにマテメソの文章は似てしまいます。このような場合は剽窃とはいいませんが，できる限り違う表現を用いるよう努力しましょう。

2　自己剽窃

　自己剽窃はすでに発表した自分の研究を引用しないことによって生じます。正確に言えば，自己剽窃とは，過去に発表した発見であるにもかかわらず，その研究に触れることなく，新たに発見したかのように報告する行為で，過去に発表した人物が自分である場合を指します。どのような媒体であっても，過去

に発表したあらゆる研究がその対象になります。もちろん，国内で発表した研究成果も含まれます。国内での発表は広く知られていないからといって，その発表がなかったかのように扱う行為は自己剽窃になります。

3　剽窃検出ソフト

剽窃は容易に見つけることができます。たとえば，CrossCheck 社では剽窃文章を見つけ出す iThenticare（アイセンティケイト）というソフトを提供しています。このソフトを使用して投稿論文の剽窃を調べている雑誌や出版社もあります。

2　不適切行為

以下で指摘する倫理事項は不正行為と認定されていませんが，限りなく不正行為に近い行為であり，「不適切行為」あるいは「疑わしい研究行為」といわれています。しかし近い将来，これらの行為は，ねつ造，改ざん，剽窃に加え，不正行為に含まれるかもしれません。実際，「不適切行為」として紹介する二重投稿は，複数の研究機関などでは不正行為として捉えています。本書では以下で説明する不適切な研究活動を「不適切行為」とし，透明性や再現性に関わる不適切な研究活動を「疑わしい研究行為」とします。「疑わしい研究行為」は次項で説明します。

1　研究参加者の権利

研究参加者の権利は，ヘルシンキ宣言をはじめ，さまざまな倫理規程に記載されています。ヘルシンキ宣言では，ヒトを対象にした研究を行う場合，研究参加者からインフォームド・コンセント（説明を受けたうえでの同意）を得ることを義務づけています。インフォームド・コンセントは，口頭ではなく書面による説明と同意が必要です。書面による同意を得ることができない場合には，第三者による立会人のもと，同意を得たことを記録しなければなりません。研究参加者が記載内容を十分に理解できない場合には，法的権利を有する代理人からインフォームド・コンセントを得る必要があります。書面によるインフォームド・コンセントを得ていない研究は，ほとんどの雑誌に投稿できま

せん。

　研究分野によっては，研究の目的などに関して嘘をついて同意を得ている者がいます。そのような者は，「実験後にディブリーフィングを行い，そこで本当の目的を伝えれば問題がない」と考えているようです。しかし，このような行為はインフォームド・コンセントに反する行為です。なぜならば，その行為は研究参加者をだまして同意書にサインさせたものであり，その行為を同意とはいわないからです。

2 利益相反

　利益相反とは研究の計画・実施・執筆に影響を与える可能性のあるあらゆる利害関係のことです。投稿者にはそのような利害関係を開示する義務があります。利害関係は研究に対する助成金や特許権・ライセンス使用料などの金銭的支援だけではありません。雇用関係にある場合もまた利害関係があります。たとえば，あなたが会社の社員であれば，あなたを雇用している会社とあなたとの間には利害関係があるとみなされます。最近では，研究の中立性に疑念を抱かせる非経済的利害関係も，開示することが求められています。

　上記の説明からもわかるように，利害関係は投稿論文のために直接支援を受けたかどうかと関係ありません。たとえば，対象が明確ではない支援や別の研究のための支援だったとしても，そこには利害関係が成立しています。それゆえ，研究を行っていた特定の期間内に，利害関係のあったあらゆる関係を開示します。その期間は投稿する雑誌や出版社によって違いますが，5年間に設定している雑誌や出版社が多いようです。

　雑誌によっては，特定の企業や団体からの支援を受けた場合，支援を受けた研究者の投稿を受けつけない場合があります。たとえば，たばこ産業から助成金を受けた研究者（場合によっては研究室）が著者に含まれる場合，その論文は受稿されません。この傾向は先進国内で喫煙に寛容な国であるわが国でもみられます。たとえば，日本衛生学会，日本疫学会，日本癌学会，日本公衆衛生学会などの諸学会は，たばこ産業の支援を受けた場合，論文の投稿はおろか学会の発表も受理しない方針を打ち出しています。

3 二重投稿とサラミ

　二重投稿（重複投稿）とは，投稿中あるいはすでに出版された論文を別の雑誌に発表する行為です。日本語で書いた論文を英語に翻訳して投稿する行為も二重投稿です。掲載された論文と多くの点で重複している場合も二重投稿とみなされます。たとえば，新たなデータを加えることなく掲載論文と同一のデータを用い，序論や考察が掲載論文と類似した論文を投稿した場合です。ただし，国際的機関，学会，政府などが公表したガイドラインや，広く周知すべき記事などを他誌に掲載する行為は二次出版といい，二重投稿には該当しません。二次出版の対象は声明やガイドラインなどです。いくつかの代表的な研究関連機関のガイドラインでは，二重投稿は不正行為に含まれています。

　サラミとは同じサンプルをふたつ以上の論文に分けて報告する行為です。たとえば，複数の変数のデータを取り，そのデータをふたつ以上の論文に分けて公表する行為です。また，実験群とふたつの統制群（統制群 A と B）のデザインを組んでいるにもかかわらず，ある論文では実験群と統制群 A を比較し，別の論文では実験群と統制群 B を比較する行為もサラミです。サラミは「疑わしい研究行為」にも含まれ，複数の研究関連機関や学会では二重投稿だと考えています。

　二重投稿やサラミが禁止されている共通の理由は，これらの研究には独自性がなく，掲載する価値がないからです（コラム 11（73 頁）も参照）。それゆえ，掲載価値があると雑誌（編集委員長）が判断した場合は，サラミであっても投稿を受けつけてもらえます（二重投稿は認められません）。たとえば，薬物や介入効果を調べるための縦断的研究（前向き研究）を計画し，ある論文で第 1 回と第 2 回のデータを発表したとします。その後，第 2 回目の調査から 5 年後に収集した第 3 回目のデータを加えて，投稿するような場合です。掲載価値があるかどうかはあなたが判断することではなく，編集委員長が判断することです。それゆえ，サラミ論文を投稿する場合は，掲載価値があるかどうかの判断をするために十分な情報を開示しなければなりません。データや研究方法のどの部分がすでに発表した論文と重複しているかについて，カバーレターやタイトルページだけでなく，本文でも詳細に説明する必要があります。本文で記載していない場合には，査読者を欺いたことになります。なぜなら，査読者（読

倫理篇

コラム 43　学会発表の投稿は二重投稿になる

　論文には独自性が必要です（コラム 11（73 頁）参照）。それゆえ，すでに公開されたものを別の雑誌に投稿すると二重投稿になります。公開されたものは論文に限りません。それは大学紀要や学位論文，書籍やネット上で発表したもの，学会抄録も同じです。一度公表したものはオリジナルではなくなるからです（独自性を失い，論文ではなくなる）。たとえば，雑誌に掲載された論文が過去に学会抄録に掲載されていたことを指摘され，その論文が撤回になった事例がいくつもあります。そして，その論文の投稿者が二重投稿という倫理違反を犯した記録が，未来永劫に残ることになります。

　ただし，学会抄録のような予備的報告の投稿が二重投稿にならない場合（雑誌）もあります。そのためには，少なくとも（a）投稿する雑誌や出版社が学会抄録の投稿を許可しており，かつ（b）発表した学会から雑誌に投稿することの許可を得ている必要があります。学会抄録以外でも同じ基準が適用されるでしょう。

　前者（a）の条件はその論文の独自性を含んだ掲載価値に関する問題です。雑誌（編集委員長）がその論文を掲載する価値があると判断すれば，その論文は掲載される可能性があります。それゆえ，投稿が許されたとしても，学会などで発表したことによって掲載価値が低下すると，不採択になる可能性が上がります。また，雑誌や出版社が学会抄録の投稿を許可していても，条件を設けていることが一般的です。たとえば，Software Testing, Verification and Reliability 誌では，Offutt 博士がエディトリアルに雑誌の方針を示しています。その方針のなかには，すでに発表している学会抄録に含まれていない情報（データや分析結果）が，投稿論文に 30％以上含まれていることという条件があります。投稿論文の文章が 30％以上増えていればよい，という意味ではありません。あくまで，公表しなかった新たなデータや分析結果が付け加えられていることが必要です。新たなデータや分析結果が，投稿論文の独自性となるからです。

　後者（b）の条件は著作権の問題です。それゆえ，発表した学会が許諾しない場合も考えられます。ただし，この条件が満たされなくとも，投稿を認める雑誌や出版社もあります。

者も）はカバーレターもタイトルページも見ることができないからです。

　二重投稿が禁止されている別の理由に，メタ分析などの研究においてデータ
を二重に計上してしまう危険性をあげることができます。

4　オーサーシップ

　オーサーシップは著者の記載のことです。著者の順序は研究への貢献度が高
い順に記載することが望ましいと考えられています。第一著者（筆頭著者）は
その研究にもっとも貢献した人物がなるべきです。コレスポンディング・オー
サー（コレスポ）とは研究実施上の責任者です。コレスポは研究全体の計画を
設計し，研究の管理をした研究者です。コレスポは研究の問い合わせ先にもな
ります。主任研究者*がコレスポになることが通例です。ただし助成金を得た
だけの主任研究者は著者にはなれません。また，必要がない限り，第一著者と
コレスポを分けることは不自然です。たとえば，自然科学系のように分業制に
よる研究組織を構成していない場合には，第一著者がコレスポを兼ねます。

　オーサーシップの考え方は研究分野によって異なりますが，多くの雑誌が
ICMJE*（医学雑誌編集者国際委員会）の 4 つの基準に従っています。すなわ
ち，以下の 4 つの基準をすべて満たしている者のみが，著者になることができ
ます。(a) 研究の構想・デザイン作成，データ収集・分析・解釈のいずれかに
おいて実質的な貢献をした。(b) 論文の草案の作成，あるいは論文の修正に実
質的な貢献をした。(c) 論文の最終承認を行った。(d) 研究に対する自分自身
の貢献を説明でき，かつ論文に対して説明責任を負うことに同意した。

　逆に望ましくないオーサーシップとして，以下の 4 つのオーサーシップを紹
介します。(a) ギフト・オーサーシップ：貢献していない人物を著者に加える
ことです。たとえば，実質上関係のない指導教員や研究所所長，指導学生など
の名前を著者に加える行為です。名誉オーサーシップ，ゲスト・オーサーシッ
プともいいます。(b) フォージド・オーサーシップ：採択の可能性を高めるた
めに，研究に貢献していない研究者を著者に加える行為です。通常は著名な研
究者の名前を加えます。フォージド・オーサーシップでは，著者に加えられた
研究者は名前を利用されたことを知りません。(c) ゴースト・オーサーシッ
プ：研究に貢献した人物を著者から外す行為です。たとえば，利害関係のある

コラム 44　ギフトオーサー

著書が 5,000 名を超える

　著者が 5,154 名もいる論文（2015 年）が Physical Review Letters 誌で発表されました。この論文は 33 頁ありますが，そのうち本文は 8.5 頁で，残りの 24.5 頁が著者名と所属でした。著者名と所属機関は引用文献の後に配置されています。第一著者は Aad 博士で，著者の順序はアルファベット順です。Physical Review Letters 誌は優れた雑誌ですが，この論文は著者数の多さによって社会的に注目され，Altmetric.com のオルトメトリクスは 1,000 を超えています（2021 年 1 月）（オルトメトリクスについてはコラム 20（122 頁）を参照）。　　　　　　　　　　（出典番号 1）

わが子を著者に加える

　82 篇の論文で韓国の研究者が自分の子どもを著者に加えていたことが，韓国教育省の発表で明らかになりました。韓国の大学入試の競争は過酷で，いろいろな方法で不正が行われています。その不正のひとつの方法として，論文の共著者に自分の子どもの名前を加えたようです。この事件は Nature 誌の記事（2018 年）で取りあげられ，世界中に知られることになりました。　　　　　　　　　　　　　　　　（出典番号 2）

存在しない人物が論文の著者に

　著者が論文に記載されている所属先（テッサリア大学）に所属していないことが，Spiegelman 博士の訴えによって明らかになりました。この論文を掲載した雑誌によるさらなる調査によって，論文の著者はこの世に存在しないことがわかりました。そして，この論文は著者不在のまま撤回されました。この出来事を紹介した Nature 誌の記事（2013 年）では，この論文は Spiegelman 博士が学会で主張していた現象（まだ実証されていない）を実証した研究であり，そのデータはねつ造されていると推測しています。つまり，Spiegelman 博士の業績をおとしめるために，Spiegelman 博士が主張していた仮説を実証した研究を発表したということです。　　　　　　　　　　　　　　　　　　　　　　　（出典番号 3）

　ここで紹介した話の出典は，用語説明のあとに紹介している URL 情報のコラム「ギフトオーサー」に記載しています。

研究者を著者から外すことによって，利益相反を隠すことができます。また，著者にすべき研究者を著者から外し，その研究者に査読をさせたりします。(d) オーファン・オーサーシップ：実質的に研究に貢献しているにもかかわらず，不公平な判断によって著者から外す行為です。

3　疑わしい研究行為

　ふたつの重大な報告が科学に対する信頼を低める発端となり，そのことが「疑わしい研究行為」に注目が集まるきっかけになりました。そのひとつは，数理モデルによって「帰無仮説検定による多くの発見は真実ではない」ことを示した Ioannidis 博士の研究（2005 年）です。もうひとつは，インパクト・ファクター（IF）が 20 を超える雑誌に掲載されたがん研究のうち，およそ 85% が再現できないことを報告した Begley 博士と Ellis 博士の研究（2012 年）です。これらの研究によって，生物学や生命科学における科学的発見の透明性や再現性が疑問視されるようになりました。この問題は生物学や生命科学にとどまらず，帰無仮説検定などによる推定を基盤とするあらゆる科学分野に飛び火し，科学的発見の再現性に対する疑念が生まれました。実際に，大規模な追試研究によって，多くの発見が再現できないことが報告されました。

　このような科学の再現性に対して，約 1,600 名の研究者を対象にした Nature Publishing Group による調査（2016 年）が行われました。その結果，科学の再現性に対して「大いに危機的状況にある」と回答した研究者はおよそ 52% でした（それ以外の選択肢は「わずかな危機」「危機はない」「わからない」）。とくに心理学者の危機意識は高く，およそ 93% の心理学者が「大いに危機的状況にある」と回答しました。

　「疑わしい研究行為」とは透明性や再現性について問題視される研究者の行為です。「疑わしい研究行為」として，John 博士らは Psychological Science 誌で以下の 9 項目をあげています（2012 年）。(a) 収集したすべての独立変数を報告しない。(b) 分析結果が有意かどうかを見て，さらにデータを集めるかどうかを決める。(c) すべての研究条件を報告しない。たとえば実験群と 3 つのコントロール群を比較した実験を行った場合，実験群と有意な差が生じた 1 つの

コラム 45　無断使用

　図表，実験プロトコル，材料，刺激，プログラムなどには著者権があります。無断で使用すると痛い目に合うかもしれません。Science 誌の記事（2017 年）によれば，Morisky Medication Adherence Scale を無断で使用した研究者に対して，その作成者である Morisky 博士がライセンス料を請求しました。そして，ライセンス料を支払わなかった研究者のうち，少なくとも 1 名の研究者の論文が撤回になりました。撤回された論文は Preventing Chronic Disease 誌に掲載された Patel 博士の論文（2016年）です。この記事を私のブログで紹介したところ，ある大学院の学生から「同様の請求を受け，どうすればよいのか教えてほしい」というメールが送られてきました。

　私が作成した実験プロトコルなどの使用許諾を求めるメールが，週に一度程度の頻度で送られてきます。しかし，私が作成したプロトコルなどを使用した論文のなかで，私の許諾を得た論文は 20% 程度です。だからといって，無断使用した著者を私は訴えようとは思いません。多くの研究者が私と同じ考えだと思いますが……。

コラム 46　データジャーナルとデータの共有化

　研究の透明性のために，研究で利用したあらゆるデータを公開する動きが活発化しています。データジャーナルとデータの共有化は，そのようなオープンサイエンスの象徴のひとつです。データジャーナルは科学的データを公開する場であり，そこで公開されたデータは無料で共有・再利用ができます。代表的なデータジャーナルに Scientific Data 誌（Nature Publishing Group）や Data in Brief 誌（Elsevier 社）などがあります。いずれの雑誌にも査読があり，インパクト・ファクターが附帯しています。誰もがデータを閲覧できる代わりに，掲載手数料を支払わなければなりません。しかし，データの再利用には注意すべきことがあります。データジャーナル，補足資料，データリポジトリも，原則著者と出版社の許諾が必要だと考えるべきです。なぜならば，公開されているデータにはライセンス（データベース権）があるからです。

コントロール群だけを記載し，ほかのふたつのコントロール群は記載しない行為です。(d) 期待した結果が得られた時点でデータ収集をやめる。(e) 有意確率の端数を切り捨てる。たとえば，p = 0.054 を p < 0.05 として報告することです。(f) 望ましい結果が出た研究を選択して報告する。たとえば，100 回中 1 回のみ仮説が実証された実験であるにもかかわらず，成功したその実験を論文にする行為です。(g) 結果への影響を調べたのち，その変数を分析に加えるかどうかを決める。(h) 予想していない結果であったにもかかわらず，予測していたかのように報告する。(i) 実際には測定していないにもかかわらず，人口統計学的変数（たとえば年齢や性）が結果に影響していないと報告する。

第 2 部　倫理申請と倫理規程

ヒトの健康に関わる介入をする場合には，研究参加者を募集する前に研究計画書などを申請しなければなりません。そのような申請について説明します。

1　臨床試験登録システム

ヘルシンキ宣言には，研究参加者を募る前に研究計画などを登録する必要があると明記しています。ヘルシンキ宣言を受けたオタワ声明では，臨床試験登録の具体的な国際ルールが打ち出されました。これらの声明を受け，ICMJE では，条件を満たした臨床試験登録システムに事前登録をしていない臨床研究は出版しないことを表明しています。

WHO（世界保健機関）では，研究計画を事前に登録することは倫理・道徳的責務と科学的責務であると述べています。倫理・道徳的責務とは，事前に登録した研究が計画どおりに実行されているかどうか監視することによって，研究参加者の権利を守ることです。つまり，研究成果を公開することで，研究参加者の協力（協力が社会還元になるという参加者の意思）を無駄にすることを防止することです。

科学的責務には，肯定的結果（仮説を支持）が掲載されやすいという出版バ

イアスを防ぐ役割があります。肯定的結果と比較すると，否定的結果（仮説を不支持）は掲載されない傾向があり，研究者は否定的結果を論文にまとめようとしません。そればかりか，否定的結果が出そうになると，研究を途中で中止してしまいます。たとえば，ある研究助成金プログラムを受けた社会科学系の研究を対象にした調査では，否定的結果が出た研究のおよそ65％で，論文の執筆が放棄されていました。一方，肯定的結果の場合，論文の執筆を放棄した研究は5％未満でした（2014年にScience誌で発表）。

　臨床試験登録システムに登録すべき試験は，あらゆる治験および介入試験です。もちろん基礎研究（研究目的のもの）も含まれています。具体的に言えば，その対象は効果の測定を目的としたヒトの健康に対して介入をする前向き研究（介入群と非介入群を比較する研究）です。

　臨床試験登録システムは複数あります。たとえば，医薬品開発に関する臨床試験登録システムであるEU Clinical Trials Register，NIH[*]（米国国立衛生研究所）が運営するClinicalTrial.govなどが知られています。これらの臨床試験登録システムの情報はWHOが運営するWHO-ICTRP[#]（臨床試験登録プラットフォーム）に集約されています。WHOの臨床試験登録システムとして受け入れられるためには，ICMJEの要件を満たしている必要があります。「無料で公開されていること」と「非営利組織が運用していること」が最低限の条件です。

2　事前登録プラットフォーム

　臨床試験では事前登録の義務化が進んでいますが，研究でも徐々に事前登録をする傾向が強まっています。たとえば，PLoS ONE（プロスワン）誌では論文の種別としてregistered reportを設け，プロトコルを事前に登録し査読を通過すれば，その論文（プロトコル）が公開されます。そして，実施した研究結果をまとめて投稿し査読に通れば，その論文が正式に掲載されます。同様のシステムを採用している雑誌は複数あります。また，一部の雑誌では事前登録を義務づけています。

　さらに，米国の非営利団体であるCenter for Open Science[*]は独自のプラットフォームであるOpen Science Framework[#]を開発し，無料で研究計画などを登録することができるようにしています。また，プロトコルを論文として掲載し

ている雑誌も複数あります（実施した研究結果は掲載されず，プロトコルのみ
が掲載されます）。システマティック・レビュの場合には NIHS（英国国立医療
研究機構）が運営している PROSPERO^プロスペロ #に登録することができます。

3 IRB

　IRB は倫理審査委員会を意味し，医療機器や医薬品の承認のほか，臨床検査
や疫学研究の審査も行う組織の総称です。IRB には厳格なガイドラインがあり
ます。そのガイドラインに従って，IRB はヒトを対象とした研究の妥当性を検
討したり，研究参加者のリスクを管理したり，提出された研究計画書どおりに
研究が進んでいるかどうか監視したりします。IRB は科学者，法律や倫理の専
門家，一般の人から構成されます。IRB は研究機関からの独立性を維持しなけ
ればならないため，学部長などの施設長は構成委員を務めることはできませ
ん。また，一般の人は研究機関と利害関係のない人から選出されます。
　上記で説明したことを踏まえると，わが国では，同じ倫理審査委員会という
名称であっても，医学部や生命科学部の倫理審査委員会と人文社会科学系の倫
理審査委員会とでは，その組織の厳格さ（成熟度）が違います。医学部や生命
科学部の倫理審査委員会は上記の基準を含め国際的な IRB の基準を満たして
おり，なおかつ，文部科学省，厚生労働省，経済産業省のガイドラインも遵守
しています。しかし，わが国の人文社会科学系のほとんどの倫理審査委員会は
上記の IRB の基準を守っておらず，形式的な倫理審査委員会にすぎません。そ
のような倫理審査委員会を IRB と呼ぶことはできません。それゆえ，わが国の
人文社会科学系の倫理審査委員会に承認されたことを根拠に，「その研究が倫
理的に問題なく，研究を実行してよい」と考えることは間違っています。

4 倫理規程

　倫理に関する規程には，さまざまな水準があります。たとえば，複数の国際
学会や出版社などによる共同声明水準，国際学会水準，出版社水準，国内水準
などです。それにもかかわらず，国内の所属学会や学内の規程にしか目を向け

倫理篇

ない者がいます。そのような者は，それらの規程に従っていれば，倫理上の問題に抵触しないと考えているかもしれません。しかし，国際的基準になっている倫理規程やガイドラインに従わなければ，あとで大きなしっぺ返しを受けます。たとえば，国内学会や学内の規程に遵守していても，国際的基準となる倫理規程に抵触していれば，その論文は国際誌には掲載されません。

　ここでは，ヒトを対象とした研究に関するあらゆる倫理規程の基盤になっている「ヘルシンキ宣言」「ICMJE 勧告」「WAME 方針」について説明します。研究の再現性や透明性に関するガイドラインについては，コラム 47（201 頁）とコラム 48（203 頁）を参照してください。

1 ヘルシンキ宣言

　ヘルシンキ宣言の「ヒトを対象とする医学研究のための倫理的原則に関する声明」は，あらゆるヒトを対象にした研究倫理の基になっています。ヒトを対象にした研究を行う場合には，ヘルシンキ宣言を熟読し，その内容や趣旨を理解しなければなりません。たとえば，ヘルシンキ宣言を遵守していることを宣言しなければ，多くの雑誌に掲載されません。

　ヘルシンキ宣言は第 18 回フィンランド大会（1964 年）で採択されてから改定をかさね，最近（本書執筆時点）では 2013 年に改正されました。2013 年のヘルシンキ宣言は序文，一般原則，リスク・負担・利益，弱い立場の集団と個人，科学と研究実施計画，研究倫理委員会，プライバシーと秘密保持，インフォームド・コンセント，プラセボ，試験終了後の情報開示，研究登録と結果の公表および普及，臨床における未実証の治療に分類され，37 条の条文から構成されています。

　ヘルシンキ宣言#は WMA*（世界医師会）によって作成され，世界医師会のHP から最新版を確認することができます。ヘルシンキ宣言の日本語訳#は日本医師会の HP からダウンロードできます。

2 ICMJE 勧告

　ICMJE 勧告は ICMJE によって作成され，かつて「生物医学雑誌への統一投稿規程」と呼ばれていました。ICMJE 勧告には，遵守すべきことがヘルシンキ

コラム 47　透明性と再現性のためのガイドライン：その 1

　ここで紹介するガイドラインは，透明性の高い報告や情報を積極的に開示するための指針です。☆☆☆は「読まなければならない」，☆☆は「読むことを推奨する」，☆は「目を通したほうがよい」を意味しています。

CONSORT 声明　☆☆☆

　CONSORT 声明は，厳格な研究方法と透明性の高い無作為化比較試験の報告を目指したガイドラインです。最初の CONSORT 声明は 1996 年に公表され，最新版の CONSORT 2010 声明は 25 項目のチェックリストとフローチャートから構成されています。チェックリストは IMRAD 形式*に沿って説明されており，フローチャートはそれぞれの研究段階における研究参加者の流れを示しています。CONSORT 声明の編集には ICMJE*（医学雑誌編集者国際委員会），CSE*（科学編集者評議会），WAME*（世界医学雑誌編集者協会）などが加わっており，多くの関連雑誌が CONSORT 声明に従って執筆することを推奨しています。原版の CONSORT 2010 および CONSORT 2010 の解説#，そしてそれらの日本語版#は CONSORT の HP からダウンロードできます。

TREND 声明　☆☆

　TREND 声明は CONSORT 声明を手本として，おもに公衆衛生における行動介入を目的とした非無作為化比較試験の報告の質の向上のために作成されました（初版 2004 年発表）。TREND 声明は 22 項目のチェックリストから構成されています。TREND 声明の原版#は，CDC（米国疾病予防管理センター）の HP および American Journal of Public Health 誌から無料でダウンロードできます。

STROBE 声明　☆

　STROBE 声明もまた CONSORT 声明を手本とし，観察研究の報告の質を向上させるために作成されました（初版 2004 年発表）。具体的に言えば，STROBE 声明は，疫学におけるコホート研究，ケース・コントロール研究，横断的研究において，論文で報告すべき 22 項目のチェックリストを指しています。STROBE 声明の解説も IMRAD 形式に沿って論文を書く際の注意点が書かれています。STROBE 声明と STROBE 声明の解説の原版#およびそれらの日本語版#は，STROBE の HP からダウンロードできます。

倫理篇

宣言よりも詳細に書かれています。また，倫理的側面を踏まえて論文で開示すべき情報についても説明しています。数年に一度の割合で改定されており，現在の最新版は 2021 年版です（本書執筆時点）。ICMJE には多くの雑誌が加盟しており，それらの雑誌に投稿する者は ICMJE 勧告を遵守しなければなりません。

　ICMJE 勧告の原版#は ICMJE の HP からダウンロードできます。日本語訳もネットからダウンロードできます。たとえば 2017 年版#は翻訳・校正会社の（株）翻訳センターの HP からダウンロードできます。2021 年版もすぐにダウンロードできるようになると思います。

❸ WAME 方針

　WAME 方針は WAME＊（世界医学雑誌編集者協会）から発行された出版倫理に関するポリシーです。WAME 方針書には著者の役割，利益相反，査読雑誌，臨床試験の登録などが書かれています。

　WAME 方針の原版#は WAME の HP から閲覧できます。日本語版#は日本医学雑誌編集者会議の HP からダウンロードできます。しかし現在のところ（本書執筆時点），日本語版は古く最新版の WAME 方針の原版に対応していません。

第3部　不正をしたらどうなるか

　「不適切行為」や「疑わしい研究行為」は，上記で説明した倫理規程だけでなく，研究関連諸機関や諸学会などによってもその定義が違います。そのため，「倫理に反する行為かどうかの判断は人によって違う」という誤った認識をもってしまうかもしれません。その結果，自分に都合のよい定義を採用したり，倫理に反する行為を独自に解釈したりする者がいます。しかし，そのような考えは誤っています。あなたが遵守すべき定義はあなたが投稿しようとする雑誌（出版社）が加盟している倫理規程の定義です。なぜなら，その倫理規程に反すると，あなたの論文がその雑誌に掲載されないばかりか，投稿した雑誌（出版社）が以下で説明するような対応（処分）をするからです。くわえて，あなた

コラム 48　透明性と再現性のためのガイドライン：その 2

Principles and Guidelines for Reporting Preclinical Research　☆☆☆

　Principles and Guidelines for Reporting Preclinical Research [#] は Nature Publishing Group，AAAS [*]（米国科学振興協会），NIH [*]（米国国立衛生研究所）が共同で発表したガイドラインです（2014 年発表）。統計分析，透明性のある報告，データと材料の共有などのポリシーを簡潔に示しています。NIH の HP から原版をダウンロードできます

TOP ガイドライン　☆☆

　TOP ガイドラインは，研究の透明性と再現性のため，2015 年に Nosek 博士らによって Science 誌で発表されました。その後，Center for Open Science [*] のポリシーとなり，他のガイドラインやポリシーを作成する際の参考になっています。

Reporting Standards for Research in Psychology　☆

　Reporting Standards for Research in Psychology [#] は APA（米国心理学会）のワーキンググループによって作成されたガイドラインです（2008 年発表）。CONSORT 声明や TREND 声明の影響を受けて，心理学に関連する論文の執筆のために作成されました。CONSORT 声明と同様に，IMRAD 形式 [*] に沿ったチェックリストがあります。APA から無料でダウンロードできます。

ARRIVE ガイドライン　☆

　ARRIVE ガイドラインは英国 3R センター（NC3Rs）から動物実験のためのガイドラインとして刊行されたものです。動物愛護の視点ではなく，研究の透明性と再現性のために報告すべき事柄を記載したものです。2020 年に発表された最新版である ARRIVE ガイドライン 2.0 およびその解説 [#] は PLoS Biology 誌で発表され，英国 3R センターの HP から無料でダウンロードできます。日本語版 [#] も英国 3R センターの HP から無料でダウンロードできます。

PRISMA 声明　☆

　PRISMA 声明はシステマティック・レビュおよびメタアナリシスのためのガイドラインです（初版 2009 年発表）。PRISMA 声明は 27 項目のチェックリストとフローチャートから構成されています。PRISMA 声明 [#] およびその日本語版 [#] は，PRISMA の HP から無料でダウンロードできます。

倫理篇

が所属する学会や研究機関，助成金の出資機関などの定義にも従う必要があります。倫理に反する行為が発覚した場合，あなたの所属機関は，所属機関が定めた定義に基づいて処罰を下すからです。つまり，倫理に反する行為はあなたの想像よりも広いのです。たとえば，二重投稿の定義は，あなたが投稿した雑誌（出版社）の倫理規程に記載されている二重投稿の定義だけでなく，あなたの所属機関の二重投稿の定義を包括したものになります。いずれかひとつの定義に該当していたとしても，その行為は二重投稿になります。それゆえ，倫理に反する行為の定義は，さまざまな定義を包括したものだと認識すべきです。

1　不正の発覚

　国際誌に掲載された論文は，世界中の人から監視され続けます。たとえば，論文検証サイトである PubPeer[#]（パブピア）では，掲載された論文について誰もが匿名でコメントを書き込みできます。PubPeer の閲覧・コメントの書き込みは無料です。論文検証サイトは PubPeer のほか，Knoepfler Lab Stem Cell Blog[#] など複数あります。STAP 細胞で汚名を受けた Obokata 博士の不正は PubPeer によって発覚し，それが原因で彼女の不正は広く世間に知られることになりました。また，Scientometrics 誌に発表された研究（2020 年）によれば，ある論文を否定する結果を論文で発表するより，PubPeer に否定的コメント（研究の誤り）を書き込むほうが，その論文の撤回に貢献していました。

2　不正に対する対応

　「不正行為」が認定されれば，特殊な場合を除き，所属機関を解雇されます。掲載された論文は撤回され，掲載された雑誌だけでなく，その情報を得たほぼすべての雑誌に事実上投稿できなくなります。つまり，研究者として生きる道が閉ざされます。くわえて，その不正は広く世間に知られ，社会的信用も失います。たとえば，上記で説明した論文検証サイトや後述する Retraction Watch[#] などのさまざまな web サイトによって，あなたの不正が広がります。研究参加者の権利が守られていない場合，二重投稿，利益相反の非開示は，不

正行為と同様の対応を受けると考えられます。

　「不適切行為」の場合も同様，ほぼ確実に論文は撤回されます。そして，「不適切行為」を行った雑誌およびその雑誌の出版社のブラックリストに収録され，一定期間あるいは永久に投稿できなくなります。所属機関に通知されることもしばしばあります（たとえば二重投稿の場合です）。その結果，所属機関から処分を受ける可能性もあります。くわえて，無駄な労力と時間を費やしたことに対して，出版社から賠償請求を受けることもあります。

2-1　出版社の対応の詳細

　倫理に反する行為が疑われる場合，COPE [*]（出版倫理委員会）に加盟している出版社は COPE のガイドライン[#]に従って対応します。COPE のガイドラインには，倫理上の問題に直面したときの編集委員長の対応をフローチャート式で紹介しています。国際誌に論文を掲載した経験の乏しい者にとって，倫理規程に反する行為に対して，編集委員長が厳しい対応を取ることを知ることは，倫理の重要性を知るうえで重要なことです。国際誌の倫理に反する行為への対応は，COPE に加盟していないわが国の雑誌ほど甘くはありません。COPE のガイドラインは現在 12 あり，その多くが日本語に訳されています。それらは大鵬薬品の HP から無料（日本語訳[#]）でダウンロードできます。

倫理篇

3　撤回

　撤回とは掲載された論文を取り消すことです。一見すると，撤回は潔い行為のように思えるかもしれません。しかし，撤回することは著者が不正を認めることになるため，撤回は不名誉な行為でしかありません。

　たとえば，PNAS 誌に掲載された論文（2012）では，PubMed に収録された論文のうち，撤回された 2,047 篇の論文について調べています。その結果，撤回論文のおよそ 53％が不正行為，あるいはその疑いの強いものでした。不正行為と二重投稿を合わせると，およそ 67％の論文が不正のある論文でした。ミスはわずか 21％，不明は 9％でした。ミスや不明に分類された論文はあくまで不正が明確になっていないだけであり，不正である可能性も残されています。ま

た，「不適切行為」や「疑わしい研究行為」がミスや不明に含まれている可能性
は否定できません。

　撤回論文はデータベース化されており，Retraction Watch Database[#]によって
撤回論文を無料で調べることができます。そこには，著者名，論文名，所属機
関はもちろん，研究分野，撤回の理由などが記載されています。このデータベ
ースは研究機関の人事調査などにも利用されています。また，このデータベー
スを作成した Oransky 博士と Marcus 博士は，撤回論文を詳細に調査したブロ
グである Retraction Watch も運営しています。つまり，論文を撤回するとその
記録は永遠に残り，そのことは世界中に知れわたるのです。

　撤回と似ている言葉に，取り下げという言葉があります。取り下げは採択さ
れていない投稿論文を自らの意志で抹消することです。多くの場合，査読コメ
ントに対して修正が不可能だと投稿者が判断したときに，投稿者によって取り
下げの手続きをするようです。最近の傾向かもしれませんが，査読者から倫理
に関する指摘を受ける（あるいは重要な情報の提示を求められる）と，論文を
取り下げる投稿者が増えているような気がします。たとえば，サラミであるこ
とを隠していたり，収集した一部の変数しか報告していなかったりなどの行為
です。そのような投稿者の取り下げは編集委員長に報告され，投稿システムに
記録されます（取り下げは投稿システムのみに記録が残ります。公開はされま
せん）。そのような投稿者から新たな投稿があった場合，編集委員長は査読に
回す前により厳しい目で確認を行います。たとえ取り下げる場合であっても，
上記のようなことが疑われないように注意すべきです。

4　研究者からの信用

　研究者からの信用という面では，不正を疑われた研究者がその不正を否定す
る証拠を提示する必要があります。疑われた研究者がそれを立証しなければ，
多くの研究者は疑われた研究者の発見に疑念を抱き続け，その研究者の論文を
引用しなくなるからです。私自身，いくつかの研究室で発表された論文を引用
しません。それらの研究室のデータが信用できないからです。私と同様の判断
をしている研究者はたくさんいます。

　このようなことから，研究者のネット上での個人のイメージを回復させる企業すら存在します。そのような企業は個人の特定の web ページが検索エンジンの上位にくるように操作したり（結果として否定的情報が検索されにくくなります），その研究者の肯定的な情報を web で流したりします。

倫理篇 **ポイント** ────────────────

　「研究倫理に反するかどうかは人によって違う」という考え方は誤っています。研究倫理は，個人の倫理観や価値観でも，形式的に守らなければならないルールでもありません。研究倫理とは，もし従わなければ，論文が掲載されない絶対的ルールです。また，あなたの研究活動は，あなたが関与しているあらゆる倫理規程（国際規程，国内規程，関連学会の規程，投稿雑誌の規程，所属機関の規程など）によって制約を受けています。それゆえ，あなたはそれらの倫理規程をすべて遵守しなければなりません。

倫理篇

研究篇

科学の歴史には

その礎となった発見だけが刻まれる

研究の礎となるためには

小さな発見であっても

頑強で確固たるものでなければならない

第 1 部 **研究者への道** ─────────────────

　研究者の信用を軸に，研究者にとって必要な哲学，研究をする動機や研究テーマ，研究の評価，挑戦することなどについての私の考えを話します。

1　この研究者に哲学を ──────────────────

　研究者の哲学には，ふたつの側面があります。ひとつ目は，それぞれの研究分野において，どのような主義に基づいて研究を行うのかという哲学です。研究を宗教にたとえ，あなたの研究分野がキリスト教だったとします。キリスト教の研究をしているということではなく，キリスト教という研究分野だったらということです。他の研究分野には，イスラム教，仏教，ユダヤ教，アクシズ教などがあると考えてください。同じキリスト教であっても，ギリシア正教，カトリック教会，プロテスタントなどの宗派があり，それぞれの宗派によってキリストの教えの捉え方が違います。それはキリスト教と研究分野の違うイスラム教，仏教，ユダヤ教のなかでも同じです。つまり，同じ研究分野であっても，どのような主義に基づいて研究をしているかによって，その研究分野へのアプローチや貢献の仕方が違うのです。

　自分の宗派を知るためには，その分野にはどのような宗派があり，他の宗派との関連性や違いについての深い知識が必要です。具体的に言えば，あなたがあなたの所属宗派の優位性のみならず，欠点を十分に説明し（その欠点を補う方法も），別の宗派にあなたの宗派を理解してもらえるだけの知識が必要です。さらに，そのような欠点を認める能力も必要です。そのような知識や能力は，論文を掲載しているだけでは手に入れることができません。

　もうひとつの哲学は，科学をどの程度重視するかという科学との付き合い方です。この哲学の捉え方は研究分野によって違いがありますが，科学的方法を用いることが困難な分野ほど，この哲学が重要になります。たとえば，科学的方法を用いることが困難な研究分野に心理学があります。心理学はヒトの行動を予測・制御する学問というより，「いかなる方法を用いれば，心理学の発見が

研究篇

科学的に認められるか」について研鑽し続けてきた学問です。それゆえ，広義の意味での心理学者には，人間を理解することを強調し科学的方法を放棄した研究者から，あくまで科学的方法にこだわり続けた研究者まで，幅広い哲学をもった人がいます。科学的方法にこだわる研究者のなかには，他の心理学者と区別するために，自身の研究分野を科学的心理学と呼称する者もいます。科学的心理学者はできる限り純粋な科学的方法を用いようと努めるために，自然科学の研究手法についても学びます。科学的心理学者にとっては，生物学，生命科学，医学などが近接分野になります。一方，科学的方法を放棄した研究者は，人間を理解するために哲学や思想などを学びます。そして，彼らの近接分野は哲学，宗教学，文化，社会学などです。つまり，他の研究分野から見れば心理学という同じ学問を研究しているように見えても，実際には科学に対する哲学の違いによって住む世界が異なり，まったく違う研究をしているわけです。

　科学との付き合い方を決断するためには，科学全体に関する知識が必要になります。また，科学全体におけるあなたの研究分野の位置づけも理解していなければなりません。くわえて，あなたの研究分野が他の分野からどのように見られているかも把握しなければなりません。さらに，科学全体から見たあなたの研究分野の優位性や劣位性，とくに方法論的限界や欠陥について知る必要があります。たとえば，私の専門分野である心理学は，自然科学系の研究者からは，「心理学は占いと同じ」「心理学はうさん臭い」という批判を受けることがあります。そのような批判を単純に否定したり，無視したりするのではなく，そのような発言をする研究者の理由を理解し，彼らに対して適切に説明する知識と能力が必要です。くわえて，そのような批判を理解したうえで，心理学を専門としない研究者と会話ができるようにならなければなりません。そのようなことができてはじめて，科学との付き合い方に関する哲学を有することができます。後述する「挑戦し恥をかく」（217頁）も参考にしてください。

　上記で説明した研究者としての哲学は，研究者としての信用にも関係します。その時々で宗派を変える人間を信用する人はいません。自分の都合に合わせて，自身の主義や科学との関わり合いを変える研究者もまた信用されません。明確な哲学をもたなくとも論文を掲載することはできますが，明確な哲学のない研究者は他の研究者から信用されません。

2　この研究者に研究動機を

　研究をする動機は研究者によって違うかもしれません。しかし，私はすべて
の研究者の動機は「知的好奇心を満たすこと」だと思っています。あなたの動
機も「知的好奇心を満たすこと」ならば，その動機は研究者が直面するいくつ
かの悩みを解決できます。たとえば，あなたにとって魅惑的な誘惑に打ち勝つ
こともできます。あなたが大学の教授になれば，テレビ出演，大衆本や資格関
連本などの出版や監修，商業誌への書き物，企業が主催する講演会や講習会な
ど，儲かりそうな話が降って湧いてきます。最近では，ネットを利用して，先
人の科学的発見を面白おかしく解説をすることで金儲けをする者もいます。そ
のような活動の多くは，先人の科学的発見を正確に伝えていません。むしろ，
先人の発見を悪用し，大衆にその内容を歪めて伝え，誤った知識を広めること
になりかねません。そのような行為は，知的好奇心を満たしたいというあなた
の動機に反する行為です。

　研究者が重視していることは研究成果を誤解なく正確に伝えることです。そ
れゆえ，上記のような活動は研究者としての信用を失います。研究者としての
信用を失えば，その信用は二度と取り戻すことはできません。たとえば Nature
誌の記事（2010 年）では，Nature Neuroscience 誌にインパクトの強い論文を掲
載したタレント科学者が信用を失う様子を記事にしています。そのタレント科
学者は毎日のように一般視聴者向けのテレビに出演し，ベストセラーとなる大
衆本を執筆し，複数の企業のコンサルタントを引き受け，多くの人に誤解を与
えていました。その影響かどうかは定かではありませんが，その後，そのタレ
ント科学者が投稿したほとんどの論文は不採択になり，権威のある雑誌に彼女
の論文が採択されることはなくなりました。

　しかし，このような活動は時間と労力をかけずに儲かるだけでなく，虚栄心
を容易に満たしてくれるため，そのような話に乗りたくなります。そのような
美味しい話に直面したときには，研究をする動機について自問するとよいでし
ょう。そうすれば，どのような選択をすればよいのか，おのずと答えを得るこ
とができるはずです。

研究篇

3　この研究者に研究テーマを

　研究者の動機が「知的好奇心を満たすこと」ならば，研究テーマはそれぞれ
の研究者が決めることであり，他者がとやかく言うものではありません。しか
し，いくつかの懸念があります。

　その懸念のひとつが研究テーマを時代の流行に合わせ変えることです。この
ような行為は望ましい行為ではないと私は思っています。流行に合わせれば，
論文の掲載可能性が高まります。実際の研究レベルよりも一段高いレベルの雑
誌に掲載されるかもしれません。研究業績は上がるでしょう。その研究が流行
っている間は，流行の研究の投稿を積極的に歓迎する雑誌があることも事実で
す。たとえば，本書の執筆中のことですが，いくつかの国際誌の編集委員長
（あるいは特集号のゲスト編集委員長）から COVID-19 に関する依頼論文の話
がありました。それらの依頼のなかには，私にとって掲載が容易ではない雑誌
も含まれていました。しかし，研究テーマを流行に合わせて変える研究者は，
他の研究者からの信用を失います。なぜなら，そのような研究者は，真実を探
求し続けるという意味では，科学者とはいえないからです。

　別の懸念は，大衆受けする研究，社会的インパクトの高い研究をすることで
す。なぜならば，そのような研究の再現性は低く，頑強ではない研究であるこ
とが多いからです。研究を発表した何年後かに，その発見を覆す研究が発表さ
れるかもしれません。たとえば，最近掲載された論文（2021 年 Science
Advances 誌）では，心理学や経済学の分野で，再現性の低い論文はそうではな
い論文よりも被引用回数が多いことが報告されています。私はこのような研究
を否定しませんが，私が好む研究は，小さな発見を積み重ねる地味で堅実な研
究です。

4　この研究者に信用を

　「誰からも好かれるより，好きな人から好かれたい」「大勢の異性にもてるよ
り，君だけが僕のことを好きならそれでよい」。このような言葉はよく聞かれ
るし，誰もがそう思っているでしょう。研究者の信用も同じです。研究者にと

って信用はとても重要です。信用を失うと，自身の研究成果が引用されなくなるからです。しかし，その対象は自称研究者ではありません。研究者に信用されているかどうかが重要なのです。

　しかし，研究者から信用を得ることは想像以上に難しいことです。少なくとも継続的に論文を掲載しなければ，研究者はあなたを研究者だとは認めてくれません。また，あなたの研究哲学は研究者としての信用に影響します。たとえば，堅実な研究哲学をもつ研究者は，社会的インパクトを重視する奇抜な研究をする研究者を信用しない傾向があります。

　研究者から信用されると，研究者から多くの情報が得られます。たとえば私の場合，論文では公表されていないデータや実験プロトコルを教えてもらえたり，投稿前の実験データを送ってもらえたりします。また，学位論文の審査，研究費の審査，永住権や研究室への所属などの推薦書などの依頼を受けたりもします。また，研究者だけに閉じられた科学者コミュニティに招待されることもあります。そこで得た情報は，これまで正しいと信じていたことが誤りであることを教えてくれ，さらなる研究活動に生かされます。努力篇の「研究者から評価される」（11頁）も参考にしてください。

研究篇

5　この研究者に評価を

　以下のようなことは，研究者としてのあなたの評価を高めるでしょう。第一に，あなたの研究にオリジナリティがあることです。たとえば，あなた独自の理論の構築や仮説の提唱などです。私の場合，独自の理論に "dual-process theory of coping flexibility"，独自の仮説に "sexual imagination hypothesis" などがあります。第二に，狭い分野であっても，その分野でトップを走っていることです。私の場合，"coping flexibility" の研究では，私の論文の被引用回数は世界でトップ2に入っています（Scopus）。私の場合は，第一の評価の視点も，第二の評価の視点も，非常に狭い分野での話であり，少しでも分野を広げると通用しなくなってしまいます。しかし，地道に努力を続けていれば，あなたも少なくとも私と同程度の評価ならば得ることができるようになります。

　さらなる評価を得るためには，主任研究者*になり研究規模を拡大させる必

要があるでしょう。主任研究者になり大規模な研究を行うことができるように
なれば，あなたの論文は本書のターゲットを超えた雑誌に掲載されるようにな
ります。私にはそのような経験がないため，これ以上の説明はできません。

　研究の評価に関して注意すべき点があります。それは，あなたが独立した研
究を行っているかどうかです。多くの研究分野では，大学院在籍中に入室した
研究室で研究の仕方を学び，そこで論文を書きます。その研究室の主任研究者
の指示に従い研究をし，主任研究者や他の研究者の論文の共著者にしてもらえ
るかもしれません。さらに，第一著者として，論文を書かせてもらえるかもし
れません。そのような経験のある者は，研究者としてのスタート地点で下駄を
履かせてもらっています。そのような経験のない者は自力で研究をし，論文を
書かなければならないからです。

　たとえあなたが第一著者であっても，その論文の評価を受けるのはコレスポ
ンディング・オーサー（コレスポ）である主任研究者です。その研究室でいく
ら論文を書いても，あなたは○○研究室の一員にすぎません。研究の世界で，
あなたはそれ以上の評価を受けることはありません。この評価は正当な評価で
す。「研究の構想」「データの収集と分析」「論文の執筆」「査読者とのやりとり」
のあらゆる段階で，あなたはその研究室で培ってきたノウハウを利用できるか
らです。たとえば，論文執筆において大変な作業である序論の構成も，所属研
究室内ですでに構築されたものを参考にすれば，容易に書き上げることができ
ます。査読者とのやりとりも，研究室の主任研究者からの指導や指示を得るこ
とは，あなたの論文の採択に大きく貢献します。

　一方，研究テーマを自由に選択させる主任研究者が主宰する研究室では，上
記で説明したような利益を得ることができず，あらゆる研究活動を自力で行わ
なければなりません。しかし，第一著者として論文を掲載し続ければ，大学院
生であっても自立した研究者としての評価を受けることができます。

　つまり，あなたが研究者として評価されるためには，第一著者として論文を
書くだけでなく，所属していた研究室から独立した研究を行い，その成果を論
文として継続的に発表する必要があります。

6　この研究者に新たな挑戦を

　初めて論文が掲載された初学者は，まずは毎年論文が掲載されるように努力しましょう。論文を掲載し続けている研究者にとって，数篇の論文を掲載することはたやすいことであり，その程度の成果では研究者とみなされないでしょう。数篇の論文掲載で満足することは，学部学生が卒業論文を書いて，それで研究を終えてしまうことと同じです。論文を継続的に掲載し続けることは初めて論文を掲載すること以上に大変な作業で，そのためにはこれまで以上の努力が必要になります。論文を掲載し続けることは，これから話をする新たなことに挑戦することではありません。

1　挑戦し恥をかく

　挑戦することはより困難な世界に飛び込むことです。私の研究分野は心理学です。かつて，私は心理学の国内誌に論文を掲載していました。しかし，私が書いた論文は日本人にしか読まれていないことを痛感し，国際誌に投稿することにしました。これが私の最初の挑戦です。テクニカル・ライティングから学び始め，専門分野であるはずの心理学の研究方法すら学び直す必要がありました。国内誌で通用していた統計は国際誌では通用しないため，統計についても学び直しました（国内では販売していない高額な統計ソフトも購入しました）。そのため，国際誌に掲載する過程で多くの恥をかきました。心理学の国際誌に論文が掲載されるようになると，その論文を読む研究者は心理学者だけであること気づきました。そこで，心理学より科学に少しでも近い分野の雑誌に投稿することにしました。これが私の第二の挑戦です。投稿雑誌の分野が変われば，これまでの常識が通用しなくなります。より科学的な研究デザインが要求され，より高いライティング能力が必要になりました。新たな統計手法も修得しなければなりませんでした。ここでも，多くの恥をかきました。挑戦することは恥をかくことです。挑戦できない者は，恥をかきたくない自尊心の高い者です。

　国際誌に論文を掲載できない自称研究者は，「国内誌に論文を発表しているから……」と主張します。国内誌にすら掲載されない者は，「学会発表をしてい

研究篇

コラム49　妬まれること

　あなたの論文が掲載され続けるようになれば，多かれ少なかれ自称研究者から妬みを受けるようになります。妬みはもたざる者がもっている者に抱く感情です。その妬みはあなたを傷つけるかもしれません。妬みどころかあからさまな偏見にもさらされます（努力篇の「業績は評価されない」（20頁）参照）。しかし，努力篇の「自称研究者に研究意欲を削がれる」（52頁）でも話をしましたが，自称研究者のあらゆる言動を気にする必要もなければ，そのような言動に左右されてもいけません。また，それを防ぐために，自称研究者に迎合してもいけません。自称研究者の言動に左右されることは，あなたの研究活動の妨げにしかなりません。

　たとえば，私の論文が国内誌に2桁を超えて掲載されるようになると，「業績稼ぎ」と揶揄する自称研究者が出てきました。彼らは「論文は書けばよいわけではない。君がやっていることは単なる業績稼ぎだ」と言います。彼らは「論文なんて，書こうと思えばいつでも書けるけれど……」と言いたいのでしょう。しかし，私が国際誌に論文を出版し始めるようになると，面と向かってそのようなことを言う自称研究者はいなくなりました。その代わりに，彼らは私の研究業績ではない側面に対して陰口をたたくようになりました。彼らは自分が国際誌に論文を書くことができないことを自覚しているため，別の手段で批判し始めたわけです。

　同じ妬みでも，「最近の若い人は，英語で論文を書くようになって……」という自称研究者の妬みは少し違います。彼らの妬みは「自分が若ければ，今の若い研究者と同じように国際誌に論文を掲載できる。若者が国際誌に論文を掲載していることは，すごいことでも何でもない」というものです。つまり，彼らは国際誌に論文を掲載する能力が自分自身にないことを自覚していないのです。

　いずれにせよ，自称研究者は，ノーベル賞を受賞するような研究者に対し妬むことはありません。つまり，「出る杭は打たれるが，出すぎた杭は打つことができない」のです。私も出すぎた杭になりたいものです。しかし，出すぎた杭になることは難しいため，上記のような自称研究者の言動に影響を受けないようにするしかありません。

るから……」あるいは「大学紀要に論文を発表しているから……」と主張します。「（所属している）研究室内で認められているから……」と主張する大学院生と同じです。また，心理学という狭い分野でしか通用しない自称研究者は，他の研究分野の研究者からの批判に対して，「専門が違うから理解できない」と言い張ります。さらに狭い分野（たとえば，人間性心理学，精神分析，進化心理学など）でしか通用しない自称研究者は，他の心理学者からの批判に対して，「われわれの理論をまったく理解していない」と主張します。さらに狭い範囲では，他者からの批判を閉ざし，「同じ研究会（SNS）のメンバーにしかわからない」と言い訳をします。彼らの思考は狭い世界でしか通用しない人（適応できない人）と同じです。コラム 51（222 頁）も参考にしてください。

　狭い世界でしか通用しない者の一例として，自分が研究している分野の優位性を誇示したい者がいます。たとえば，心理学を専門としている自称研究者は，「医者や医学者は統計に無知だ」と言い，心理学の優位性を主張します。しかし，実際に医学に関わる国際誌に論文を掲載するためには，疫学や生物統計に精通していなければならず，自称研究者が自負する心理学における統計レベルでは太刀打ちできません。心理学の近接領域である行動医学や公衆衛生学であっても，心理学で通用している統計だけでは掲載されないでしょう。このような考えの背景には，医者や医学に対する心理学者の劣等感があるのかもしれません。それ以前に，自称研究者が心理学という狭い世界，しかも国内でしか活動していないことが，「医者や医学者は統計に無知だ」という誤った考えを生むのです。このような誤った考えから，自称研究者が他の研究分野を批判する行為は，恥ずべき愚かな行為です。似たような話に，臨床心理学を専門とする自称研究者が医者の診断や薬の処方を批判する話がありますが，このような言動もまた恥ずべき行為です。

　挑戦はより科学に近い分野で発表することだけではありません。一段上のレベルの雑誌に投稿することも挑戦のひとつです。そのほうが望ましい挑戦の形でしょう。たとえ本書のターゲット雑誌に論文を掲載し続けることができたとしても，そのような研究者は世界中に星の数ほどおり，そのような研究者は二流あるいは三流の研究者にすぎません。私も三流の研究者から脱却して一流の研究者になれるよう努力をしていますが，まだまだ実を結びそうにありませ

研究篇

ん。それゆえ，一段上のレベルの雑誌に掲載するための助言をする能力は私にはありませんが，みなさんの挑戦が成功してほしいと思っています。

　少し規模が小さいことですが，初学者にとっては，国際的な研究会への参加や，国際誌の査読，国外の学位審査，国際的な助成金の審査，研究機関への推薦書などの依頼を引き受けたりすることも挑戦のひとつです。こうした依頼を初めて経験する研究者は，依頼を受けるべきかどうか悩むかもしれません。英語で対応しなければならないことが，あなたを悩ませるかもしれません。しかし，悩んだ場合にはその依頼を引き受けましょう。引き受けてからどのように対応するかを考えればよいのです。研究者になったあなたにとって，それらの依頼は想像していたよりも容易に対応できるはずです。また，依頼相手によっては，具体的な対応の仕方を教えてくれます。

2 限られた時間のなかで何を残すか

　継続的に論文を出版し続けるようになると，「限られた時間のなかで何をすべきか」を考えるようになるかもしれません。論文を出版し続けることは確かに大変なことです。しかし，「このまま論文を書き続けてよいのだろうか」「このまま研究者生命を終えてよいのだろうか」という自問が生まれます。その答えは個々の研究者によって違います。しかし，この問題は研究者として重要であり，論文の出版に影響を及ぼします。私は国際誌に論文が2桁掲載されたころから，現在の研究を継続することに意味があるのか，繰り返し自問するようになりました。そのような自問のなかには，「優れた研究者の助手となり，有意義な研究に携わるべきではないか」というものもありました。より具体的に言えば，そのとき私は教授のポストを得ていましたが，生命科学系の大学のある研究室で助教として研究をやり直そうと真剣に考えたことがあります。現在の所属大学では，私が望んでいる研究はできないからです。私が神戸大学に在籍していたときの指導教授である小石寛文先生のお話です。小石先生が小学生だったころ，運動会の玉入れ競技に際して，祖母から「あなたは球を投げても入らないのだから，球を投げる人のために，球を集めるようにしなさい」と言われたそうです。私もそのような研究をすべきなのだろうか。今も悩み続けています。

コラム 50　慢心

　自称研究者の妬みに対して，研究者の慢心があります。たとえば，論文が掲載され始めたころには，査読コメントに対して丁寧に対応していたにもかかわらず，論文が掲載され続けると，自分の研究業績に慢心し査読コメントへの対応が不誠実になるかもしれません。比較的よくみられる慢心に，自分は有名人だという勘違いがあります。たとえば，優秀な主任研究者のもとで研究をし，共著者としてあなたの名前が論文に掲載されるようになると，その業績を自分の能力であると勘違いする者がいます。それは自分の名前がその分野でよく知られているという勘違いを生むかもしれません。しかし残念なことに，その主任研究者の名前は知られているかもしれませんが，あなたのことなど誰も知りはしません。たとえあなたが第一著者であったとしてもです。それらの研究は主任研究者の成果だからです。研究篇の「この研究者に評価を」（215 頁）も参考にしてください。

　さらにひどい場合，国内誌に数篇の論文を書いただけで，自分の名前が知られていると勘違いしている自称研究者もいます。私の場合，国内誌の掲載論文数が 20 篇に近づいたころから，「すべての主要な学会誌の表紙に私の名前が繰り返し掲載されているのだから，心理学を研究している日本人ならば，私の名前を知っているに違いない。しかも単著だし」と勘違いしていました。現在では，第一著者として国際誌に 30 篇以上の論文が掲載されていますが，私の名前を知っている研究者が世界中でもごく限られている事実を痛感しています。少しでも分野が違えば，私を知る研究者はいないでしょう。私の業績程度の研究者は，世界には星の数ほどいるからです。

　国内の学会や研究会に参加すると，あなたの周りに人が寄ってきて，あなたは「○○先生」と呼ばれます。あなたがポストを得ているならば，あなたの研究をほめ称えてくれるでしょう。しかし，彼らのそのような言動は，あなたとあなたの研究に敬意を示しているわけではありません。何らかの恩恵にあずかろうと，あなたのポストに頭を下げているだけなのです。妬まれることと同様に，慢心もまた，あなたの研究の妨げになります。挑戦することによって恥をかくことが，あなたの慢心した鼻を折ってくれるよい機会になるでしょう。

研究篇

コラム 51　小さな世界に適応するな

　小さな世界のなかで適応していることに，満足してはいけません。そのような行為は研究者としての道を閉ざしてしまいます。たとえば，研究篇の「この研究者に新たな挑戦を」（217 頁）で説明したように，特定の研究室や研究会，特定の専門分野に適応し，広い世界には通用しないルールのなかで活動をしたり，努力篇の「自称研究者を真似る」（46 頁）で説明したように，同僚の自称研究者に適応するために時間を浪費し，研究者の本来の姿である論文を掲載することを放棄してはいけません。研究者は，小さな世界で適応できなくとも（意図的に適応しない），広い世界に適応しているのです。

コラム 52　老いとの戦い

　私は 30 歳を超えたころから常備薬として鎮痛剤を持ち歩き，頭痛を抑えながら研究活動をするようになりました。35 歳を超えたころからは，さまざまな身体的ストレス症状が数か月間隔で入れ替わるように現れるようになりました。38 歳ころから，毎日が疲労で苦痛になりました。「もう限界だ。このままでは倒れる」と，深刻に思い始めたのは 40 歳になったころでした。それでもこれまで以上に努力し続けました。これまでに培ったスキルとこれまで以上の努力によって，研究の進度が維持できたのは 42 歳ころまででした。45 歳を超えたころから疲れが取れず，常に体調の悪い日が続くようになりました。そして，論文執筆にひたすら集中できる時間は，5 時間が限界になりました。体のあちこちが我慢できないほど痛くなるのです。その影響でしょうか，焦りながら論文を執筆する夢を見ることが増えました。

　研究者も老います。ある年齢まではそれまでに培ってきたノウハウによって老いを補うことができます。しかし，ある年齢を超えると確実に研究が進まなくなります。研究の質はともかく，量は確実に減ります。それを努力によって補おうとすると，さらに体調が悪くなります。悲しいことですが，限界がやって来たのです。若い研究者（研究者の卵も含む）は，それまでに悔いを残さないように努力しなければなりません。

第2部 **研究助成金** ————————————————

　研究者は研究費（研究助成金）を得るために研究をしているわけではありません。研究をするために研究費が必要だから，必要とする金額の研究費を申請するのです。必要以上の研究費は請求しません。研究費はあなたが自由に使うことのできるお金ではないのです。以下に，私の申請と審査経験に基づいて科学研究費に採択される申請書の書き方について説明します。

1　研究費に対する誤った考え方 ————————————————

　研究費を調達することから研究が始まると考えている者がいます。つまり，「研究費が取れたら研究をする。研究費がなければ研究をしない」という考えです。また，競争的資金の獲得状況が研究者の評価指標と考える者もいます。しかも，高額の競争的資金を獲得するほど，研究者としての能力が高いと考える者さえいます。そのため，研究テーマを研究費が獲得しやすいものに変える者もます。わが国では，上記のような誤った考えをもっている者が驚くほど多くいます。また，研究費はこれまでの研究成果を担保に申請するものですが，そうでない者（すなわち自称研究者）も研究費を申請し，研究費を獲得しています。

　そのような者のなかから，研究費の使用に関する歪んだ倫理が生まれます。私はそのような自称研究者から研究費の使用に関する不適切な発言を何度も聞かされ，不愉快な思いをした経験があります。研究費の浪費が国際的に問題になっており，研究に対する国民の不信感を招いています。研究成果を出せない自称研究者は研究費を使用しないでください。また，審査者は自称研究者に研究費を配分するような審査をしないでください（研究者の卵に対しては研究費の配分が必要ですが）。

2　科学研究費助成金

　科学研究費の申請が採択されない主たる理由は，書き方が適切ではないか，研究遂行能力がないか，あるいはその両方です。前者はテクニカル・ライティングに，後者は研究業績に起因した問題です。つまり，テクニカル・ライティングを獲得し，国際誌に論文を発表し続けていれば，科学研究費の申請は比較的容易に採択されます。実際に，研究業績が高い研究者ほど，申請書はよく書けています。

■ 助成金申請の考え方

　助成金を申請する思考の概要は「○○の研究をすれば，○○という成果を得ることができます。その研究成果は助成金を申請するに値します」です。具体的な思考は下記のとおりです。申請書を書く前に，この思考の流れを確認します。申請書を書く目的（申請する思考の流れ）が申請書に表れるからです。そして，審査者が研究者ならば，審査者は申請者が申請書を応募する目的を理解できるでしょう。もし，望ましくない目的をもって申請書を書けば，審査者はその目的を見抜いてしまいます。

　　→応募者は申請する研究を実施する能力があります。

　　→その根拠は○○です（これまで十分な研究成果を出しているため，私のことを信用して，助成金を出してください）。

　　→申請した成果を得るために，○○という研究計画を作成しました（研究計画は具体的で妥当であり，実現可能性が高いものです）。

　　→研究計画に記載した研究をするためには，○○，○○，○○などの機材や材料が必要です。

　　→それらの支払いのために○○円が必要です。

　　→○○円の助成金を申請します（その研究費は予想される研究成果に見合う金額です）。

2 申請書の様式はよくできている

　テクニカル・ライティングを獲得した研究者ならば，実施する研究について書けばよいため，申請書の提出はそれほど面倒な作業ではありません。論文を書くつもりで書けば完成します。なぜなら，現在の科学研究費の申請書の様式はよくできているからです。よくできているという意味は，助成金を得るに値する研究者が申請書の様式の指示に従って素直に書けば，その申請が通る様式になっているということです。

　今思えば恥ずかしいことですが，私は科学研究費の申請に通るためのセミナーに出席したり，科学研究費申請のための書籍を買ったりしたことがあります。しかし，そこで得たすべての情報は何の役にも立ちませんでした。正確に言えば，そこでは，テクニカル・ライティングや日本学術振興会の公募要領（申請書の様式・記入要領）に記載されていること以上の情報を得ることができなかったのです。つまり，申請書に書くべき内容は日本学術振興会の公募要領にすべて書かれており，その書き方はテクニカル・ライティングに従えばよいだけなのです。

3 申請書の対象と目的

　申請書の様式は改訂されるため，現在の様式に沿って説明するのではなく，様式が変化しても通用するような書き方を紹介します。テクニカル・ライティングで説明したように，まず申請書の読み手を考えます。申請書を読む審査者は，助成金の原資が国民の税金であるため，国民を意識して審査をします。それゆえ，申請書の読み手は審査者と審査者の背景にいる国民です。つまり，審査者と国民（審査者の視点から見た国民）が納得できるように書きます。

　次に，申請書を書く目的を確認します。その目的は「あなたの研究に助成金を出してもよい（出すことが妥当である）」と審査者に思わせる（納得させる）ことです。あなたの研究を審査者に理解させることではありません。

4 書くべきことを書く

　様式が変わっても，書くべき内容は公募要領に書かれています。そこには誰にでもわかるように，簡潔で明瞭な説明が書かれています。この申請書の様

式・記入要領を雑誌における投稿規程だと考え，念入りに読み返します。そして，その指示に従って書くだけでよいのです。たとえば，2021 年度の「応募者の研究遂行能力及び研究環境」の説明には，『……本研究計画の実行可能性を示すよう，本研究計画に関連した研究活動を中心に記述すること。……研究業績は，網羅的に記載するのではなく，本研究計画の実行可能性を説明する上で，その根拠となる文献等の主要なものを適宜記載すること。研究業績の記述に当たっては，当該研究業績を同定するに十分な情報を記載すること。……論文は，既に掲載されているもの又は掲載が確定しているものに限って記載すること。……』（基盤研究・若手研究）と書かれています（一部省略）。それにもかかわらず，研究業績や研究費の獲得状況を羅列したり，申請している研究とは関係のない業績を書き連ねたり，同定できない業績を記載したり，そのような申請書があふれています。

　また，求められていないことは書きません。科学研究費の申請書も論文と同様に，無制限に記載してよいものではありません。紙面に制限があります。たとえば，「応募者の研究遂行能力及び研究環境」の欄に学歴や職歴を書く応募者がいます。そのような記載をしてはいけません。これも「必要なことはすべて書く。不要なことは何も書かない」というテクニカル・ライティングの原則に従った書き方です。

⑤ 審査者の負担を減らす

　審査者に負担をかけない申請書を作成します。審査者は短期間（1 か月程度）で 100 部程度の申請書を評価します。審査者の負担を少しでも減らす方法があるならば，そのようにしてください。1 文字でも減らすことができるならば，そうすべきです。以下に，審査者に負担をかけているにもかかわらず，多用されている「強調」について紹介します。

　極端に言えば，強調のための装飾を施してはいけません。強調は限られた箇所のみに使用し，ゴシック体か太字（あるいは別の字体）に統一して使用すべきです。申請書 1 頁当たり，強調は 2 箇所が限度でしょう。そうすれば，すっきりとした読みやすい申請書になります。しかし，強調するために下線を引いたり，ゴシック体や斜体にしたり，灰色の網かけをしたり，フォントを大きく

したりしている申請書があります。ひどい申請書になると，すべての文字を強調しているものもあります。このような強調は文章を読みにくくするだけです。審査者を疲労させます。審査者が求めていない情報を強調してはいけません。業績で言えば，雑誌の巻号をゴシック体や斜体にしたりするような強調です。私は見出しのみゴシック体にして（あるいはフォントを少し大きくして），それ以外の強調を使わないようにしています。ただし，研究業績では私の氏名のみに下線を引き，掲載雑誌の名称を太字にしています。

6　研究業績と遂行可能性

研究業績は研究の遂行可能性と研究成果の還元可能性の高さをアピールする重要な記述です。研究業績は申請書の花形で，審査者がもっとも注意を払う箇所でもあります。研究業績の記載に際して，以下の点に注意します（順序は関係ありません）。

6-1　新しい業績を

新しい業績を記載します。少なくとも５年以内（申請時）に発表した論文を含めるべきです。10年以内の論文がない場合は，審査者には否定的に映ります。

6-2　第一著者の業績を

特別な理由がない限り，第一著者として発表した原著を記載します。主任研究者として申請する場合は，コレスポであることも重要です。つまり，第一著者あるいはコレスポでない業績は原則記載しません。審査者には意味のない情報だからです。なぜなら，助成金の代表者は応募者であり，助成金を受けた研究を完遂させるのは応募者だからです。どうしても第一著者あるいはコレスポでない業績を記載したい場合，「他○○篇の論文を発表」とでも書けばよいと思います。紙面は限られており，他に書くべきことがあります。

6-3　共同研究者の業績は

申請する研究費の共同研究者の業績に紙面を割きません。共同研究者の業績は最低限にすべきです。申請する研究の責任をもつ者の業績が重要なのです。

6-4　雑誌名は正確に

　雑誌の名称は正確に書きます。省略形で記載する場合でも，勝手に雑誌の名称を省略しません。また，同じ方式の省略方法を用います。雑誌名の省略形は PubMed や Web of Science Core Collection[*] などのデータベースを利用すると知ることができます。正確に記載しなければ，ハゲタカ雑誌と誤解される可能性があります。

6-5　不必要な情報は

　査読の有無を記載することは無意味です。査読有の国際誌に掲載された論文を研究業績として書くことが当たり前だからです。その代わりに最新のインパクト・ファクター（IF）の値を記載します（2020 IF=3.452 のように）。また，被引用回数が多い場合には Scopus などの被引用回数も書き添えるとよいでしょう（Scopus CI=105 のように）。

　国内誌や書籍の執筆は，大切な紙面を奪うだけで何の情報ももちません。国内の学会賞などの受賞歴も書きません。国際的受賞歴でない限り，受賞歴を記載することはあなたの業績の評価を下げることになります。なぜなら，そのような賞に価値はなく，紙面が限られているなかで，「その程度のことを書かざるをえないほど，業績が貧困なのか」と審査者に思わせてしまうからです。そもそも，優れた研究者は国内誌には投稿しません。それゆえ，彼らには国内の学会賞を得る機会がありません。国内の受賞歴を書く行為は，プロが出場しないアマチュアの大会で賞を取ったことをプロに自慢するようなものです。

6-6　独立した研究の成果を

　研究室に所属していた期間以外の業績を提示します（そのような研究を業績の柱にするということです）。応募者のなかには，指導教授の研究室に所属していた期間以降の業績がない者がいます。そのような者に対する審査者の評価は芳しくありません。審査者は，「十分な研究環境が与えられなければ，その応募者は研究を完遂できない」と判断するでしょう。研究室に所属していた期間は，物理的な環境だけでなく，指導教授からの指導を受け，論文執筆を含めた研究活動に対する助言を得ることができるからです。

6-7　国際的評価を

　国際的評価を簡潔に記載することは効果的です。たとえば，「○○の研究分野では被引用回数が第 2 位である（Scopus）」「応募者の研究は○○理論の基盤になっている」などです。あなたの研究の国際的影響力をみせつけましょう。

7　研究業績に関する注意事項

　現在の研究業績の評価は応募区分に依存しています。人文社会科学系では，国内誌に掲載された論文でも業績としてカウントする応募区分もあります。さらに不幸なことに，自称研究者が助成金の審査者を務めている場合もあります。審査者は複数いますが，すべての審査者が自称研究者である場合もあります。そのような場合には，上記の「研究業績と遂行可能性」で説明した国際的な常識が通用しません。自称研究者は狭い世界の基準や独自の基準に従って審査をしているため，有能な研究者の申請が落とされることがよくあります。残念なことですが，研究業績は審査者が研究者であるから正当に評価されるのであって，自称研究者に正当な評価は期待できません。

　しかし，そのような傾向は徐々に改善されるでしょう。研究分野によって違いますが，人文社会科学系でも，徐々に国際誌に論文が掲載されている研究者が増えつつあります。そのような研究者が審査をするようになれば，自然科学系と同様に，論文を掲載し続けていない限り，助成金の申請が採択されることはなくなるはずです。

8　研究計画の実現可能性

　研究計画は研究の実現可能性に関する記述であり，研究業績に匹敵する重要な記載事項です。研究計画は実現可能であり，研究デザインは妥当でなければなりません。いくら研究業績が優れていても研究計画がずさんであれば，申請は採択されません。「研究計画は予定なのだから大雑把でよい」と思っている者も少なくありません。しかし，あなたがある事業にあなたの資産を投資すると考えてみてください。具体的にすべきことが決まっていない事業に，あなたの資産を投資しないでしょう。事業計画書が緻密であるのは当たり前です。

研究篇

9　望ましくない記述と注意点

9-1　ふさわしくない研究業績と情報価のない図表や写真の提示

　研究業績を記載する欄は申請者にとっての見せ場です。上記で説明したように，適切な研究業績を提示する必要があります。

　情報価のない図表や写真を貼りつけたり，広い余白を取ったりすることも避けるべきです。ひどい申請書になると，実験装置や申請者の書籍の写真を貼りつけてあるものがあります。申請書の紙面には制限があるにもかかわらず，情報価の低い記述や図表，余白があると，審査者は応募者が本当に助成金を必要としているかどうか疑います。

9-2　英語で記載する

　申請書には英語で記載する様式もあり，一定数の申請書は英語で書かれています。しかし，申請書を英語で書くことは避けたほうがよいでしょう。おもな理由は2点です。第一に，英語より日本語で提出したほうが審査者に負担をかけないからです。審査者は英語より日本語のほうが得意です。第二に，英語で書くより日本語で書くほうが，より正確な申請書を提出できるからです。ただし，あなたが英語を母国語とし日本語に不慣れならば，英語で書いてもよいかもしれません。

9-3　研究成果の誇張

　申請した研究から期待される研究成果を拡大解釈することは避けるべきです。たとえば，「○○の研究を実施すれば，うつ病はなくなる」「○○の研究が成功すれば，自殺を予防できる」などです。このような強調は研究者の倫理観や能力を疑うことになります。誠実な研究者は自身の研究成果を正確に伝えることを重視し，研究成果が拡大解釈され誤って流布されることを嫌います。また，政府機関や学会などの研究関連機関のガイドラインでも，研究成果を正確に伝えることは研究者の義務だと記載されています。研究の意義は誇張して記載しなくとも，研究内容を適切に説明すれば審査者に伝わります。

9-4　旅費の問題

　研究業績を上げていない者の申請書には，多額の旅費を請求するという特徴があります。研究者が提出する多くの申請書の旅費は，全体の 10％以下です。ゼロ円という申請書も珍しくはありません。しかし，研究業績を上げていない応募者の申請書のなかには，旅費が全体の 50％を超えている申請書をみかけます。旅費を使用してデータを収集する場合は別として（その旅費が本当に必要かどうかは別問題），ほぼすべての申請では，出張によってデータを収集・分析できたり，完遂できたりはしません。そのような旅費の申請に対して，審査者は研究費の用途が計画的ではないと判断するでしょう。そのような応募者に，国民の大切な税金を預けるわけにいきません。研究とは関係のない用途に使用される可能性が高いからです。

9-5　記載していることがすべて

　申請書に書かれている情報がすべてです。つまり，審査者は申請書に書かれている情報のみから，助成金を出すべきかどうかを判断します。あなたの研究が国際的に認められ，優れた研究であっても，その情報を申請書に記載していなければ，審査者には伝わりません。たとえば，研究業績は researchmap に記載しているから省略しても構わないと考えてはいけません。審査者にとって，researchmap はあくまで参考にすぎません。書くべき業績はきちんと申請書に書かなければなりません。もう少し言えば，審査者が研究者ならば，researchmap など参考にはしません。研究者の研究業績のデータベースとして，researchmap はあまりにも不完全だからです。私の場合は，申請者が過去に受けた公的研究費について調べるために，researchmap を用いることがあります。具体的に言えば，過去に公的研究費を受けていたにもかかわらず，その助成金に相応しい研究成果を上げているかどうか調べるために利用します。もし，申請書だけでは説明できないほどの研究業績があるならば，ORCiD^{オーキッド}[#]（あるいは Publons^{パブロンズ}[*]や Scopus[*]）などの研究者識別コードの情報を書き添えることは効果的かもしれません。ORCiD は国際的に認知された研究業績のデータベースであり，履歴書（CV）として人事などに利用されている情報だからです。researchmap, ORCiD, Publon, Scopus については，執筆篇の「研究者識別コー

研究篇

ドの獲得」（103 頁）を参考にしてください。

3　研究助成金の出所

　研究助成金は，政府関連機関，民間企業，非営利団体など，さまざまな団体
が公募しています。お金に色は付いていないからといって，どの企業や団体か
らでも助成を受けてもよいわけではありません。反社会的行動を行っている企
業や団体は言うまでもありませんが，社会的に容認できない事業を推進してい
る企業や団体から助成を受けることは，あなたの研究に対する評価を下げるこ
とになります。具体的に言えば，防衛省，たばこ関連企業や団体，地球温暖化
を推し進める企業，差別や偏見を助長している企業や団体です。このような企
業や団体から助成金を受けた場合，研究成果の発表が制限されることがありま
す。倫理篇の「利益相反」（190 頁）を参照してください。助成金に応募する前
に，助成元の社会的評価と助成の目的について調べる必要があります。

第 3 部　論文の広報活動

　あなたの論文が掲載されると，その論文が引用されているかどうか気になる
でしょう。あなたの論文を掲載した雑誌や出版社は，あなたの論文が多くの研
究者に閲覧され，引用されるように助力してくれます。具体的に言えば，雑誌
や出版社は，あなたの論文ができる限り早期に web 上で公開されるように，ま
た検索に引っかかりやすくなるように努力します。そのような雑誌や出版社の
努力とは別に，あなたの論文が閲覧され引用されやすくするために，自分自身
で宣伝活動をする方法もあります。

1　セルフアーカイブ

　まず思いつく宣伝方法がセルフアーカイブです。狭義の意味でのセルフアー
カイブは，自分自身の HP で自分の論文を無料でダウンロードできるようにす

ることです。オープンアクセス（OA）誌に掲載された論文や購読誌のゴールド
OA のみならず，OA ではない購読誌も無料でダウンロードできるようにしま
す（いわゆるグリーン OA）。いずれにせよ，出版社との契約を事前に確認する
必要があります。

2　ResearchGate

　ResearchGate[#] は研究者間の情報交換を主たる目的とした研究者用 SNS で
す。2020 年現在の登録者数は 1,700 万人を超え，研究者用 SNS のなかで最大
規模です。ResearchGate に自分のページを作成するためには登録が必要です
が，登録手続きは容易で，登録料は無料です。ただし，登録できるメールアド
レスは研究機関のものに限られています。ResearchGate を利用すれば自分の論
文を公開し，他者が無料でダウンロードできます。ResearchGate で公開した論
文は検索サイトの検索でも上位にヒットします。ResearchGate についてはコラ
ム 19（102 頁）も参照してください。
　ResearchGate に類似したサービスを提供している SNS はいくつかありま
す。たとえば，Google Scholar もそのひとつです。ただし，Google Scholar
Citations（あなたの論文の被引用回数を調べてくれる）は，論文とは呼べない
文章もカウントしてしまうため，役には立ちません。しかし，Google Scholar に
登録すれば，自分の論文が引用されると，その情報がメールで送られてくると
いう点ではメリットがあるかもしれません（論文ではない文章に引用された場
合でもメールが送られてきます）。

3　Kudos

　Kudos（キュードス）は掲載論文の社会的インパクトを上げるための web サービスです。簡
単に言えば，非専門家が必要とする情報が含まれている論文を見つけやすくす
るツールです。研究者は論文の発見を誰にでも理解できるように要約し Kudos
に提出すれば，Kudos がその論文の広報活動を無料でしてくれます。
　論文の発見を非専門家に対して宣伝する Kudos のようなサービスを有料で

研究篇

行っている会社もあります。論文が出版されると，そのような会社から勧誘メールが届くことがあります。それらのサービスを受ける場合には，料金に見合う宣伝効果があるかどうかを吟味すべきです。そのようなサービスのなかには，優れた論文を紹介している科学情報雑誌のように思わせた媒体を発行している会社もあります。そして，そのような媒体で取りあげられたことを宣伝している者もいます。

　研究者の時間は限られています。「何のために研究をしているのか」を十分に考え，宣伝活動に割く時間を決めておいたほうがよいと思います。私にはこうした宣伝活動のために割く時間はありません。

4　ソーシャルメディアの利用上の注意

　Twitter や Facebook などのソーシャルメディアを利用している研究者がいるかもしれません。しかし，さまざまな学会からソーシャルメディアの利用に関するガイドラインが出されており，それらのガイドラインから逸脱した利用をすると，社会的信用を失うことになります。たとえば，AMA* （米国医師会），Accreditation Council for Graduate Medical Education（米国卒後医学教育認定評議会），American Urological Association（米国泌尿器科学会）のガイドラインでは，職業上の倫理に反する行為として，「泥酔」「薬物の保持」に関する言及および写真の掲載，「薬物の使用を促すようなサイトへのリンクを貼る」行為をあげています。好ましくない行為として，「アルコールを飲んでいる写真」「アルコールを保持している写真」「不適切な服装をしている写真」などを掲載する行為や，「政治や宗教に関する言及」「政治や宗教に関連するサイトへリンクの添付」などをあげています。

　ガイドライン以前の問題ですが，論文の本文や図表，同意を得ていない人物の写真を Twitter などに掲載する行為は著者権・肖像権違反です（たとえ刑罰を免れることができても，社会的信用を失います）。情報リテラシーの乏しい人はソーシャルメディアの利用をやめるべきです。

研究篇 ポイント

　研究者にとって重要なことは研究者からの信用です。信用される研究者になるためには，科学に対するゆるぎない哲学が必要です。たとえば，先人の研究成果を歪めて伝えるような行為は，研究者からの信用を失わせます。研究者は研究成果を正確に伝えることを重視しているからです。信用を失うと二度と取り戻すことはできません。

　研究者になるためには，広い世界（研究者たちの世界）に適応する必要があります。自称研究者との人間関係が悪化しても，狭い世界（自称研究者たちの世界）に適応してはいけません。

用語の説明

■ アルファベット表記 (アルファベット順)

AAAS (米国科学振興協会)

AAAS は American Association for the Advancement of Science の省略形です。Science 誌を発行していることで有名です。

BELS

BELS は Board of Editors in the Life Sciences の省略形です。BELS はライフサイエンスを中心とした論文の編集・校閲者に資格を与えている団体です。

Center for Open Science

論文の透明性と再現性を高めることを目的に，2013 年に設立された非営利団体です。

COPE (出版倫理委員会)

COPE は Committee on Publication Ethics の省略形です。COPE は雑誌の編集委員長などに対して出版倫理に関する助言を提供することをおもな目的とした非営利団体です。

CRediT

CRediT は Contributor Roles Taxonomy の省略形です。CRediT の 14 の役割とは，構想 (conceptualization：研究全体の目標や目的を明確化した)，データ整理 (data curation：データの収集や整理)，データ分析 (formal analysis)，資金獲得 (funding acquisition)，調査 (investigation：実験や調査の実施)，方法論 (methodology：モデルの作成，方法論の開発)，プロジェクト管理 (project administration)，リソース (resources：試薬，材料，患者，動物などの提供)，ソフトウェア (software：プログラミングやソフトウェアの開発)，指導 (supervision)，検証 (validation：研究とは独立に結果などの再現を検証)，可視化 (visualization：論文を書くための準備)，執筆 (writing: original draft：原稿の草案を作成)，執筆 (writing: review and editing：論文の修正) です。

CSE (科学編集者評議会)

CSE は Council of Science Editors の省略形です。CSE はかつて生物学雑誌編集者評議会と呼ばれていたように，生物学や生命科学を中心とした科学雑誌の編集に関わる非営利団体です。現在 800 を超える出版社やコミュニティが参加しています。

DOAJ (オープンアクセス誌要覧)

Directory of Open Access Journals の省略形です。オープンアクセス誌とその掲載論文に関する情報を収録しているデータベースです。イギリスの非営利団体が運営しています。DOAJ に収録されるためには厳しい基準を満たさなければなりま

せん。ハゲタカ雑誌に対するホワイトリストとして期待されています。

ICMJE（医学雑誌編集者国際委員会）

International Committee of Medical Journal Editors の省略形です。多くの生物学・生命医学系の学術雑誌が，ICMJE のさまざまな方針に従っています。

IMRAD 形式

IMRAD 形式とは，Introduction, Materials and methods, Results, And Discussion の頭文字を取ったものです。科学論文のほぼすべての原著が IMRAD 形式に従って書かれています。

NIH（米国国立衛生研究所）

NIH は National Institutes of Health の省略形です。医学に関する多くの研究所と NLM（米国国立医学図書館）を抱えた米国最大の医学研究機関のひとつです。

NLM（米国国立医学図書館）

NLM は National Library of Medicine の省略形です。NLM は NIH に所属しており，MEDLINE や PubMed を運営しているセンターを管理しています。

OASPA（オープンアクセス学術出版社協会）

OASPA は Open Access Scholarly Publishers Association の省略形です。

Publons

Publons の主たる運営目的は登録した研究者の査読経歴を記録することです。Researcher ID（Web of Science Researcher ID）を統合したことで，研究者の研究業績も登録することができるようになり，研究者の登録システムとして充実しています。Publons に表記される研究者の客観的評価指標（被引用回数や h 指標など）は，Web of Science Core Collection のデータを使用しています。Clarivate Analytics 社によって運営されています。

Scopus

Scopus は Elsevier 社が提供する文献データベースで，25,700 を超える査読誌などを収録しています（2020 年 10 月のデータ）。Times Higher Education 社が提供する世界大学ランキングがデータ源として Scopus を採用したことから，さまざまな大学で教員評価の指標などに用いられています。Scopus による評価システムを利用するためには利用料金がかかります。通常は所属研究機関が契約しています。

WAME（世界医学雑誌編集者協会）

World Association of Medical Editors の省略形です。WAME はおよそ 1,000 誌以上の医学雑誌を代表する非営利団体です。

Web of Science Core Collection

Clarivate Analytics 社が供給している引用データベースです。収録雑誌の基準は Scopus のそれより厳格であるため，収録雑誌数は Scopus より少なくなります。インパクトファクターは Web of Science Core Collection の情報に基づいた雑誌評価ツールである Journal Citation Reports によって算出された値です。Clarivate Analytics 社は Thomson Reuters 社から独立した会社で，Web of Science Core Collection の情報はかつて Thomson Reuters 社から提供されていました。Web of

Science Core Collection による評価システムを利用するためには利用料金がかかります。通常は所属研究機関が契約しています。

WMA（世界医師会）

World Medical Association の省略形です。

■ **日本語表記**（五十音順）

研究者

本書では，第一著者（あるいはコレスポンデンス・オーサー）として，IF が 2.0 以上の国際誌に，5 年以内に原著を掲載している人物のことです。

主任研究者

Principal Investigator のことで，研究のプロジェクトを完遂させるために，複数の研究者を取りまとめるリーダーのことです。主任研究者はその研究者の指導的立場でもあります。わが国の大学でいえば，伝統的な講座制における主任教授が主任研究者に該当します。本書の主任研究者は文部科学省の定義に即しているのではなく，国際的に使用されている Principal Investigator と同義です。

論文

本書では，国際誌に発表された原著論文のことです。

URL 情報

＃記号のついている用語の情報は下記の URL にアクセスすれば得ることができます。コラム 25，26，44 の出典を含む本文中の引用も下記の URL から閲覧できます。

http://katolabo.web.fc2.com/support.html

【著者紹介】

加藤　司（かとう・つかさ）
関西学院大学文学研究科心理学専攻修了（心理学）博士
現在，人間環境大学総合心理学部教授

なぜあなたは国際誌に論文を掲載できないのか
誰も教えてくれなかった本当に必要なこと

2022 年 3 月 30 日　初版第 1 刷発行
2023 年 2 月 10 日　初版第 3 刷発行

（定価はカヴァーに表示してあります）

著　者　加藤　司
発行者　中西　良
発行所　株式会社ナカニシヤ出版
〒606-8161　京都市左京区一乗寺木ノ本町 15 番地
Telephone　075-723-0111
Facsimile　075-723-0095
Website　http://www.nakanishiya.co.jp/
Email　iihon-ippai@nakanishiya.co.jp
郵便振替　01030-0-13128

装幀＝白沢　正／印刷・製本＝モリモト印刷
Printed in Japan.
Copyright © 2022 by T. Kato
ISBN978-4-7795-1626-9

◎ Facebook, Twitter, LINE, Microsoft Excel, Microsoft Word, Microsoft Access, Google, Google Scholar, Mendeley, researchmap, イブクイックなど，本文中に記載されている社名，商品名は，各社が商標または登録商標として使用している場合があります。なお，本文中では，基本的に TM および R マークは省略しました。
◎本書のコピー，スキャン，デジタル化等の無断複製は著作権法上での例外を除き禁じられています。本書を代行業者等の第三者に依頼してスキャンやデジタル化することはたとえ個人や家庭内の利用であっても著作権法上認められておりません。